東京大学教授
石黒一憲

国際私法の危機

JAPANESE PRIVATE INTERNATIONAL LAW REVISITED AFTER TEN YEARS
—— A CRISIS ——

by
Kazunori Ishiguro

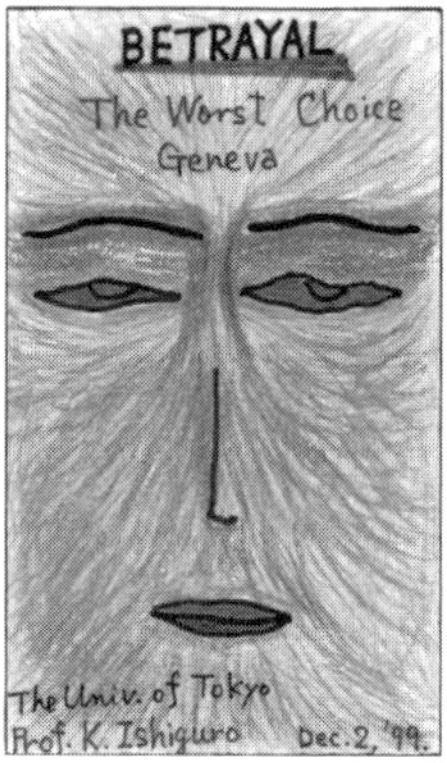

2004
SHINZANSHA
信 山 社

はしがき

二〇〇四年七月五日、私は、本書第一部・第二部の内容をなすA四版（四〇字×六〇行）六六枚のペーパー（強調文字や無数の下線に満ちた「檄文」!）と共に、次の内容の「国難」レターを、速達等で、関係各所多数に宛てて送った（八月上旬にも、同様のことを決行）。

「前　略

真実許し難きことがあり、御手紙を差し上げます。東大法学部で「国際私法」を教えている、教授の石黒一憲と申す者です。

明治期の日本で、不平等条約改正の為、外国人・外国企業の法的地位、そして、内外の「国際的」法律問題を規律する為、「条約改正」の必須の前提とされた「法例」（明治三一年制定）が、目下、全面改悪の危機にあります。「現代化」の美名の下に、です。

穂積・梅両博士の御尽力にて、「法例」は、一九世紀末の「西欧列強」の側で「驚嘆」され、それによって「条約改正」がスムーズに進んだ経緯があります。それは、「法例」が、各国法を平等に扱い、「広く世界に開かれた」ものだったから、であります。

ところが、目下、法務省「民事局」・法制審議会では、別添の拙稿［1］・［2］に示しましたように、二一世紀の今、まるで「鎖国」をするかの如く、自国法の適用に執拗にこだわり、それを外から見えにくくする「煙幕」と共に(!!)、全く「世界の流れに逆行」する「改悪」を、猛烈なスピードで、進めております〔追記――本書一九七頁以下の9参照〕。

まさに、世界に例なき、恥ずべき立法であります。

先生におかれましては、かかる閉鎖的・非国際的立法が、この平成の世になされることの異常性と問題性につき、何卒御理解を賜り、そして、然るべき方々に御検討を頂くよう、御下命を頂きたく(!!)、伏してお願い申し上げる次第です。

これは、まさに「国難」であり、諸外国がこの法例の「改悪」による日本の閉鎖性に気づき、対日批判を始める前に、何とかしなければなりません。

一国民として、心からお願いを、申し上げます。

草々

東京大学法学部(大学院法学政治学研究科)教授　石黒一憲

追伸――この書状と拙稿[1]・[2]は、国会議員の先生方、霞ヶ関関係各省庁、日弁連等の法曹界、等に送付するものであることを、申し添えます。」

かくて、本書は、文字通りの「緊急出版」、である。信山社の村岡侖衛氏に頼み込んでのそれ、である。今までとは比較にならぬ程、同氏には、大変な御面倒をおかけ申し上げることとなってしまったが、すべてにわたって、「緊急避難」行為として、何卒お許し頂きたいと、切に願っている(本書

第三部についても、である）。

私は、「一九九四年」に、「国際私法」の体系書を、新世社から出版した。本書の英文書名は、「それ」と関係する。

その頃から、私は、新たな「学問的地平」を求めて、長い本格的な旅に出た。そして、とりわけインターネットやGII（世界情報通信基盤）、更にはWTOやOECD関連の国際会議等で、文字通りの孤軍奮闘を重ね、苦しみ抜きつつも、それなりの成果をあげて行く中で（ちなみに、本書の表紙カバーの絵は、こうした旅の中でのある出来事［電子認証等に関するITUハイレベル専門家会合におけるそれ］と関係する、私にとってはいわくつきの一枚、である）、「国際私法」という私の「古巣」への郷愁が、なぜかここ数年、高まって行った。

その私は、「何かしら或るもの」に導かれて、二〇〇三年一一月、かつて一〇カ月の留学生活を送ったスイスのバーゼルに、殆ど一〇年ぶりに、妻と赴いた。わずか数日ではあったが、そこで私は、再びドイツ語の世界に戻り、帰国後、「知的財産権と属地主義」に関する長い論文を、書くことが出来た。本書第四部に急遽収めることとした Recht in Japan, Heft 8（1991 Nomos）所収の論文（平成元年法例改正後のものであることに、注意して頂きたい）のときもそうだったが、それは、抵触法（国際私法）理論の「あるべき姿」への、私なりの切実な訴え、としてのものであった。

そして、本書の「緊急出版」、となる。一〇年ぶりで戻って来た我が Heimat は、全くの荒れ放題となっていたのだ。今や魑魅魍魎の跋扈する「そこ」は、しかしながらこの日本では、私が研究を始めた一九七四年当初から、既にして、ある種の荒地ではあった。それは、「村八分」が厳然と存在する

「荒地」、即ち、「この分野は本来難しいから、だから皆の論文の数が乏しいのは当然なのだ」、云々といった非常に低次元の「カルテル」が支配するそれ、であった。だからこそ私は、猛烈な数の論文や(体系書を含む)著書を発表し、かかる非学問的・反競争的「生産調整」カルテルを、少なくとも自己の内的世界においては打破して、自分なりの「体系(das System!)」の基礎固めをした後、学問的な旅に出た。だが、たまたま戻って来て見れば、真実許し難い状況が、一〇年後の「そこ」に、あったのである。

二〇〇四年七月三〇日夜、本書第一部・第二部(同年六月七日から七月三日に執筆・確定——本文中では、本稿〔1〕・〔2〕として示す)に登場する「忽那海事法研究会」から戻り、午後一一時頃から翌朝八時四〇分までに、本書の初校を、一気に徹夜で行い、かくて、いつものように、一層厳密な校正は、妻にバトン・タッチをする。その大変さもさることながら、「今度こそ本当に死んでしまうかも知れない」と私のことを心配しつつも、実のところその通り、この六月以来の展開の中で滅茶苦茶疲れ切っていた私に、徹夜の校正を、(内面では苦しみつつも、優しく)あえて許してくれた妻裕美子に、心から感謝し、そして、本書に込められた、思い詰めた私の一念に深い御理解を賜り、こんなに速く初校を出して下さった村岡氏の御厚情に再度感謝の意を表しつつ、以上をもって本書の「はしがき」とする。

二〇〇四年七月三一日午前九時二七分

石黒一憲

＊　**追記**　本書の初校を、裕美子は、そうした私の複雑な葛藤の中の屈折した「内面」を支えるべく、何と、七月三一日夜一一時頃から二四時間内に、本書第二部の終わりまで済ませてくれた（！）。八月二日にはすべて初校済みとなる。――そして、その通りとなった（!!）。それはもはや、「美的交感（Einsfühlung, nicht Einfühlung!）」の世界（竹内敏雄・美学総論［一九七九年・弘文堂］一二四―一二五頁）、である。有り難う！（再校は、八月二四日の朝から夜八時過ぎまで私が、そして妻が、直ちに徹夜で、まさに怒濤の如く〔！〕一気に済ませ、〝夜明け前〟に、二人で最終チェックを終了。）

石黒一憲　国際私法の危機

目　次

目　次

目　次

目　次

目次

第一部

「法例」の「現代化」という名の「改悪」構想［1］

── 契約・債権譲渡等の準拠法 ──

1　はじめに

(1)　大前提

最狭義の牴触法、即ち準拠法の選択・適用に関するルールを定めた「法例」が、「現代化」の美名の下に、現在、「改悪」への大きな危機に直面している。しかも、今回は、財産法分野全般(プラス・アルファー!)が、そのターゲットとなっている。私は、今何を言おうが無駄だと考え、事態を一切放置しようと決めていた。独禁法改悪阻止(貿易と関税二〇〇四年一・二月号の私の連載論文参照)を必死に勝ち取ったばかり、かつ、知的財産権と属地主義に関する同誌同年三―一〇月号用の論文をようやく脱稿したばかりだったから、なおさらであった。だが、或る意味での助けを求められ、それなりに段取りはつけていたのだが、結局私が直接出て行かねば埒が明かず、ズルズルと引き込まれ、他に研究すべきテーマが多々ある中、悩み抜いた末に、ともかく書くだけは書いておこうと、思うに至った。それ自体、私にとって大きな苦痛である。

なお、後に本書第一部(本稿〔1〕)2以下で示す通り、改正論議は、ほとんど教科書レベルでの、寂しい内容となっている。だから書きたくなかったのでもあるが、以下に論ずる諸点については、私の「国際私法」(一九九四年・新世社)をきちんと読めば済む程度の事ゆえ、いささか高踏的とも思われようが、一々私の書いたものを引用すること等は、極力控えたい。

さて、明治三一年制定の「法例」は、当時の日本において、いかなる意義を有していたのか。それを正確に知っておくことが、すべての前提となる。それは、西欧列強が当時の日本に対して強いて締結させたところの、いわゆる「不平等条約」改正の為の、必須の前提であった。当時の日本が、当時の西欧列強のレベルからして十分な法制度、とりわけ（！）日本における外国人・外国企業に対する十分な法的処遇を確保する法典を編纂するならば、不平等条約を改正してやろう、というのがその当時の西欧列強の基本的な対日スタンスであった。だからこそ、民法の三起草者のうち、穂積（陳重）・梅両博士、とくに穂積博士が中心になって必死に、（穂積博士に至っては、留学中に比較法理に詳しき「独逸への転学の願い」まで出し、かつ、帰国後の起草過程においては当時大学院生として在欧中だった山田三良博士にたえず最新の文献の送付等を命じつつ）、民法等の法典化と合わせ、「法例」の制定に注力した。

そうして出来上がった「法例」は、当時のドイツのゲープハルト草案をベースとしつつも、当時の状況を考えれば様々な創意工夫に満ちたものであり、だからこそそれが、ヨーロッパにおいて学問的に大いに評価されるものとなった。一例として、「債権譲渡（！）」に関する法例一二条について言えば、譲渡人・譲受人間の内部関係と、外部関係とを分けると言う発想は、実に一九八〇年のＥＣ契約準拠法条約における処理を先取りする、非常に先見性に満ちたものであった（但し、債務者の住所地法による、との点については、立法上の過誤がある。なお、内部関係・外部関係の区別という、この論点は、いわゆる「代理」や「法人格否認」の準拠法、といった問題を抵触法上、それだけ切り取って論ずることの問題性（！）にも通ずる。この点については、石黒「国際企業法上の諸問題」落合誠一先生還暦祝賀論文集［二〇〇四年六月・商事法務研究会］所収［本書第三部］を参照されたい!!）。

従来、「法例」が、六法において憲法・皇室典範等の次あたりに、つまり国家の基本に関する諸法の一つとして載っていたのは、こうした背景事情のもとに、初めて理解されることなのであった。だが、私が助教授の時代（つまり、いまだ発言権の乏しい時代）に、なぜか民訴法等の側から、「法例」の六法における掲載位置を、民法又は民訴法の後ろにしたいという提案（？）があり、かかる背景事情を知らぬ人々の多さを嘆きつつ、「どうぞ、ご自由に」と申し上げた経緯がある。

(2)　平成元年法例改正に至る経緯

「法例」は、平成元年に、婚姻・親子部分につき大改正を受けた。以下は、毎年の東大法学部の「国際私法」講義において、学生達に対しても詳細に語っているところの、偽らざる私の内面にある事柄、そして事実、である。今般の法例改正（改悪）の背景事情を知る上でも、無視出来ない点と思われる。穿ち過ぎた見方と一蹴されることを承知で、以下を、念のために記しておく。

この婚姻・親子分野の法例改正作業は、実は、昭和三〇年代から法制審議会で行われていたが、法務省サイドからすれば、議論ばかりで何ら成果が上がらず、云々といったものだったようである。

だが、昭和五九年の国籍法改正に伴って、同年、戸籍法が改正された。その戸籍法改正には、国籍法改正による技術的改正以外に、法務省サイドにとっての、一つの重要な「隠された意図」があった。『外国人は、日本人に固有な氏を一切称し得ず、日本人と外国人とが結婚等した場合にも、日本人固有の氏は一切変更を受けず、単に（法務省用語としての）呼称上の氏が変わるのみだとし、この点について法例も、また、（準拠法が日本法とされた場合の）日本の民法も、適用がなく（!!）、氏はあくまで、明治以来、戦後も一貫して維持されている戸籍法・戸籍先例が決める』との、昭和二〇年代の平賀説を継承する渉外戸籍先例。——それに対する家裁実務の側からの批判をシャット・アウトするべく、戸籍法の氏の変更の規定に、非常に巧妙な規定が入れられた。

それによって、私人が裁判所の門をたたく前に、戸籍窓口で、氏の変更らしきことを、戸籍簿上は出来ることとしたのだが、それを梃として、こともあろうに、明治の戸籍法の論理は現代も不変であるとし、あくまで前記先例を維持する旨の民事局長通達が出され、その後の民法の特別養子制度導入に際しても、その旨が、わざわざ民事局サイドの解説等でも確認されている（ちなみに、私は、この点を強く批判する論文を家庭裁判月報に掲載して以来、法務省の「民事局」にとっては、文字通りのペルソナ・ノン・グラータとなった。「訟務局」関連では、東京高裁での国側証人となったり、とくに租税関連では法務省に、最大限協力して来ているが）。

ところで、前記の国籍法改正等の流れの中で、はっきり言って法務省サイドには、国際私法学者達の扱い方に関するノウハウめいたものが蓄積されて行ったように、私には思われる（国籍法改正に際しては、国際私法学者が中心となった）。前記の人の氏に関する渉外戸籍先例維持のための法改正についても、私を除き、さしたる反論はなかったし、彼らの脳裏に、もはや扱いやすくなった国際私法学者達を相手に、まずは、昭和三〇年代以来何の成果も上がっていない婚姻・親子部分の法例改正を、前記の戸籍法改正の「勝利」に続き、いわばその余勢を駆って行おう、との思いが浮かんだ、ということであろう。私は、そう思っている。

ただし、そこには「作戦」が必要となる。婚姻の成立・効力から始まる各事項の学者側担当者を決め、各事項間の検討にある種の「隔壁」を設け、審議を進めるのである。そのために、当然、出来上がったドラフトの各規定相互間の関係が、問題となる。

私は、二つのことを、その関係で、忌まわしい思い出として、いまだに覚えている。「証拠」にはならぬであろうが、どうしても私の実体験として、書いておくこととする。

第一に、市ケ谷の私学会館だったと思うが、法例改正案についての公開討議の場が設定された。私は、各条項の「関係」、つまりは「相互の整合性」について質問をした。それに対して、文字通り、顔を真っ赤にして、「議論は各条文毎に行うのであって、今の質問は本会合開催の趣旨と異なる」と答えたのは、会場正面に座っていた法務省民事局の担当課長であった。そんなことでよいはずはない、ということで私は抵抗したが、全く聞く耳持たず、の対応であった。

この第一の点は、今般の、これから論ずる更なる法例改悪、の場合にも、無関係ではないはずの問題である。だが、次の第二の点は一層知る人とて少ない事柄だが、許しがたいことである。つまり、私は、法務総合研究所の依頼で、前記の平成元年法例改正案についての論文執筆をした。「民事研修」

への掲載である。だが、刊行前に民事局の改正担当課から、猛烈なクレイムがつけられた。私へではない。所長宛のクレイムである。土本所長（だったと記憶しているが）は、刑事法分野の方ゆえ、事の顛末を、正直に、私に伝えてくれた。要するに、なぜ、こともあろうに法務省の雑誌に石黒のものを載せるのか、掲載をやめさせろ、とのクレイムであった。幸い、所長決裁で無事刊行はされたが、雑誌の最後の頁に、言い訳がましい編集後記がついているのは、そうした経緯によるものである。私は、この点をも含めて、当該雑誌の関連箇所等を含めて、学生にコピー配布し、一九九四年新世社刊・国際私法に基づき、大学での講義をしている。前記の渉外戸籍先例についても、憲法の番人たる法務省が護持し信奉するのが大日本帝国憲法であることの奇妙さ（戦前の家制度を育んだのは、ほかならぬ明治の戸籍であることに注意）を、「家裁対法務省の図式」で知ってもらい、何のための先例維持（墨守）かを問うこと、更に、法改正というものに伴う様々などす黒いものへの眼差し（その実像と人間の心理への、より深い理解）の、重要性から、である。

さて、平成元年法例改正の問題点を、あえてたった一つの例で、説明しておこう。夫婦財産制の準拠法に関するハーグ条約を真似て、法例一五条に限定的当事者自治を認める規定が入った。夫婦が婚姻期間中に、それに従って日本法を準拠法にする（変更する）こととしたとする。だが、民法の規定には、婚姻締結時点後の夫婦財産制の変更は認めない、と規定されているはずである。この点をいかに調整するかという、自国法（！）との関係が、十分に審議されていた形跡はない。信じ難いことである。私は、今般の、財産法全分野を対象とし、更に、国際裁判管轄等の、他の分野にまで手を延ばそうとするあまりにも野心的な法例改正（？）構想において、その性急さからしても、同じような凡ミスが繰り返されないことを、明治の先人達の壮絶とも言うべき世界的レベルでの営為に思いを馳せ、祈るのみである。

(3)　駄目押しとしての平成一一年法例改正？

民法改正で成年後見制度が導入されたのに伴い、法例四条（禁治産）・五条（準禁治産）・二四条（後見）・二五条（保佐）の規定が改正された。だが、そもそも、民法規定が改正され、禁治産等の語の消えたことが、国際私法上の問題に直結するという理由は何ら無い。

国際私法は、各国法上の多様な制度を広く包摂する、中立的な概念を、その規定に設けておく必要がある。特に、「成年後見」なる日本民法の色彩の濃すぎる概念をそのまま導入した場合、各国法との関係で、その概念の限界画定上、面倒なことが生じ得る。これは、本稿［1］の2以下で論じる諸問題にも共通する、重要な点であるし、いわば国際私法のイロハのイ、である。

つまり、本来必要のない改正だったはずだが、学説の側からさしたる反対も（法制審議会で？）出なかったからこその、改正であろう。そこで更に、法務省サイドの、（国際私法学者を手足として用いる点で）「与しやすし」との確信が、一層深まった、と私は見ている。その上での、今般の暴挙、と私は考える。

ちなみに、私は、今般の法例改悪の愚挙を、どうか思い止まるように、との「親展」を法務省民事局長宛に、送っておいた。「親展」である。だが、改正関係者等に、既に広くそれがコピーされ、渡されているようである。文書本体にも「親展」と書いておいたはずなのに、一体、憲法二一条の「信書の秘密」は、どう考えられているのであろうか、とも思う。

2　「法例」の「現代化」？――総論的考察

(1)　はじめに――本稿の射程

以下、あえて、法制審議会での議論において適宜参照されているところの、NBL別冊として公表されている某研究会報告書（法例研究会・法例の見直しに関する諸問題(1)――契約・債権譲渡等の準拠法について［別冊NBL八〇号・二〇〇三年］、同・(2)――不法行為・物権等の準拠法について［別冊NBL八五号・二〇〇三年］。以下、本報告書(1)(2)として引用する）に示されている改正案に、ターゲットを絞る。

この研究会は、法務省側と若干名の国際私法研究者とが個々の事項に関する改正案を列記し、解説を付したものである。法制審議会での論議そのものに言及しないことには、私なりの理由があるが、それはここでは語らないこととする。理由は、前記の本稿［1］1から、推して知るべし、といったところである（なお、以下、本書においては、既述の如く、本書第一部を、本稿［1］、本書第二部を本稿［2］、として引用する）。

情けないのは、この研究会報告書において、研究者側が、自ら（？）各項目の分担という形での、平成元年法例改正を想起させる「縦割り」を行っていることである（そのあとで、更に議論した旨書かれてはいるが、少なくともそうしたことが実際の報告書に反映されているとは言い難い）。しかも、外国の状況については、各項目にラフな表を添付し、解説中にも、ほとんど教科書レベルの論述がなされているのみ。そこに「学問的な深み」というものが全く無いことは、貿易と関税二〇〇四年三一一〇月号の前記論文で最近の若手（・中堅）研究者の営為に対し、苦言を呈しておいたところが、そのまま当てはまる（以上、二〇〇四年六月七日午前三時四〇分―六時三〇分）。

⑵　サンプル的検討（二〇〇四年六月七日の「忽那海事法研究会」での検討を踏まえて）
――共同海損の準拠法？

同日午前の学部講義を終え、私は、過日、忽那隆治先生にお願いしてあったところの、日本の海事法関係の主だった国際弁護士・海事各分野の真のエキスパートの方々の集まりである前記研究会での、海事関係の法例見直し案（前記報告書⑵一六〇頁以下）の検討の、準備（同日夜、海運集会所で開催）に当たった（なお、この研究会の何たるかを知りたくば、同研究会刊の『国際取引法および海商法の諸問題』〔発行者・忽那隆治（一九九八年九月刊）〕参照。全四三四頁の、私を含めた研究会メンバーによる、忽那先生の古稀記念論文集である）。

海事関連部分は、メンバー全員が事前に目を通しており、それとは別に、本報告書の前記部分のみが海事関係のものではないことにつき注意喚起をさせて頂くべく、私は、前記報告書⑴一二頁以下の、契約準拠法の「分割指定」の個所も、書きかけの本稿とともに、コピーして持参した。英法準拠約款の問題が、そこで扱われていたからである。

当日、まず俎上に上がったのは、前記報告書⑵一七九頁以下の、「共同海損の準拠法」、であった（次回研究会以降も、適宜ご検討頂くほか、各メンバーに、更に見直し案全体について、「海事」との関係で、精査をお願い申し上げてある。なお、本書一九一頁以下参照）。

前記報告書⑵では、共同海損につき「特段の規定は置かない」とする甲案と「精算地法による」とする乙案とが、並記されている。我が国の共同海損実務の真のエキスパートたるM氏がペーパーを用意して、開口一番、「ナンセンス！」とおっしゃった。具体的には、まず、海事関連部分全体で、山戸嘉一・海事国際私法論（一九四三年・有斐閣）等の歴史的著作が何ら参照されていず、かつ、共同海損の分野における世界的権威書たる、Lowndes & Rudolf, The Law of General Average and The York-Antwerp Rules, 12th ed. (1997 Sweet & Maxwell) が何ら参照されていないのは、驚くべきことである。前記報告書⑵一八〇―一八一頁の「立法例など」の表（「明文の規定が置かれている国は多くない」とある）は、全く意味がなく、国際的な共同海損の実務への顧慮の形跡は、全く無い。同前・一八〇頁注四八〇には、前記の表の「イギリス」（ただ単に、Dicey / Morris, The Conflict of Laws, 9th ed. のみを掲げる不十分極まりないもの）につき、共同海損の準拠法に関する「……の記述は、第一一版では大幅に縮小され、第一二版以降では削除されている」とあるが、それがLowndes & Rudolf 前掲書の批判による、との背景認識も、何らない。そもそも、世界の共同海損実務は、The York-Antwerp Rules (YAR) でほぼ全面的かつ自足的に処理されており、仮に準拠法が日本商法となっても、外航船にも辛うじて適用される（実際に問題たり得る）のは、七九八条の短期時効の規定のみだ、等の極めて厳しい批判がなされた。

なお、時効の点につき、忽那先生からは、精算地たるニューヨークの裁判所で、（石黒・金融取引と国際訴訟一九九頁以下［一九八三年・有斐閣］で言及しておいたアメリカ独特の laches［ラッチェス］という裁量権を伴う）独特の時効制度との関係で日本法が時効につき適用された実例（The "Percy Jordan" 1968 A. M. C. 2195）が、紹介された。実に活発な議論の中で、『非常に古い歴史と伝統とを有する共同海損の制度につき、その史的展開の過程を丹念に辿ることも無く、何故に今、かかる理論的にもあまりに皮相的かつ不十分で、しかも実務を全く知ろうともしないで議論をするのか、理解に苦しむ。準拠法に関する立法化への実務のニーズは、全く無いのに！』との点では全員が一致した、と私は理解している（なお、時効については、問題となる債権の準拠法によることで十分である）。

夜六時半から九時までかかって、ようやく共同海損にカタがついた、という怒りに満ちた検討状況だった（後半は、分割指定に関する前記報告書(1)の一三頁の、東京高判平成一二年二月九日判例時報一七四九号一五七頁「も、分割指定を肯定したものと解されている」との、注の無い指摘につき、一体誰がこんなことを言っているのかと、関連事件に詳しいメンバーからの厳しい指摘も、別途あったりした）。

実際に前記報告書の該当部分を見て頂ければ、その杜撰さは、共同海損の素人でも、或る程度は察しがつく。そのはずである。

かくて、私が徹夜で臨んだ、忽那研究会での第一回目の検討は、実に充実した形で、前記報告書の一端を、「木っ端微塵」（！）にする形で終わった。真の、常に世界を凝視する、日本の海事法エキスパーツの会合は、私のもやもやした気持ちを一掃してくれた。感謝の気持ちで一杯である。

もっとも、こんな調子で書いて行くと、一冊の本になってしまいそうゆえ、以下の論述（批判）は、ポイントを私なりに絞って行う（分割指定問題は後述する。以上、二〇〇四年六月九日午前七時―九時三〇分。同一〇時半まで点検）。

(3)「はしがき」の問題性――本報告書の基本的スタンス？

a　問題の発端

前記報告書(1)の「はしがき」に、本報告書の問題性のすべてが、いわば凝縮されて示されている。だが、その前に、「事の発端」について、一言して置こう。そこ、即ち、本報告書(1)の「はしがき」にあるように、そもそも、私の『グローバル経済と法』（二〇〇〇年・信山社）、『法と経済』（一九九八年・岩波）、『ＩＴ戦略の法と技術』（二〇〇三年・信山社）等の一連の批判の対象であった「規制改革」が、今回の動きとも関係する。

即ち、前記の「はしがき」に、政府の「規制改革三か年計画」において、「債権譲渡の対抗要件に関する準拠法ルール」（債務者の住所地法によるとする法例一二条）が「売掛債権等の国際的な［!!――後述する］バルクセールの障害になっているとの指摘」のなされたことが、「事の発端」である。「誰か」が「誰か」にそうした発言を同会議でさせ、それを奇貨として、一気に法例全体の改正をもくろんだ、というのが知る人ぞ知る真実である。

本稿［1］1で言及した法例一二条につき、実際に前記の如き「障害」が、実際にどの程度あるのか、また、本報告書で提案されている改正案で、その「障害」がどこまで除去されるかどうか（後述のごとく、答は明確に否、である！）が、問題となる。

それと同時に、「規制改革」サイドが、真にクロスボーダーな、とくに『「国際」的な金融取引』（ユーロ市場［域外通貨市場］でのそれ）等の実情をどこまで踏まえた問題把握をしているかは、実は疑問であり、この点は、本稿［1］5において、とくにeの項目を立てて、指摘する。

b 「はしがき」の背後にある法律観の硬直性

さて、この「はしがき」の基本スタンスが、実は、大きな問題である。そこでは、明治三一年制定の「法例」（その制定経緯と当時における世界的評価については本稿［1］1で略述した）が、「現代社会に必ずしも的確に対処することができなくなって」いる、との認識が語られている。この認識の根拠が問題となる。

制定後一〇〇年余を経た今、日本を取り巻く「社会経済情勢の変化」が「当時とは全く様相を異にするものとなっ」たこと、諸外国では新たなルールが「施行されてきている」こと。――それが理由とされるが、それが直接的に「改正」を理由付けるものには、なり得まい。むしろ、そんなことを言うのであれば、「平成元年」の法例改正で嫡出・非嫡出を分けて規定したことの方が、こうした観点からは、問題とされるべきであろう（ドイツ国際私法改正に関する、日独法学二〇号［二〇〇二年］所掲の、ホーロッホ［石黒訳］論文［とくに同前・一一一頁］等参照）。

次に、この「はしがき」では、「準拠法の決定を通じて国際社会に法的安定を与えること」が「国際私法の目的」だとある。だが、「法的安定」と「個別的妥当性」との双方を追求することが実践的な法学（とくに法解釈学）の目的たることを、この論者（「はしがき」の執筆者）は、その独特の思い入れからか、常にと言ってよいほど、拒絶して来た。

闇雲に立法論に走り、解釈論上の分析の深みに欠ける、というのが（ここではっきり言ってしまえば）この論者のこれまでの業績の精査において、問題とされる重大な点であったことは、私のみの認識では無かったことを、あえて事ここに至った以上、示して置こう（国際民事手続法についても、同様の評価がなされた）。その上で、本報告書に示される個々のルールが、どこまでそこで言う「法的安定性」に資するかを厳密に見て置く必要が、出て来ることになる。

次に、この「はしがき」では、かかる意味での「法的安定」（のみ）の観点から見た「国際私法において は各国の国際私法の内容が一致すること自体に大きな価値があるにもかかわらず、法例には国際的な標準と整合しなくなっている部分が相当に目立つようになっている」、とある。だが、そもそも、この分野において、「国際的な標準」などというものが、一体あるのか。皮肉にも、本報告書の各条文案に付された各国の状況は、「国際的な標準」などというものが無いことを、既にして示している。この点についても、前記の「法的安定」の点とともに、本報告書の示す各条文案に即して、精査する必要がある。

c 黙示の準拠法指定──「はしがき」の問題性を示す具体例として

この「はしがき」の執筆者は、以上の点につき、「例えば」として、法例七条一項の「黙示的な準拠法の選択についての認定基準」が「不明確」であり、黙示指定を「広く認定して行く傾向」という、私からすれば当然の方向が、「契約実務において重視されるべき準拠法決定に関する予測可能性及び透明性に問題があるとの指摘がなされている」、とする。

「実務」からの「指摘」がどの程度あるのか、またそれがどの程度深刻なものか、そしてそれが法例改正をせねばならぬほどの緊急性を本当に有しているのか。この点は、まずもって日本の国際弁護士や国際企業法務の「現場」での意識が問題となる。団藤重光先生が常々おっしゃっておられたように、実務の蓄積をじっくりと待つ、という解釈論レベルでの対応では、なぜ不十分なのか、ということである。

この点につき、この「はしがき」では、「近時の諸外国の立法では、当事者による準拠法選択の認定基準を明確化し、かつ、その認定ができないときについても、契約類型ごとのきめ細かな準拠法決定をする仕組みが採用されていることを参考とすべきであろう」、とする。そこで、本報告書(1)二五頁の、「黙示の意思」の項目を、先に見て置く。

そこには、「黙示の意思」探求に「当事者の予測可能性、裁判官の負担（？）などから、一定の限界を定める」べきだとする、二つの我国の学説が引用されているのみ、である。また、「特段の規定を置かない」とする甲案に対し、乙案では、黙示指定につき、「契約その他の事情から一義的に明らかなものでなければならない」、とある。

まずもって問われるべきは、乙案によった場合、どこまで「法的安定性」・「透明性」が確保されるか、である。「一義的」とは何か。それこそ一義的にそれが明らかとは、到底言えない。そのはずである。また、「一義的に明らか」ではないとされた場合、どうなるのか。

この点につき、同前・二六頁の解説では、まず、「黙示の意思に関する［各国の］規定振りは、立法例によって微妙に異なっている」とある。世界標準云々に言及する前記「はしがき」の指摘との関係は、既にして「微妙」、である。同前・二六頁の解説は、「新たに契約類型ごとの適切なルールを設けることができれば（［七―三］参照）黙示の意思の認定も、本来の「現実的意思」がある場合に限定できるようになる」とするが、かかる「現実的意思としての黙示の意思の有無は、個々の事案ごとに、契約内容、契約締結の態様、そして当事者の行動にかんがみて判断される」、とある。

それを更にルール化するというのであるが、要するに個別事案の諸事情抜きに、一義的決定など出来ないことが、ここにおいて「自白」されている。そのこと自体、本報告書の基本スタンスを示したはずの「はしがき」の指摘と乖離するものである。そこに、まずもって注意すべきである。

同前・二七―二八頁の「立法例等」も、条約三つ、各国法三つを掲げるのみ。しかも、すべて本報告書に共通するものであるが、条文のみで、実際の法の適用実態への深い洞察は、全く欠落している。更に、同頁において、それらにおける「規定振りには微妙な相違がある」、と再度指摘がある。

要するに、前記の「はしがき」に書かれていることと、具体的な本報告書の中身とは、整合していない。しかも、本稿で順次示して行くように、これは、ここだけのことではない（！）。

d 「当事者の意思が不分明である場合の連結政策」？

さて、ついでに、同前⑴三七頁以下の「当事者の意思が不分明である場合の連結政策」（七―三の項目）を見て置こう。甲案は、その⑴で、まずは「最も密接な関係」によるとする。「はしがき」の、「法的安定性」・「透明性」への硬直的な理解からは、それで済むはずはない。そこで、⑵で、何とも細かしい規定を置く。

つまり、「売買契約」、「保険契約」、「保証契約」、「消費貸借契約」、「賃貸借及び使用貸借契約」、「請負契約」、「委任契約」、「物品運送契約」を列挙し、それぞれのサービス提供者側の常居所地ないし「契約に関係する営業所の所在地」を密接関連地と「推定」する、というのである。しかも、「物品運送契約」については、「運送人の常居所地が積込地、荷降地又は荷送人の常居所地のいずれかと一致する場合に限る」と、実に芸が細かい。

しかも、⑶で、前記列挙の諸契約のうち、五番目までのものについて、契約の目的物が不動産であれば、不動産所在地法を最密接関連地と推定する、とある。乙案は、要するに、甲案の「推定」を外し、前記列挙の契約以外につき、最も密接な関係の原則による、とするものである。そもそもこんな細かな規定を置くこと自体が、一体必要なことかを、私は強く疑う。

同前・三八頁には、法例七条二項の行為地法主義を廃すべきこと（九条二項の隔地的法律行為も同じ）が、電子商取引との関係を含め、指摘されているが、行為地法主義への否定的態度（それ自体は、契約については妥当）が、本報告書全体に、主義として一貫した形で示されているかは、別問題であり、後述する。

同前・三八頁は、いかなる契約を列記するかは、更に検討を要する、とはしている。前記の「推定」は、スイス起源の特徴的給付の理論によるものだが、同前・四六―四九頁の九つの「立法例等」のラフな提示（条約三つ、アメリカの、リステートメント・UCCを含めた三つの例、あとはスイス、韓国、オーストリア、のみ）だけで見ても、「推定」より強い乙案の如き例は一つのみ。

「はしがき」の趣旨からは、乙案のように「推定」を外したいのであろうが、一体どこに乙案の如き世界標準があるというのか。おかしいではないか。

また、乙案を採っても、列記した契約以外は、諸般の事情に左右される「最も密接な関係」の原則に、回帰する。そもそも特定の契約類型だけを明示する形では、「はしがき」の言う「法的安定性」・「透明性」一辺倒のスタンスからは、なぜそこに漏れた契約類型が、「最も密接な関係」という、個別事案の諸事情に左右される「法的不安定」で「透明性欠如」の処理によることになるのかについての、「説明責任」が生ずるはずである。

更に言うならば、明らかにわが民商法上の典型契約を念頭に置く前記の類型列記の方法自体に、国際私法というものの基本からして、問題がある（本稿［1］1で既述。更に後述する）し、実務的にも、果たして実際の契約が、列記されたものに当たるかどうかの争点が、現実の訴訟との関係で、国際私法上の問題として（！）生じて来得るであろう。

同前・三九頁では、甲案（「推定」を基本とする）の「デメリット」として、「法的安定性・当事者の予測可能性が阻害され、訴訟においても、推定を覆す事実の主張・立証に期間を要し、手続を長期化させるおそれがある」云々とあるが、乙案の「デメリット」としては、（列記された契約類型につき）「具体的妥当性を確保できない事案が……生じ得ること」が挙げられている。少なくとも、本報告書の「はしがき」には、こうした利益衡量のバランスを欠く、非常に硬直的なルール化への願望（！）のみが示されている。そこがそもそも、おかしいのである。

出発点でおかしいものは最後までおかしいと、今般の大学・大学院改革について、団藤重光先生は、或る場で強くおっしゃったが（石黒「国際摩擦と日本の構造改革」住民と自治［自治体問題研究所編集］二〇〇一年三月号一四頁参照）、全く同じことが本報告書についても言える。そのことを私は痛感する。

e　再び「はしがき」に戻って

「例えば」として前記の点に言及した後、この「はしがき」では、消費者契約・労働契約等について「特別な規定」の必要を訴え、次に、前記の規制改革絡みの点を示し、本研究会の経緯に言及する。「法務省民事局の委託」（！）がまずあり（本稿［1］1を再度参照せよ！）、「法例研究会」が組織され、既述の「縦割り」による検討がなされ、計六名のメンバーと「法務省民事局参事官室の担当者」とで、更に討議した、とある。だが、「最終的には座長［「はしがき」の執筆者］の責任においてとりまとめたもの」、とされている。

それが、法制審議会での審議において適宜参考とされ、二〇〇五年度通常国会に向けた改正作業が進行中、ということなのである。同前・六頁には、ここで全体的に「考慮すべき要素」として、(弱者保護云々の他に)「実務における予見可能性を高めるため、一義的に明らかなルールとすること」とあるが、この点がどこまで実際の規定案に反映出来ているのかを、以下、冷静かつ執拗に、辿って行き、然るべき個所で、この「はしがき」との対比を、繰り返し行ってゆくこととする。

3　法例七・九条関係

同前報告書(1)六―七二頁である。同前・六頁には、ここで全体的に「考慮すべき要素」として、(弱者保護云々の他に)「実務における予見可能性を高めるため、一義的に明らかなルールとすること」とあるが、この基本ポリシーが、既に報告書の中身に一部立ち入って批判したところの、「はしがき」の硬直的な態度をそのまま反映するものであることは、明らかである。

a　「法律行為」か「契約」か

まず、同前・七頁以下で、法例七条の「法律行為」の文言を「契約」に改めるか否かが、問題とされている。それ自体は大した論点ではないから基本的には省略するが(但し、本書第二部6のd―1参照！)、そこには穂積博士がドイツの「法律行為論争」との葛藤の中で法例七条(そして八条！)を作ったという先人の労苦（石黒・国際私法と国際民事訴訟法との交錯〔一九八八年・有信堂〕四四―四七頁等参照）への顧慮など、もとより存在しない。同前報告書・九―一〇頁で、各国実質法を離れ、「国際私法独自の立場から性質決定を行うという基本的立場」が維持されていること（贈与の取り扱いについて）に、ほっとする程度である。だが、本稿［1］2の⑶dで言及した点との関係が、問題となる。我国の実質法上の契約類型（しかも典型契約のみ！）を直接用いた条文構成になっている点の問題である。

b　分割指定

同前・一二頁以下は、本稿［1］2⑵でも一言した、「分割指定」である。既述の点との重複は避けるが、甲案は現状維持、乙案は主観的な、丙案は客観的な分割指定を、それぞれ明文で定めるもの、である。わずか三つの判例しか引用されていず、(イ)英法準拠約款については、石黒・前掲国際私法にも、保険会社側の意思として、それが抵触法的指定ではなく、実質法的指定であることを前提として訴訟上の主張をし、それが認められた事例等、もっと判例はあるのに、東京地判昭和五二年五月三〇日判例時報八八〇号七九頁以降の判例引用しか無い点、(ロ)分割指定を否定した東京地判平成一三年五月二八日金融商事判例一一三〇号四七頁もあるとされているのに、後者は「実務のニーズに応えていないことになる」と一方的に指弾されている点等々、検討の不十分さを痛感せざるを得ない。

「実務の必要性」（同前・一三頁）の個所で前記(ロ)の指弾がなされているが、それは、「仮に、実務の側が分割指定を必要とし、それを意図していたとすると」、との条件付で示されている。「仮に」とあるように、「実務の必要性」についての調査は、行われていない（!）。この点は、本報告書全体に通ずる重大な問題である（!）。

同前・一六頁の「立法例等」は、条約三つ、そして韓国法を挙げるのみの、著しく貧弱なものだが、真の問題は、そこにも挙げられている八〇年のEC契約準拠法条約三条一項との関係等につき、石黒・前掲国際私法二六九―二七〇頁に示した点にある。即ち、契約準拠法の「分断」から生じる実務上の困難が、諸外国でも実際に意識され、それを直視した議論がなされている、という「現実」にある。

前記の本報告書「はしがき」、そして同前・六頁の基本方針（法的安定性・予見可能性・一義性）との関係において、当事者が契約の一部につき特定国法を指定した場合、分割（部分）指定のもたらすところの、諸外国で既に認識されている、かかる裁判実務上の困難さ（そこから、当事者が契約の一部分についてのみ準拠法指定をしていても、当該契約の全体につき、指定された法による、といった実際の裁判における処理もなされ得ることに、注意すべきである!!）が、なにゆえに直視されないのか。

同前・一四―一五頁の「細分化の限界」に関する、単にそれを「検討する必要がある」とした上での「検討」の中身は、この点、不十分極まりない。「当事者自治の原則からの演繹（!）として分割指定を認める以上は……」と同前・一四頁にあることが、すべてを物語る。「演繹論」であって、実務の真のニーズ（但し、仮にそれがあっても、実際の裁判でどう扱われるかは、既述のごとく、別の話である）からの議論ではないのである。

c　補助準拠法

「補助準拠法」が、次に、同前・一七頁以下で扱われている。同前・一七頁注三二で引用されている四つの我国の学説が、「補助準拠法〔の問題〕が契約準拠法の規律範囲からの、一定事項の客観的分断〔の問題〕である」との基本認識すら十分には有していないこと（石黒・金融取引と国際訴訟一六七頁）を、諸外国での議論を参照しつつ、私は二〇年以上も前に検証した（同前書とそこに引用した別論文参照）。それと同様の作業が丹念に行われ、その上で結論が出されている訳では毛頭ない。

同報告書⑴一八頁の⑵に、「補助準拠法については、そもそも、……契約の一部分についての分割指定が可能であるのならば、そのような概念は不要であるとの指摘がある」とあるのは、その意味で象徴的である。また、その⑶に、「貨幣自体に関する問題は……公法的なもの」ゆえ「そもそも国際私法の対象外であるとの考えが有力」だ、などとある。日本の中しか、しかも最近のものしか、一切参照されていないのである。実務上も重要なはずの、石黒・前掲国際私法（新世社）二七七―二七八頁の「代用給付権」などへの言及も無い。その程度の浅薄な認識の下で法改正などなされたら堪らない、というのが私の偽らざる気持ちである。

d　準拠法選択の合意の有効性

同前報告書⑴二〇頁以下は、「準拠法選択の合意の有効性」だが、ここでも（これまでも、そしてこれからも一々は指摘しないが）、本報告書の「はしがき」執筆者の主張を「有力」説とし、そちらに法改正をもって行こうとする傾向が、強く感じられる。

そこでの学説引用を、例えば、石黒「国際的税務否認の牴触法的構造」貿易と関税二〇〇〇年三月号六八頁以下と、対比していただきたい。そこで「従来の」多数説とされた立場には、「統一的処理の必要性」という重要な牴触法的要請があったはずだが、そこには一切目配りせず、単なる表面的で不十分な学説分布（？）を示しただけである。

同前報告書(1)二一頁には、「国際私法独自の立場で、準拠法指定行為の有効性を判断するための具体的基準を立てている立法例が見当たらないことも、指摘しておくべきであろう」とある（但し、同前・二三—二四頁の「立法例等」は、条約三つ、そしてスイス・韓国を挙げるのみ）。だが、そう言うのならば、理論上は同種の問題たる「国際裁判管轄の合意についての合意の成否」について、契約準拠法によるのではないとして本報告書(1)の言う「従来の」多数説に従った処理をした原判決を明確に支持した、最判昭和五〇年一一月二八日民集二九巻一〇号一五五四頁（石黒・前掲貿易と関税二〇〇〇年三月号六九頁）との関係についても、言及すべきところであろう。

また、同前報告書・二一頁は、従来の多数説によると、「法廷地がどこになるかで準拠法指定行為の有効性に対する判断が異なることになり、当事者の予見可能性が害される」とするが、そう言えるのは、各国での取り扱いが一致している場合である。だが、「立法例等」に関する同前・二三頁には、そこで掲げられた若干の例においても、「微妙な違いがある」、とされている。「予見可能性」と言っても相対的なものでしかないことは、この報告書自体が、「自白」していることなのに、おかしな立論である。

他方、端的には準拠法説に立つ乙案、そして基本的にそれに若干の付加（「乙案に加えて……」、とある）をする丙案についても言えることではあるが、既述の「分割指定」の乙案（主観的な分割）からの更なる「演繹」（同前・一四頁）として、「準拠法選択の合意」についても、「分割指定」が、一体可能となるのか（契約準拠法について主観的分割がなされ、それが認められる場合、この点がどうなるのか）が、問題となるはずである。だが、この点について、同前・二〇—二一頁に、多少関連し得る指摘があるのみとなっている（次に論ずる「事後的変更」が認められ、そこで同様の問題が起きたらどうするかも、明確化すべきところであろう。それまで認めた場合の、裁判実務への不当な負担増の当否を、考えるべきであろう）。

e　準拠法の事後的変更

次の「黙示の意思」は既に済ませたので、同前報告書(1)二九頁以下の、「準拠法の事後的変更」に移る。甲案はとくに規定は置かぬ、というもの。乙案が事後的変更を認める旨の規定である。だが、遡及的変更まで認めるとしており、かつ、「第三者の権利を害することはできない」の部分は、カッコに入っている。

事後的変更を認めるのが「今日」では「一般的」だ、とされる（私は反対）。「訴訟中における準拠法の合意」の扱いが、とくに問題とされ、条約三つ、それにスイス・韓国・オーストリアを加えたのみで、「立法例等」を示し、同前・三〇頁で「最近の立法例に倣い」変更を認めるとするが、同前頁では、それらの「立法例等」において「第三者の権利を害することはできないとすることが併せて規定されて」いる、とある。だが、乙案では、この点が、カッコに入っている。同前・三一頁以下の説明では、「第三者の権利を害することはできない」とする意味内容が不明確だとするわが国の学説の存在ゆえに、この点を落とす選択肢を残した、とある。だが、再び本報告書の「はしがき」を想起されたい。前記の個所に掲げられた立法例は、すべてこのカッコをとって、明確に第三者保護を条文化している。「はしがき」には、「国際的な標準」との一致、ということが言われていた。しかるに、ここでは我国の学説、とくに、「契約の効力は相対的で……第三者には及ばない」から、この点を規定する必要がないとする我国の学説のあることを同前・三二頁で引用しつつ、第三者保護を「基本的には規定すべき」だが、前記のごとくした、とある。要するに、本報告書の基本ポリシーとの関係での「一貫性の欠如」を、まずは指摘出来る（前記学説における「判決効」の視点の欠如も、別途指摘して置くべきであろう。また、既述の「分割指定」との関係でも、学説の中には、「既判力（!!）」を実体問題として契約準拠法等によらしめようとするものがある。「分割指定」が認められた場合、この点がどうなるかも、重大な問題である!!）。

だが、それだけではなく、時間軸を非常に短く設定し、その狭い視野に入る領域で誰かが「我国内」で（!）述べたことが、そのまま条文化されようとする傾向が、本報告書における一般的な傾向として、顕著である（!）。

更に、同前・六頁において「実務における予見可能性」・「一義的明確性」を考慮せよとしていたこととの関係で、事後的変更を一体いつまで認めるのか、との点が、まさに「実務」（実際の訴訟！）との関係で、問題となる。だが、その点の詰めは、ここでは何らなされていない（！）。結審に近い段階での準拠法の変更まで認めたら、要件事実も変わって来得るし、裁判所は、たまったものではない。自分が裁判官だったら、まずその点を考える。とくに、我国では、準拠外国法の内容の調査は職権事項であり、この点に配慮すべきである。

実は、この点は、本報告書⑵一八—一九頁の、不法行為の丁案との関係ではドイツの場合を念頭に置き、多少の言及はある。だが、「……などの諸点についても明らかにする必要があろう」とあるのみで、何ら条文案には反映されていない。裁判実務を考えた場合、信じ難い問題の先送り（！）、である。しかも、例えば後述の「消費者契約」に関する同前⑴五四頁では、「裁判官」の「過度の負担」が、屈折した文脈の中ではあれ、考慮されている。だったら、それをここでも考慮するのが筋であろう。本報告書の「一貫性の欠如」は、ここでも指摘出来る。

なお、同前・二九頁以下に列記された若干の判例でも、「日本法」が事後的に選択されたのみである。我国の裁判所が、例えば外国法が事後的に選択された場合にも同様の判断を下すつもりかは、興味深い問題として残る。日本法（法廷地法）適用への、単なる（理論的には批判すべき）homeward trendからのものとしても見得る、かかる処理を、果たして一般化出来るか否かの問題である。

f　消費者契約

次の項目は、前記報告書(1)三四頁以下の「非国家法の準拠法適格性」であるが、ここは「国家法に限る」との現状を肯定する案があるのみゆえ、省略する。そしてその次が、既述の「当事者の意思が不分明である場合の連結政策」ゆえ、同前・五〇頁以下の「消費者契約」に移る。

「消費者契約」の甲案は、例によって特に規定置かずとするものゆえ、乙案と丙案とが問題となる。ここは、「八〇年EC契約準拠法条約対スイス国際私法の基本図式」に多少毛の生えた程度の、私にとっては毎年の学部講義で、解釈論上の問題として語っている問題である。丙案がスイスの主義（客観的連結の貫徹）であり、そうした条文になるよう、八一―八二年のスイス留学中、そしてそれ以降、私なりに頑張った成果とも言えるものである。乙案が前記条約の立場であるが、細かな細工があり、乙一案・乙二案が並記されている。

また、乙・丙案双方につき、「消費者」の定義が「注」で示されている。その注は、到底、同前・六頁の、「予見可能性」＆「一義的明確性」に沿ったものとは言い難い。あとは現物を見てご判断頂きたい（但し、若干後述はする）。

おまけにここでは、「消費者契約に関する法律行為の方式の準拠法」に関する甲乙丙の三案までついている。丙案が最もリジッドであり、「常に消費者の常居所地法による」、とある。

だが、同前・七頁以下で、法例七条の「単位法律関係」をどうするかの、既述の論があった。細かしいことだが、そこととの連絡が、うまくとれていない。「契約」と「法律行為」とが、ここでは用語として、共に用いられているからである。

但し、同様の「統一性の欠如」（規定相互間の整合性の欠如！）は、前記の「準拠法の事後的変更」の場合と同じことであり、更に、これからも示して行くように、本報告書の随所に見いだされるところの、「問題ある現象」である。

同前・五一頁に、「国際的消費者契約の準拠法が正面から問題となった裁判例は見当たらない」とある。だが、実務の然るべき対応を待たず、立法をする、ということである。つまり、解釈論で実際に裁判所がどんな工夫をするかなど、待っていられないし、そのこと自体が「法的安定性」を害するという、前記「はしがき」の線での立法化、である。

さて、同前・五一頁の「消費者」の「概念」の個所を、まず見て置こう。そこには、「国際私法上の「消費者」概念と実質法上のそれとを必ずしも一致させる必要はないが、原則として我が国の消費者契約法上の概念による方が法適用が容易になること」から、その線で定義した、とある。前記の、「一致させる必要がないが」の部分は、枕詞に過ぎない（「注」のことは、後述する）。

本稿［1］1⑶の、平成一一年法例改正についての指摘を、まずもって想起すべきである。「法適用が容易になる」とあるが、こうした形で、国際私法上の議論に実質法、しかも法廷地国実質法上の概念が混入することへの、本来あるべき抵触法理論上の警戒心は、そこには何ら存在しない。同前頁では、「乙・丙案では、我が国の消費者契約法に範をとった消費者概念を前提としている」と、念押しのための一文まである。

そこまでの点について、一言して置こう。そもそも、法律効果が、実質法と抵触法とでは違うのに、「消費者」性という要件を実質法に合わせて置く理由は無い。もし、そう言えるとするならば、例えば後述の製造物責任の場合にも、日本の実質法上のそれ「による方が法適用が容易になること」になる。そのはずである。

だが、本報告書⑵七〇頁の「製造物責任」の「定義」の個所には、一九七三年のハーグ条約と我国の製造物責任法の定義とが例として出され、「国際私法規定としての「製造物責任」の定義についてどのようにするかは、……その対象を合理的に定義することが必要であろう」、とある。そして、それのみである（「製造者」の「概念」に関する同前・七〇―七一頁も、「製造物責任」のそれと「併せて議論しておく必要がある」とするのみである）。

ここで指摘すべきことは、二つある。第一に、「消費者契約」（「消費者」概念）と「製造物責任」とで、法廷地実質法の概念を「借用」するか否かにつき、「主義の分裂」（！）のあること、そして、「製造物責任」について言えば、その概念を「合理的」に如何に定義するかを、本報告書が、放棄していることとの、無責任さ、である。

その第一の、「主義の分裂」の方が、理論上一層重大な問題であることは、明らかである。同前⑵七〇頁には、我国の製造物責任法の射程「範囲」が「格段に狭い」ことも、示されている。法廷地実質法のカバーする範囲が狭ければ別な道を探し、一定のカバー範囲があれば法廷地実質法による、ということだとしても、そうした営為の牴触法上の理論的根拠は、全く無い。

ところが、同前⑴五二頁の、「消費者契約」の「概念」の個所では、一転して八〇年ＥＣ契約準拠法条約五条「等をモデルとして」云々、とある。だったら、なおさら、「消費者」概念も、初めから、同じように処理すべきであろう。

かくて、「消費者」・「消費者契約」それぞれの「概念」構成の仕方の間でも、前記の「主義の分裂」が表面化している。だが、この同前・五二頁の指摘においては、我国の消費者契約法では「不動産の売買契約・賃貸借契約までが適用対象」となってしまい、問題ゆえ、云々とある。仮にそうなっていなければ、法廷地実質法上の概念を、ここでも「借用」するつもりだったのか、とさえ疑われる。

もっとも、我国の消費者契約法二条一項の「消費者」の定義規定（落合誠一・消費者契約法〔二〇〇一年・有斐閣〕五二頁以下）に比し、同前・報告書五〇頁の「注」には、「次の⑴・⑵のいずれにも該当しない個人」として、ここでの「消費者」を、その言うところの「受動的消費者」に「限る」、とのおまけがついている。従って、同前・五一頁の「乙案・丙案では、我が国の消費者契約法に範をとった消費者概念を採用することを前提としている」との前記説明との関係が、再度問題となる。

ただ、「注」は「注」であり、条文案自体とは、異なる。同前・五一―五三頁において、「消費者」・「消費者契約」のそれぞれの「概念」の説明の後、別項目として「受動的」・「能動的」の「消費者」の区分が出て来るという、不自然な流れになっている。そうなると、同前・五一頁の、「原則として我が国の消費者契約法上の「消費者」概念による方が法適用が容易になる」との説明との関係が、問題となる。

ともかく、「受動的」・「能動的」の消費者の区別は、必ずしも常に自明とは言えない。「はしがき」の前記の基本方針との関係は、一体どうなっているのであろうか、とも思う。

要するに、二つの主義の間での（隠れた）葛藤が「消費者」概念の中にあり、説明の中で、それを十分整理せぬまま、共に示した結果、としてのものであろう。いずれにせよ、「注」の線で考えた場合、同前・六頁の「実務における予見可能性」やルールの「一義的」明確性は、後退する。「法的安定性」だけで突っ走ろうとする「はしがき」の執筆者の思惑とは、無視し得ないズレが生じることになる。そうあって当然ではあるが（既述）。

なお、消費者契約の乙案（八〇年ＥＣ契約準拠法条約の立場）は、実質法的価値と牴触法的価値とを混淆するという、牴触法理論上の重大な問題を孕むものだが、同前・五四頁は、そのメリットとして「バランスのとれた解決を図ることができる」などとする。珍しく私のものを引用する同前・五五頁の「二重に」、そして「過度の保護」になるとの乙案の「デメリット」についての指摘においても、かかる理論上の大問題には、一切踏み込んでいない（！）。浅薄な引用であり、こんな形で自説（その表層部分のみ！）が引用されるのは、非常に迷惑である。

かかる牴触法理論上の大問題をバイパスしつつ、同前・五六頁は、スイス型の丙案の「メリット」・「デメリット」を皮相的に比較する。だが、「消費者契約」概念の不明確性が乙案・丙案共通のものとして、「デメリット」に掲げられている。「はしがき」の一般的論断（単なる「信仰告白」の類い！）との乖離は、深まるばかりである。

同前・五八頁以下の「立法例等」は、前記二つのものと、オーストリア・韓国、そしてeコマース関連のアメリカのUCITAのみを引く。その不十分さは、もはや繰り返さないが、それらの主義はそれぞれ異なっており、再度前記の「はしがき」に戻れば、この点についても、「国際的な標準」など無い（！）のである。しかも、例えば同前・二三頁では、「立法例等」につき、「微妙な違い」のあることへの言及があったが、同前・五八頁には、ぶっきらぼうに条文が掲げられるのみで、前記の点に関するコメントすら一切無い。（以上、二〇〇四年六月一二日午後九時一五分、筆を擱く。点検・付加は翌日午前〇時一〇分に終了）。

g　労働契約

次は、前記報告書⑴六〇頁以下の「労働契約」である。甲案は、いつもと同じ。乙案は、other-wise applicable law との関係で、八〇年EC契約準拠法条約の前記消費者契約と同様の、実質法的価値と抵触法的価値との混淆によるダブル・プロテクション（その必要の無いこと、純粋な国内事件における労働者との間の「逆差別」等の問題については、石黒・前掲国際私法［新世社］で、外国文献をも含めて引用してあるが、そのようなことは本稿では極力一々記さない方針とする。既述）、丙案は客観的連結を貫く主義。乙案・丙案について、労務給付地法、それが「一義的に定まらない（！）」場合には労働者の常居所地法、それも「一義的に定まらない場合（！）」には雇用者側の営業所所在地法による、とある。

まず、「消費者契約」の場合の既述の「注」と比較すると、「一義的（!）」に行かぬ場合を含めた前記の点が、規定案として示されている点に注意すべきである。やはり、「消費者契約」の場合には、既述の「隠れた葛藤」（法務省サイドとの間のそれ!?）があったのであろう。

次に、「一義的」に「法的安定性」一辺倒で、と考えがちな前記「はしがき」の執筆者の思い込みに満ちた硬直的な見方からすると、前記の「一義的に定まらない場合」云々の規定振りはどうなのかと、改めて問いたい。

更に、「労働契約」とあるが、そこで想定されているのは、「個別的労働契約」のはずで、労使交渉等の「集団としての労働者対雇用者」の場面で、労働者の「常居所地」が仮に複数の国に分散しているとするとどうなるか（我国は島国ゆえ多少考えにくいのかも知れぬが）、等の点をも考えて見るべきである。

この「常居所地」の概念との関係で、念のために一言して置けば、法務省サイドが平成元年法例改正のときに、二年日本に居住しておれば日本に常居所地あり、などと機械的な処理を行おうとし、学説サイドがそれに引きずられた問題ある経緯についても、一言して置く必要がある。かかる形式的な常居所地の認定が、「最も密接な関係」の原則を軸とする伝統的国際私法の基本からして、不当であることは言うまでもなく、他方、法務省側が専ら自己の「権益」としての戸籍・国籍等の窓口処理の簡易さのみを意図し、なるべく日本法が準拠法になる場合を増やそうとして（!!）、法例一六条等の「日本人条項」等との抱き合わせで、かかる機械的な常居所認定を行った、というのが私の考える実態である（なお、本書一八一頁と対比せよ）。

ついでに言ってしまえば、日中共同声明以降、自動的に在日中国人の本国法が台湾法から中華人民共和国法に変わったとし、我国が国家・政府承認をしていない国の法は我国では適用出来ず、そうした国の判決も承認出来ないとしたり、我国の会社法は社債契約等の準拠法が日本法になったとしても、外国会社には適用されないとする、等々。――それが「法務省」の〝不当な思い込み〟の「一端」であることも、ここで確認して置くべきであろう。

さて、前記報告書・六〇頁以下だが、同前・六〇頁の学説引用は、非常に杜撰、かつ、殆ど意図的としか思えない。私見のそこでの（たまたまの？）引用も的外れ。そうでありつつ同・六一頁以下で、「各案」の「解説」に、すぐ入ってしまう。山川説を出すなら、なぜ陳一助教授のものを引用せぬのか、等々、本報告書全体（！）に見られる「学説引用上の不備」は、ここでも目に余る。ドイツの「放射理論」などを持ち出して、同前・六一頁では、労働者の一時的な他国への派遣の場合は「派遣元の営業所所在地が労務給付地として妥当する」とある（だが、一時的と言ってもどのくらいの期間か、派遣を巡る諸事情は如何なるものか、等々の点を、更に勘案する必要が、あるはずである。もっとも、そんな世界［それをアナキストの世界だと指弾するのが、私に対する「はしがき」執筆者の見方である］とは無縁なのが本報告書であることは、「はしがき」の趣旨に照らして、再三述べた）。

この点を含めて、なぜ事案の諸事情をもっと実際の準拠法選択に柔軟に反映させる事の出来る、個別事案の処理に当たる裁判実務の創意工夫を信頼した（！）「ゆとりのある規定作り」を目指さないのか。「労働契約」については、たまたま本報告書自体が「一義的」には問題処理出来ないことを、「はしがき」の執筆者の前記の世界観（？）とは別に、ルール上既にして認めているから、この点に言及したまでである（特に、同前・六一頁では、「客観的連結における留保条項」という理論的には問題ある書き方だが、一般条項の「規定を加えることも考えられる」としている）。

ところが、やはり「はしがき」執筆者の世界に、同前・六二頁は戻っており、甲案の「デメリット」として、「絶対的強行法規」（これは、私の造語である！）による保護は「法適用の透明性に欠ける」云々とある（これは、次の項目と関係する）。他方、甲案が「無制限の当事者自治を認める」ことも、問題視されている。

ちなみに、「消費者契約」に関する同前・五三頁でも、この二点が甲案の「デメリット」として挙げられていた。だが、この二つの類型の契約（その厳密な「概念」の画定が結構面倒な問題を伴うから、解釈論で行け、と私は考えているのである！）だけについて、「無制限の当事者自治」の問題性の論点を持ち出すことが、どれだけ説得的なものなのか。国際的な銀行等のネットワークの中に居る者と、その外に居る者との関係は、後者が結構大き目の企業であったとしても、場合によって似たような力関係となる、云々と言ったことは、私の教科書に、書いてあることだから、ここでは省略する。

同前・六二頁は、乙案の「メリット」として、「優遇原則」ゆえ、その「メリット」として、「予見可能性」、「法的安定性」、「バランスのとれた解決」、そして「ローマ条約六条と平仄が合うこと(?)」を挙げる。その「デメリット」は、「優遇性比較が容易ではないこと」(!)、そして、またしても表面的な私見の引用により、「過度の保護」の問題を挙げる。そこには、既述の牴触法的価値と実質法的価値との混淆と言う、重大な理論的問題への言及は、やはり無い。前記の、八〇年EC契約準拠法条約との「平仄」云々とは、一体何事か、と私は思う。何が「バランス」か、とも思う。「優遇性比較」の困難さは、「はしがき」に記された本報告書の基本(なぜ今、全面改正を意図するのか、と直結するそれ)との関係で、考えるべきことである。

丙案はハンガリーに倣って(同前・六二頁)、既述のスイスの「消費者契約」の立場を、「労働契約」の場合にも広げたものである。スイスの草案に対し、そうすべきだと最後まで粘ったのは私であるが(F. Vischer 教授等との激しい議論を思い出す)、同前・六三頁には、客観的連結を貫くことで「準拠法が一義的に決まる」ことも、丙案の「メリット」に挙げられている。

おかしい。同前・六〇頁の規定案において既に、「一義性」を確保し得ないから云々とあったことと、明確に矛盾する。そこまで無理をして「はしがき」の世界観との「平仄」をあわせることに腐心する姿は、滑稽でもある。「出発点」がおかしいものは……、との団藤先生のお言葉を、私は思い出す。

ともかく、既述の個別的労働関係とそれ以外の労働関係との区別は、一切語られずに終わる。それでよいかの問題である。

なお、同前・六三頁以下は「立法例等」で、ECの前記条約、オーストリア、ハンガリー、スイス、韓国のみを掲げる。ここでも、何のコメントも無い。これだけの立法例しか掲げず、実際の各国での取り扱いには触れず、しかも、これらの「例」における主義はばらばらである。

h　再度問う！——本報告書「はしがき」の理由不備・不当性等について

ここで、再度、本報告書「はしがき」に一体何と書かれていたかを、思い出すべきである。

そこには「法例には国際的な標準と整合しなくなっている部分が相当に目立つ」とあり、「例えば」として、（前記の黙示指定の次に）「近時は、消費者契約や労働契約等、交渉力に差がある当事者間の法律関係の準拠法決定について、特別な規定を設ける国が多くなっている［!?——同前・六三—六四頁にいくつの「立法例等」が挙げられていたかを想起せよ］が、法例ではそのような手当はされていない。さらに、」として、規制改革関連の問題へと続く。

そして、こともあろうに、「このように、法例は、いまや、準拠法の決定を通して渉外的法律関係の円滑かつ安全な処理を確保するという目的を十分に果たし得なくなっていると言わざるを得ない。このような状況にかんがみ……」、とある。そして、それだけ（!）、である。

このような一方的な論断は、「消費者契約」「労働契約」まで書き進んだ現時点において、既にして、「著しく理由不備」で、思い込みに満ちたものであることを、私は力説したい。

「法的安定」が闇雲な法改正で保たれる保障がどこにあるのか。新たな（しかも、極力自説に近い）ルールを改正規定として埋め込めば、ユートピア的な「法的安定」が実現出来ると考えるのは、根拠なき己の信仰告白（その実、法務省サイドの思惑と合体した「野心」？）でしかない。少なくとも私は、そこまで傲慢ではない（!!）。

「消費者契約」・「労働契約」についても、随所に「はしがき」執筆者の、極めて単純な、「一義性」等々の、一面的な指摘が、「最終的には座長の責任において」云々というこの「はしがき」の記載通りの形で、説明中に入れ込まれてはいる。だが、それらが、ここまでの分析において明らかにしてきた諸点だけからも、ボロボロの状態にあること。――それは、誰の目にも明らかなはずである。

☆　ここで、〃最も重要なこと〃について、一言する。即ち――

『ともかく、「こういう流れゆえ、「落とし所」を考えて……」との、ありがちな対応が、自殺行為に近い結果を招くこと（!!）』

――である（!!）。

このことは、規制改革関連での私の一連の戦い（とくに、石黒・法と経済［一九九八年・岩波］、同・

ＩＴ戦略の法と技術［二〇〇三年・信山社］、そして同・グローバル経済と法［二〇〇〇年・信山社］）で、既に立証済みである。

「出発点のおかしいものは最後までおかしい。」――その団藤先生のお言葉は、これまで克明に、（いまだ途中にせよ）その問題点を辿ってきた本報告書についても、そのままあてはまる。おかしいものに対しては、最後まであくまでおかしいと、叫び続けねばならない（!）。それが、「規制改革」という亡国的な（そして、世界に蔓延る）営みに対する、最良の処方箋であり、私がこれまでずっと、国内外で「実践」（「実戦」というべきか）して来たこと、である。

私は、竹島委員長以下の独禁法改悪構想の阻止に際して、各所への配布用の「武器」として執筆した論文の最後に、「日本という社会、そして国家に、いまだ『復原力』というものが残っているならば、このボロボロの橋は、崩れ落ちてすぐに消え去る」、と記して置いた（石黒・貿易と関税二〇〇四年一月号六九頁）。

本稿で扱っている問題も、同じことだ、と私は強く感ずる。法例が、今なぜ、しかも、全面改正を、受ける必要性があるのか。なぜ、現場の裁判官が事案の諸事情を深く勘案しつつ下す柔軟な判断自体が、また、「個別的妥当性」を準拠法選択について追求することが、「法的安定」を害するとして、非難（指弾）されねばならないのか。「立証責任は、制度を変える側にあるはずである。」――「規制改革」絡みの場合、常にと言ってよいほど、この点が無視されて来た。だが、本稿の対象たる法例改正について「も」（!・）、相手方の「立証」は著しく不備、である。

ちなみに、これから先を執筆する上で、なぜ外国の法制を示す際に、「立法例等」と、「等」の字がついているのかも、おのずから明らかとなる。殆ど立法例が無く、不十分な学説引用等で済ませている事項も、結構あるからである。そして、本稿［1］2⑵の「共同海損」は、その一例であったのである。にもかかわらず、本報告書「はしがき」は、すべてについて「グローバル・スタンダード」があるような書き振りであった。「事実誤認」・「理由不備」の極み、である（以上、二〇〇四年六月一三日午後八時二七分、筆を擱く）。

i　「絶対的強行法規」の特別連結

本報告書⑴六五頁以下、である。タイトルそのものに、大きな理論的混乱がある。石黒・前掲国際私法（新世社）四六頁の、米・イラン金融紛争等を念頭に置いた「国際民事紛争における基本的な法の適用関係」の図と、同前・二七五頁以下の「強行法規の特別連結論？」の項目とを、最低限、ここでは対比して頂きたい。

一九四〇年代のドイツが起源（ヴェングラーやツヴァイゲルトの問題提起）の、「強行法規」の「特別連結論」（同・前掲金融取引と国際訴訟五〇頁以下をも参照せよ）は、「当事者自治の原則」それ自体に対する反情として生まれた。なぜ、国際私法上の当事者自治で、本来適用されるべき強行法規が、排除されるのか、との素朴な認識が、その根底にある。だが、法廷地の、今で言えば絶対的強行法規の、当該問題の準拠法とは別途の適用は、サヴィニー以来認められて来たことであることにも、注意すべきである。

この「強行法規の特別連結」論について言えば、その後六〇年余りを経ても、どこまでを、そこで言う「強行法規」とするか、また、「特別連結」を行う際に、関連諸国（複数！）の強行法規の間で、どのような調整を行うか（最も極端な考えは、そのすべてを適用せよ、というもの。裁判実務は、堪ったものではない）という「効果」面でも、大きな混乱の中にある。

第二次大戦後のＩＭＦ創設時に、英文で金融（マネー）関連の本も出していたドイツのヌスバウムの影響もあってか、同協定八条二項ｂに、この「理論」を反映したかのごとき規定が入った。他方、八〇年のＥＣ契約準拠法条約七条一項は、この理論自体ではなく、それをマイルドな形に変容させ、法廷地裁判官の裁量で、事案と一定の関係のある「第三国の」絶対的強行法規の「考慮」を認めた。だが、まさに米・イラン金融紛争（一九七九年以来の事件）のような場合に、裁判官を政治の世界に巻き込むことの当否の問題、等を想定して紛糾し、この条項については留保が認められた。そして、少なからぬ国が（当のドイツを含めて）七条一項につき留保をしたが、相変わらずその後も、ドイツの学説には、「強行法規の特別連結」にこだわる傾向が、顕著である。

これに対して、同条約七条二項の、法廷地国の絶対的強行法規の適用は、前記の経緯からして、いわば確認的な意味合いを有するに止まる。一九八一―一九八二年の私のスイス留学は、まさに、こうした国際金融紛争と前記条約との関係を、スイス国際私法草案の検討と共に、行ったものであり、その私の帰国直後の「国際法学会」（ちなみに、国際私法学者の多くは、本報告書の「はしがき」執筆者の誘い［?］により、近々、「国際法学会」から集団脱会するとのことである。これまた、愚挙と言うべきことである）での某氏（法制審での審議においても、本報告書「はしがき」執筆者と共に、この「某氏」が中心的な役割を果たしている、とのことである。嘆かわしい限りである）の報告が、余りにこうした欧州での論議とずれたものだったので、怒って私が質問攻めにした、等の経緯がある。

こうしたことにあえて私が言及するのは、学問的に明らかに海外に通用しないわが国の学説（?――それは学説という名に値するものなのか疑問。なお、石黒・貿易と関税二〇〇四年三月号以下、とくに七・八・一〇月号の連載論文も、同様の情けない「現象」を、批判したものとして、参考となるであろう）が、同前報告書・六五頁以下に引用され、例によって、その範囲での、視野の狭い「説明」が、なされているからである。

さて、同前報告書・六六頁は、その言うところの「絶対的強行法規の適用問題」について、（いわば当然のこととして）規定を置かぬ甲案と、「我が国の公の秩序（政治的・社会的・経済的秩序）にかかわる重要な強行法規であって、契約準拠法が外国法であっても適用されるものは……適用される」とする乙案を示す。

そもそも、ここで「公序」を持ち出すことは、理論的混乱の原因になる。例えば、準拠法が外国法であれば我国の証券取引法の規制関連部分が適用されない、などということは、そもそも無いのであって、ただ、刑事処罰については刑法八条との関係が問題となるのみである（石黒「証券取引法の国際的適用に関する諸問題」証券研究一〇二巻［一九九二年］一頁以下）。それを、一々「公序」を介して説明する必要はないし、同前報告書⑴六七―六八頁で挙げられている理論的に不十分な段階の下級審判決（労働法関係）に、不当に引きずられている（この点で、職務発明についての我が特許法三五条を「絶対的強行法規」としての「労働法規」として位置づけた、東京地判平成一六年二月二四日判時一八五三号三八頁が、注目されるべきである!!）。

のみならず、〝従来の「法務省」の見解〟の不当な（隠れた！）影響も、ここで看て取れる。即ち、石黒・貿易と関税一九九四年一二月・一九九五年一月号で論じた「社債管理会社設置強制とユーロ市場」の問題につき、社債管理会社の設置強制の商法規定を「属地的強行法規」とする江頭説に対し、原田民事局参事官（当時）は、「このような属地的な私法上の強行法規という概念が確立したものといえるかどうか疑問」だ、などとしていた（石黒・同前一二月号六三頁）。乙案の「我が国の公の秩序（政治的・社会的・経済的）にかかわる」との限定、及び、「重要な」という更なる限定と、この法務省見解とを、重ね合わせて見よ。法務省側の、理論的詰めの甘い見解が、ここでも（隠れた形で！）維持されようとしている、と私は見る。

たしかに、同前報告書⑴六九頁には、独禁法、外為法、労働基準法、労働組合法、最低賃金法、労災保険法、利息制限法、借地借家法、消費者保護関連法規「等」が挙げられ、前記のＩＭＦ協定八条二項ｂにも言及はある。だが、それらは（私のものをみごとにバイパスした上での）我国の学説で挙げられたものを「羅列」したものに過ぎず、例えば証取法は挙げられていない。また、商法（会社法）の中にもそうした規定が有り得ること（法務省見解との関係で既述）への言及も無い（！）。

そもそも問題を「法律」単位ではなく、個別規定ごとに見るべきことも、同前頁の注一四五までの本文の個所では示されておらず、その次の段落で、ようやく「ドイツやスイス」との関係で、ある規範が「絶対的強行法規」であるか否かは、「明文の規定がないのが一般的」ゆえ「解釈によらざるを得ない」（！）、とある。

甲案の「デメリット」に関する同前・七〇頁では、規定を置かぬと「問題をすべて今後の学説・判例に委ねることとなり、予見可能性・法的安定性を損なう」と、またしても「はしがき」執筆者の世界観に忠実な指摘がある。だが、「解釈によらざるを得ない」との、前記の指摘との関係は、一体どうなっているのか。なお、「諸外国の立法例に存在する規定をあえて置かないことが意図しない解釈を生むおそれ」も、甲案の「デメリット」、とされているが、論じ方が若干妙なように、私には思われる。

他方、乙案の「メリット」としては、「「絶対的強行法規」を明確に定義することができるならば（?）、法の透明性が高まること」、「諸外国の立法例と平仄（?）が合うこと」、等とある。その「デメリット」として、「個々の規定の［既述の点！］解釈・適用にゆだねざるを得ないこと」云々と、まずある。「はしがき」の執筆者の硬直的な世界観との関係が、再度問われるべき点である。

だが、それに続き、「具体的にどのようなものが対象であるかが不明確なまま大きな例外［何に対する例外か？］となる規定を設けることは日本法上あまり例がないこと」だ、とあるのは、むしろ〝法務省的発想〟であろう（なお、第三国の絶対的強行法規を適用「しない」ことにつき「コンセンサスが得られるかという問題がある」のも「デメリット」とされている）。

「立法例等」は、条約六つ、イタリア、スイス、そしてなぜか「立法研試案」のみ。ここでも、再度問うが、「はしがき」執筆者の言う「国際的な標準」（そんなものはそもそも存在しない！）との関係で、ここで「例」とされたものの中には、「第三国の絶対的強行法規」の介入を認めるものの方が多いが、単純にそれに合わせる、というのが基本方針ならば、（私はもとより一九八〇年代初頭より反対をしているが）なぜそれに合わせないのかも、問題となろう。とくにこの個所では（「も」と言うべきか）、日本国内の学説動向（？）に、結局は関心が閉じており、諸外国での論議との整合性も、中途半端である。

ちなみに、ここで是非一言して置くべきこと（!!）がある。石黒・国際民事訴訟法［一九九六年・新世社］七四頁注二九で批判して置いたように、本報告書の「はしがき」執筆者は、外国の非民事（公法）法規も日本で適用出来るとの、驚くべき解釈論（！）を一九八八年に唱え、その後、米国の懲罰賠償を認めた判決の日本での承認・執行問題については、一九九一年にそれを刑事の問題だとして拒否し、日本でのかかる規範の適用も同様の理由から否定する立場を示した。更に、第二次大戦中の日本軍による強制労働等関連の事例については、サヴィニー的・伝統的国際私法では「私法」のみが対象となるとの、「事実（そして忠実!!）に反する主張」をするに至っている（本書一八七―一八八頁を見よ）――こうした本報告書の「はしがき」執筆者の「理論的な大きなブレ」については、この部分の学説引用の中で、巧妙に「回避」されている。フェアーではなかろう、と私は思う。

4　法例八条関係

a　現行法例八条の問題点?

同前報告書(1)七三頁には、まず、法例八条一項の「効力」の語を、「成立」と「すべきであるとの批判がある」、とある。その関係で、どうしても一言して置きたいことがある。

明治の法例制定に際して、穂積博士の行った、ドイツの「法律行為論争」との関係での深い検討において、「当該問題の準拠法」、という意味で lex causae; Wirkungsstatut が同義で用いられ、その後の我が学説も、特に後者を「効果法」と訳しつつ、法例八条一項の方式を「効果」の準拠法とした穂積博士の真意を解せず、不毛な論争に終始して来た事を、私は「法例八条一項をめぐるわが通説の混乱とその克服」と題して、石黒・国際私法と国際民事訴訟法との相剋（一九八八年・有信堂）三七―四九頁、七九―八五頁で、また、その更なる背景事情と「場所は行為（の方式）を支配する（locus regit actum)」の原則の本質について、全二五七頁の同書で、詳細に論じた。だが、前記報告書⑴七三―九二頁の法例八条関連の部分に、その引用は、一切ない。下手に引用されるよりはましだが、そのことだけは、一言して置く。明治の法例の起草者達の名誉にかけて、である（！）。

同前報告書・七三頁には、「隔地的法律行為」における「行為地」の「不明確」さの他に、電子商取引関連での「方式の多様化」への「配慮」といった、一見もっともらしい事が、「考慮すべき要素」として挙げられている。あらかじめ一言して置けば、内外の国際会議等や多数の著書・論文でeコマース関連の問題を多々取り扱って来た私としては、だからと言って、「方式」に関するルールを変える、という発想は、正直言って、ピンと来ない。そのことに言及した上で、検討に入る。

b　法律行為の方式の範囲

同前・七四―七六頁が、該当部分である。だが、規定案は、「法律行為の方式」とするか「契約の方式」とするかの、甲案・乙案を掲げるのみで、拍子抜けする。しかも、同前・七四頁の説明冒頭に、この点につき「全体として、大きな問題は指摘されていない」、とある。だったら、なぜ改正を考えるのか。理解に苦しむ。

単に、法例七条の議論（「契約」とする既述の案）との関係でのものだが、同前頁に、「法律行為及び準法律行為の方式」と「すべきではないか」、などとある。国際私法のイロハを理解せぬ発想である。「準法律行為」などという我国（法廷地）実質法の概念を、なぜここで持ち込むのか。誠におかしな指摘である。

だが、同前・七五頁にあるように、そのような我国の国際私法の学説が、実際にあるのだから、困ったものである。

同前頁の注に、**いわゆる「債権質」の準拠法**（!!）**に関する最判昭和五三年四月二〇日民集三二巻三号六一六頁**との平仄を意識した指摘があるから、ここで一言して置こう。

「債権質は物権に属するが……」という、この最高裁判決の、出所不明の指摘もまた、法廷地実質法の概念構成に引きずられたものであり、不当極まりないものである。

しかも、そこで言う「債権質」（後述するが、そんな概念を、国際私法の地平で用いる理由は無い！）の「対抗要件」を方式「ではない」とした本判決の真意は、次の点にあったと見るべきである。即ち、もし、バンコック銀行側の「債権質」の対抗要件が具備しているとなると、私の言う「三面的債権関係の競合」となり、多重債権譲渡等が対抗要件付きでなされた場合の「優先劣後関係」という、最判平成五年三月三〇日民集四七巻四号三三三四頁でようやく「純粋な国内事件」でも決着の付いた問題に、昭和五三年（!）の段階で、「渉外事件」として直面する事の、〝回避〟にあった、と言うべきである。

最高裁が、この事件で、バンコック銀行側の「相殺」の主張について、実際に香港に送金せねば相殺出来ないとし、銀行法の規定を持ち出したりして不当かつ無理な処理をしたのも、同じ理由からである。少なくとも、私はそう考え、大学で講義している。「裁判官の心理を考えながら判例を読め」、とのメッセージと共に、である。

なお、同前報告書・七四―七五頁に、「法例七条における「法律行為」の概念を実質法上の概念と一致させ［!?］、契約の構成要素たる単独行為も「法律行為」の概念に含まれるとすれば」云々、とある。ここは、「法務省的発想」であろうが、かかる暴論（!）を叩くだけの良識も、本報告書には欠けている、ということである。同前・七五頁に、「我が国の法令において「準法律行為」なる文言は全く用いられていない」から、この語を用いる「必要はない」、とあるのも、同様の「法務省的発想」であろう。逆に考え、我国の実質法（例えば民法）上の概念をそのまま「法例」に持ち込んだのが、本稿［1］1(3)で批判した平成一一年法例改正だったことを、ここで再度想起すべきである。

ところで、同前・七六頁は、「方式」とは何かにつき、「現在の解釈論上おおむね一致した理解が存在する」などとする。そこには、locus regit actum の原則が一三―一四世紀頃、「裁判所を担い手とする非訟事件」から出発して、行政機関・公証人等を担い手とするそれ、そして更に宗教婚や私署証書の問題に広がって行ったという、石黒・前掲交錯や同・前掲国際私法（新世社）にも図表を掲げて説明してある「史実」は、何ら反映されていない。

そもそも、我国の学説上、同前報告書・七六頁の抽象的な定義を越え、「方式」概念が具体的にどこまで及ぶかについての、明確な限界線を意識した議論は、従来なされて来なかったはずである。

c　「物権其他登記スヘキ権利ヲ設定シ又ハ処分スル法律行為」の扱い

法例八条二項但書について、同前・七七頁以下は、現行のままの前記の文言に「実質的成立要件に関する準拠法によらなければならない」と付加する甲案と、「物権その他対世的権利を創設し又は処分する法律行為」は、とした上で同様の付加をする乙案を示す。同前・七七頁で、「大きな問題は指摘されていない」とあるのに、である。

同前頁には、「物権行為の対抗要件は」云々とある。そういう不用意な言葉を用いる我国の学説があるから、困るのである。だが、（後にも出て来ることだが）「物権行為」などという「概念」を、そもそも国際私法の地平で用いる必要があるのか。また、実際の準拠法選択のプロセス（！）において、一体どんな作業が必要となるのか等々、イロハのレベルでの再考を要する。

この点では、同前頁において、非常に珍しいこととして（！）、現行の前記規定につき、「登記すべき権利か否かは、結局、当該権利の準拠法によって判断することになろうが、国際私法独自の立場から性質決定を行うという基本的考え方との整合性が問題となり得る」と、まともなことが書かれている。

法廷地国際私法が「登記すべき権利」だとして（但し、一体、国際私法の地平で、準拠法を決める前に、どうしてこのような［実質法的！］判断がなされ得るのかを、冷静に考えよ！）ある外国法に送致し、当該外国法上、そうでなかった場合、準拠法選択を、もう一度やり直すのか。そもそも、考え方の根本が、おかしいのである。

ちなみに、これと同じことは、（多分に我国の学説に影響されてのものとは言えるが）「先決問題の準拠法」に関する最判平成一二年一月二七日民集五四巻一号一頁（なお、本書一二四頁を見よ）でも、繰り返されていた。そもそも規定の仕方がおかしいのだが、判旨は、「まず、嫡出親子関係の成立についての準拠法により嫡出親子関係が成立するかを見た上、そこで嫡出親子関係が否定された場合には、……嫡出以外の親子関係の成立の準拠法を別途見いだし、その準拠法を適用して親子関係の成立を判断すべきである」、とした。韓国法・日本法が問題だったからよいが（準拠法決定の基準時点は、平成元年改正前）、一般的に、例えば「非嫡出」の問題として準拠法決定したら、当該外国法上、嫡出・非嫡出の区別を無くしていた、等の場合に、一体、どう対応するのか。これは、石黒・前掲国際私法（新世社）でも特に意を用いた、「選択された準拠法への具体的な送致範囲」の問題とも絡むが、この観点から、平成元年法例改正を、見つめ直して見るべきでもある。

ところが、多少まともなことが珍しく書いてあったのに、同前・七七―七八頁では、乙案との関係で、「当該権利が……対世的……なものか否か」で判断する、とある。そんなことを、準拠実質法が決まる前に、どうやって判断出来ると言うのか。また、その当てが外れた場合（既述）、一体どうするのか。当該権利が対世的か否かは、準拠実質法に、本来、委ねられた問題であり、準拠法の「選択」に際してそんなことを問題とすることは、本来出来ない。実際の裁判の場での手順を一つ一つ確認しつつ、自分の頭で考えれば、分かるはずのことである（後述のいわゆる「法定」担保物権の準拠法の場合等と同様の問題！）。

d 法律行為の実質に関する準拠法と行為地法との選択的連結の当否

同前・七九頁以下、である（二〇〇四年六月一五日午後六時四四分、ここで筆を擱く。確認・各所への送付は、同九時二分までに終了。翌朝九時三〇分、講義前の文字通りの朝飯前に、二時間ほど執筆を試みる）。

Locus regit actum の原則を、私が一九八〇年代の欧州での、嵐のごとき混乱と戦った際の主要な二つの問題（法学協会雑誌一〇〇周年記念論文集全三巻の、第三巻のトリを飾った論文〔「現代国際私法の歴史的位相をめぐって」〕参照。ちなみに、第一・二巻のトリは、いずれも東大総長経験者！）の一つたる「選択的連結」（問題のエッセンスは、石黒・前掲国際私法にも、もとより示してある）と、単純に把握する学問的無神経さ（同前報告書・七九頁）に、まずは驚かされる。

それ、即ちl. r. a. の原則を「維持するか否かが問題となる」、と冒頭にある。だが、甲案として、「現行規定どおりとする」との案が示されているのみ。以下も、「全体として、大きな問題は指摘されていない」、とそこにある。だったら、なぜこんな歴史を無視した妙な項目を、改正案中に立てるのか（!）。なお、「電子的手段」との関係でどうか、との問題意識が、ともかくも語られているが、この点は後述する。

「行為がされる場所自体」の「偶発性」が問題とされるが、そんなことは、「国際私法と国際民事訴訟法との交錯」という、歴史的文脈の中で、石黒・前掲交錯（一九八八年に著書として刊行――論文としては一九七九―八〇年に発表）で、「locus regit actum の原則の再構成」の問題として、多面的に論じてある。

例として、「国境を越えて移動する乗り物の中で携帯端末から法律行為をする場合」とあるが、モバイル・インターネットでそれが本格化するのは、3G（IMT—二〇〇〇）が日本から欧米に広がった後のこと。「技術」が分かっていない（石黒・前掲IT戦略の法と技術を見よ）。かかる場合、「当事者の常居所地法」を「方式の準拠法とすることも考えられる。また、……電子署名が問題となる場合」にもそうすれば「当事者にとって……便宜」だ、ともある。ITUの「電子署名・電子認証に関するハイレベル専門家会合」（一九九九年一二月、於ジュネーヴ）で報告した私（石黒・貿易と関税二〇〇〇年五—一二月号の連載論文参照）からすれば、これが単なる思いつき（！）だとすぐに分かる。

要するに、この部分は、従来のl. r. a. 原則における「行為地法」主義と「消費者の常居所地法」主義との間で、多少電子商取引を意識していますよ、とのポーズを示したのみで、あまり意味がない。本報告書・同前八〇頁で「選択的連結の候補が増えることの是非」に関する問題意識が一応示されてはいるが。

e　「効力」か「成立」か

同前報告書・八四—八五頁、である。甲案として、「その行為の成立を定める法律による」とあるのみ。平成元年法例改正で二二条が、方式を「成立」の準拠法とするとした関係での事務的後始末、という程度。既述の、穂積博士の苦闘など、忘却の彼方、である。

f　隔地的法律行為の場合の「行為地」

「意思表示」については、「発信地」を行為地とする旨の甲案があるのみ。それを前提として、「法律行為（又は契約）」の方式につき、A案は「申込地又は承諾地」、B案は、申込と承諾を分け、それぞれがその地の法で有効である場合に方式上有効とする。C・D案は、その組み合わせだが、繁雑で、ここで内容を紹介する気にもならない。現行法例九条と八条との関係の問題だ、と同前・八六頁にあるが、「現在の多数説は……八条……との関係では九条の適用はない」としている、とある（同前・八六―八七頁）。だが、「諸説」入り乱れているから規定を置く、とある。

九条は、実質、死文化しているのだから、そのまま放置すればよいではないか。なぜ細々と規定を置くのか。解釈論で、十分対応出来るはずではないか（！）。

また、グローバルなフル・インタラクティヴ（完全双方向）通信の時代に、極めて単純な場合は別として、「発信地」がどこかにつき、それこそ本報告書の基本たる「一義的決定」がどこまで出来るのか。また、この場面で「発信地」なる概念を用いることに、どこまで意味があるかも、私には、疑問に思われる。

GBDe（eコマースに関するグローバル・ビジネス・ダイアローグ）等のサプライ・サイド一辺倒の声と、「現場」で戦って来た私（石黒・電子社会の法と経済［二〇〇三年・岩波］二〇三頁以下、同「電子社会と政策」辻井重男編著・電子社会のパラダイム［二〇〇二年・新世社］一三九頁以下のほか、中里実＝

石黒共編著・電子社会と法システム〔二〇〇二年・新世社〕所収の別論文、等々）としては、今時何を能天気な、との思いを禁じ得ない。

当該問題の準拠法も、伝統的なl. r. a. との関係で問題となる「行為地」も、実際の紛争事実関係（通信のパターンを含む！）を精査せずに、決められるはずは無く、石黒・国際知的財産権（一九九八年・NTT出版）や、同・貿易と関税二〇〇四年三―一〇月号で多々論じて来た国際的な知的財産権侵害の場合と同様の、もっと大きな枠組みの中での「政策論議」が先であって、小細工を弄した「細かしい改正」など、今まさに世界が、猛烈なる技術革新と政策論争との嵐の中にあるというのに、不必要かつ視野が狭すぎ、私にとっては「下らぬ雑音」に過ぎない、と断言する（石黒・前掲IT戦略の法と技術の、技術オリエンテッドな部分のダイジェスト版たる同・国際競争力における技術の視点〔二〇〇四年一月・NTT出版〕、等参照。ちなみに、前者は、ベル研究所なき今、〝世界一の技術の殿堂〟となったNTTの「技術資料館」に永久保存され、後者は、国内外から大いに注目された二〇〇四年二月中旬の「NTT　R&Dセミナー」で、二〇〇名余りの参加者全員に、技術資料として配布された）。

ところが、次の規定案が出て来るから、反吐が出るほどいやになる（以上、二〇〇四年六月一六日午前一二時までの執筆）。

g　法律行為が電子的手段を用いて行われた場合、又は法律行為が実際に行われた地を行為の相手方が知らない場合の特段の規定の要否

同前報告書(1)九〇頁は、「法律行為」が「電子的手段……等」でなされた場合、「行為地」が「行為者にとって重要ではなく［?・］、「また、相手方がそれを知らないか、知ることが困難なことがある」、で始まる。

だが、石黒・前掲国際民事訴訟法（新世社）一一一頁の図7、即ちサヴィニーと法例八条の起草時の穂積博士とが共に用いた例との関係でも、l. r. a との関係での行為地は、当該問題の準拠法所属国の方式を踏むことにつき実際上の困難に直面した地を、目的論的に、事案ごとに確定して行く、という地道な処理で決定して行くのが、正しい。そのことは、前記のいわゆる「債権質の準拠法」に関する最判昭和五三年の「事案」からも、推察され得るところであろう。つまり、そもそも（単純なケースは別として）一義的決定には、なじまない。

だが、そのように問題を捉えること自体、本報告書の「はしがき」執筆者の世界観に、反するということなのであろう。本報告書の同前頁には、特段の規定を置かぬ甲案（同前・九一頁には、それによれば「常に実際の行為地によることになる」、とある。同前・八六頁で、「行為地をどことするか……が問題となる」としていたことと平仄の合わない指摘である！）と、相手方が「発信地を知らなかったときは、表意者の常居所地又は営業所の所在地を発信地とみなす」乙案、そして、同じ状況下で「表意者がその常居所地又は営業所の所在地として表示した地があればその地を発信地とみなす」、との丙案を示

す。そもそも、そんな「みなし規定」を、置く必要はないし、同前頁の説明冒頭に、「現行九条二項後段は……八条二項の行為地との関係では適用がない」旨、再度書かれているのだから、そのままで済ませればよい。

「しかし」以下の、同前・九〇頁の説明では、再度「移動中の乗り物の中の携帯端末から」云々の、前記の寂しい問題設定が、二度も出て来る。しかも、「このようなことは郵便やファクシミリ等の従来からの通信手段を用いる場合にも生ずるが」、とある。そうであれば、一層、従来からの処理のままでいいはずである。「発信地」を既に前の項目での甲案として出しているから、「相手方」の「予期」（予見可能性）を問題とする、との芋蔓式発想に、もはや付き合う必要は無い。所詮、「みなし」であるし、同前・九一頁には、「申込みに対して承諾した時点」を基準時とするか否か等の、さらに細かしいことが書かれている。下手な頭の体操（しかも、「技術の視点」を欠くそれ）で規定を入れることの、〝実務に与えるコスト〟（！）も考えて欲しいものである。同前頁には、乙案・丙案の「所定の要件を充たさない場合には、原則に戻り」、前の項目の甲案になるとする。

だが、「電子的手段を用い」た場合に「特則を置くとの考え方は採用しなかった。電子的手段を用いた場合とそうでない場合とで準拠法選択を異にする十分な理由はない」からだ、とある。だったら、この項目の冒頭の説明は、一体何だったのか（！）。要するに、一応ｅコマース的なことにも目配りをしていますよ、との単なるポーズを示したかっただけ、ということになる。下らぬ（！）。

なお、同前・九一頁では、「自動化されたシステム」に基づく「意思表示」についての「規定をおくこと」は「まだ……時機が熟していないとの見解もあり得るであろう」などと。だったらなおさら、こんな項目を別枠で出す事自体がおかしかろう。

しかも、同前・九二頁では、現在、「本問題について詳細な規定を置いた立法例は存在しないと思われる」、とある。「と思われる」とは何事か、とも言いたいが、ともかく、「はしがき」との関係では、「法例には国際標準と整合しなくなっている部分が相当に目立つ」云々とあった。なのに、こんな規定を入れたら、それこそ「国際的な」規定が「存在しない」という「標準」を、自ら崩すことになる。論理として、おかしかろう。自分達の趣味でこうしたことをやっている。――しかも、「はしがき」で大見得を切ったことと全く平仄が合わず、縦割り作業の中に、すべてが埋没している。

5　現行法例一二条関係

a　現行法の問題点等

同前・九三頁である。現行の一二条の問題点として、第一に、「債権譲渡の債務者及び第三者に対する効力」を「債務者ノ住所地法」によるのでは、「異なる国に住所を有する債務者が混在している大量の債権を一括して譲渡する場合に、それぞれの債権について債務者の住所地の対抗要件を備える必要があ」り、「このことが債権の流動化の阻害要因となっている」と、「はしがき」のバルク・セール云々の、規制改革サイドの指摘に沿った指摘で始まる。

第二に、債務者の住所地の事後的変更が「第三者の保護に欠ける」結果をもたらす、とある。だが、この第二の点は、明治三〇年一二月の法例審議に際して、寺尾委員が穂積起草委員に噛み付いた点でもあった。ただ、第三者保護云々より、債権の二重の譲渡の間に債務者の住所地国が変更していたらどうなる、との形で、寺尾委員の質問があった。むしろ、第一・第二いずれの譲受人が優先するのか、との問題関心（但し、この点は、前掲最判昭和五三年との関係で既に述べた「三面的債権関係の競合」問題として、即ち priorities の問題として、別に考えるべきである）がそこにあったと言える（なお、本報告書の同前頁に、以下では「第三者」には原則「債務者を含まない」、とある）。

第三の問題点として、そこには、現行の一二条には前記の点以外の点について明文の規定はないとあるが、債権の譲渡人・譲受人間の問題（内部関係）は、これらの者の関係を規律する（内部関係の）準拠法による旨、穂積博士は考え、とくに規定を置く必要なし、としていた。この点に、注意すべきである。

だが、この第三の点については、「債権質、相殺、法定代位、債権者代位、免責的債務引受、債権者取消等」の規定が無いから「予測可能性が損なわれ」ている、ともある。またしても、わが国の実質法上の概念の直接的混入（！）、である。一々論じるのが、既にして大きな苦痛となる。

☆　ところで、所詮は「静態的」レベルでのことだ（後述）と断った上で、まず、一言して置きたいことがある。つまり――

債権の「一括譲渡」（バルク・セール）、即ち、「債権の流動化」に資するようにと、一二条の規定を改め、債権者の住所等の、債権者側の法にすればよい、との発想が、今般の法例改正の、すべての原点にある。だがそれは、「単一債権者」を想定し、その者がバルク・セールを行う、という「極めて単純な（！）場面」を、想定している。言い換えれば、「債権者（譲渡人）は単独、債務者が多数（で各国に住所を有する）」、という場合である。それを別の者が一括して譲り受ける「場面」、である。

これに対して、国際金融取引、しかも、ユーロ市場（域外通貨市場）でのそれを、一九八〇年頃から（!!）研究して来た私には、「別な場面」が、まずもって念頭に浮かぶ。「債務者は単独、債権者（譲渡人）は多数」で、それを別の者が一括して譲り受ける「場面」である（放置して置くと相手方が厄介な問題に巻き込まれるので、早くそこから逃れて身綺麗になりたい場合など）。

即ち、例えば、「特定の相手方」からの自己に対する金銭支払い請求に、事前に対抗すべく、その者との間での「相殺」を迅速になす目的で、その相手方を「債務者」とする多数の債権を迅速に譲り受け、対抗要件も具備して、その上で「相殺」をする、との場面が、まず私には、ともかくも想定される。こうした場面では、「債権譲渡」の対抗要件具備の上で、「単一債務者（！）」の住所地法による、として置いた方が、便利なように思われるが、一体どうなのか。

つまり、こうした後者の場面では、単一の債権者からの譲渡では「金額」として不十分ゆえ、「n人からの譲渡」を受ける必要が、十分に有り得る。「譲渡人たる債権者」側の法で対抗要件を考えると、この場合には、対抗要件具備のための準拠法の数は、少なくとも（!!）n個となる。現行法例一二条で、その間、問題の債務者の住所地が他国に移動していなかったとすると、この点の準拠法の数はnではなく1（nは1よりも大で、相当数になることも、考えられる）。

かくて、「様々な債権者」からの「債権の一括譲渡（バルク・セール）」をも例として考えると、「規制改革」サイドからのクレイム（不満）が、どこまで合理的なものかが、そもそも疑わしくなる（なお、以上の点については、本書第二部冒頭の「＊　はじめに」と、十分な対比をして頂きたい）。

――といったことであり、少なくとも、「規制改革」サイドの法例一二条への不満が、『問題の全体像』を広く見渡した上でなされているかにつき、私は極めて懐疑的（!!）、である。

さて、前記報告書・同前頁の「考慮すべき要素」の三として、そこには、この第三の点との関係で、同一債権をめぐるそれらの複数の者の「優先劣後」を「同一の準拠法」によって定められるようにすること、とある。要するに、既述の priorities の問題であり、一九八三年刊の石黒・金融取引と国際訴訟以来、前記の最判昭和五三年との関係を含め、私が詳細に何度も論じて来た問題である。一体、それについて、どんなことが書かれているのか、が問題である。

b　債権譲渡の成立及び譲渡人・譲受人間の効力の準拠法

同前報告書(1)九四頁には、甲案として、「原因行為」と「債権譲渡行為」とを分け、後者を譲渡対象債権の準拠法によるとする「現在の通説」(？——同前・九五頁)が掲げられている。同前・九四—九五頁に、この「通説」なるものが「債権譲渡を独立の準物権行為と考えるドイツ法の強い影響を受け」たこと、起草者(但し、梅博士の発言を引用)が「譲渡人・譲受人間、譲渡人・債務者間」の問題は法例七条(つまりは、それらの者の「内部関係の準拠法」)による旨、解していた、とある。後者の指摘は、その限りで正しいが、もとより私のものなど、こうした場面で引用されるはずも無い。

いずれにしても、この「通説」なるものが、実質法に引きずられた立論をしていることの問題性を、再度、まずは指摘して置きたい。また、そもそも、前記の二つの行為を分けることなど、実際の訴訟を考えれば、繁雑であり、本来無用の区分である。同前・九六頁でも、その「境界線」をどうするかが、一応問題とされてはいるが、これまた出発点のおかしな議論、である。

これに対置される「近時の有力説」なるものは、「はしがき」執筆者のものを(ここでも！)含む。同前・九五頁で、後者の説においても「債権の譲渡可能性は……その債権の準拠法による」が、それ以外は、「原因行為の準拠法による」とされ、その後段部分が乙案とされている(同前・九四頁)。だが、「原因行為」などと言う言葉を用いる必要性が、一体あるのか。

また、ここだけの話ではないが、「債権譲渡」も含め、(とりわけ法廷地の)実質法上の様々な概念の束縛から準拠法選択を解放し、「三面的債権関係」という実質法から中立的な、「実際の紛争の起こり方」を直視した捉え方をし、いわゆる債権譲渡についても、「内部関係」と「外部関係」とをはっきり分け(債務者について言えば、当該債権の譲渡可能性を含めたその保護の限度で、債務者側の準拠法による）、prioritiesについては、皆の視線が集中する当該債権の準拠法による、との処理（石黒・前掲国際私法［新世社］にも、そのエッセンスを、八〇年EC契約準拠法条約等との関係を含め、また、法例一二条の起草趣旨等を踏まえ、示してある）の方が随分と「思考の経済」に資すると思われる（前掲の落合教授還暦記念論文集所収論文［本書第三部］で、更なる展開をしている！）。だが、そんなことはおかまいなしの泥沼に、本報告書は入って行く。

従って、あまり深くこの種の代物と付き合う気はないのだが、最低限のことは、仕方がないので書いておく。

「はしがき」の執筆者を含む「近時の有力説」につき、同前報告書・九六頁は、「債権の譲渡可能性」という既述の点につき、その「意味内容」の「検討」が「必要」だ、とする。それが何を意味するかにつき、「一般的な基準の定立は困難であり、仮に定立出来たとしても実質法との関係で（？）当てはめが困難な場合が生ずる」、あるいは、「解釈が分かれるおそれがある」、とする。

所詮袋小路の中での問題だが、そうだとすれば、「はしがき」の執筆者の言う「予測可能性及び透明性」、そして「法的安定」との関係は、一体どうなるのか。「はしがき」の執筆者の「債権譲渡」関連の議論自体が、各論レベルで考えると「不透明」なものを残している、ということになる（だが、それはここだけの問題ではない！）。ともかく、ここにも、「本報告書の一貫性の無さ」が、露呈している。

また、「実質法」との関係での「当てはめ」とは、一体何のことか。〝見過ごしがちな指摘〟だが、

「国際私法上の概念の実質法上のそれからの解放」（本報告書には、ときどき思い出したようにその指摘があるが、各国の、そもそも制度の基本を異にし得る法制を、等しく相手とする国際私法の、基本的要請である！）という重要な要請との関係で、根本的に考え直す必要がある。

「債務者保護」の点も、実際の訴訟における具体的争点との関係で、個別に見て行くべきものであり、そうした実際の訴訟の流れを無視して、規定作りですべてを処理しようとするから、（一層の！）袋小路に入るのである。

なお、同前・九七頁には、「保証債務の随伴性」等の問題についての学説の対立が、「はしがき」執筆者の「整理」を引用しつつ、言及されている。こうした「言葉」も一々国際私法上は使いたくないのだが、石黒・前掲金融取引と国際訴訟二四三頁の図19の存在など、誰も知らないのだろう。

c　債権譲渡の債務者に対する効力の準拠法

ここは、同前報告書・九八頁で、譲渡対象債権の準拠法によるとの、甲案のみを示す。現行の一二条に言う「第三者」が、債務者を含むことに「異論はな」い（！）と同前頁にあるのに、規定を次の項目と分ける、と言うのである。

「債務者の住所地法」によるとした「起草者の立法上の過誤」については、もともと私が、石黒・前掲金融取引と国際訴訟（一九八三年刊！）で指摘したものだが、起草理由について「詳しくは……参照」として、「はしがき」の執筆者のもの等のみが、引用されている。少しは、学説引用上のマナーというものを、考えるべきである。諸外国に範を求めると言うのなら、なおさらのはず、である。

――といったことを彼らに言っても無意味だが、いい加減にしろ、と言いたい（前記の落合教授還暦記念論文集所収論文でも、同様のことに、言及しておいた）。

例によって、「譲渡対象債権の準拠法によるべき」とする「立法論」が「通説」だ、とする際、「はしがき」執筆者のもの等が引用されているが、私は、その先の（！）解釈論についても言及している。もう、こういったことは、一々書かないことにするが。

同前報告書・九九頁は、当該債権の準拠法につき、事後的な準拠法の変更を認めた場合、譲受人を含めた第三者を害さない限りで、との限定を付すべきか「検討する必要がある」とする。だが、同前・二九頁以下の事後的変更（本稿［1］3e）の乙案（事後的変更を認める案）では、遡及的変更を認める、とまでしており、かつ、第三者の保護の問題は、カッコの中に入っていた。しかも、同前・三〇頁で、第三者保護の意味内容が不明確だ、との妙な見解に、遠慮までしていた。そこと、どうつながるというのか（！）。

d　債権譲渡の第三者に対する効力の準拠法

債務者以外の第三者ということであり、「規制改革」との関係でも、本報告書において、ここが最も重要なポイントとなる。同前・一〇〇頁以下である。

甲案は、譲渡対象債権の準拠法によるとし、債務者に対する効力と一致させる。乙案が、既述の「規制改革」絡みの論点と対応し、①「譲渡人の常居所地法による」、とする。同前・一〇〇頁の注一八九が、「規制改革」サイドの主張の背景事情を示しているが、甲案によっても、「一括譲渡」の困難

（?）という、前記クレイムに対応出来ない、とある。同前頁には、「外国でのクレジット・カード利用の結果、クレジット・カード債権［？］の中には異なる準拠法に基づく債権が混在している」ことが、一括譲渡問題との関係で、例示されている。同前・一〇一頁注一九〇にあるように、前記①の乙案は、「はしがき」の執筆者の説（立法論）である。

二〇〇一年の債権譲渡に関する国連条約で――

②priorities（多重譲渡等の場合の優先劣後）問題（「同一の譲渡人から同一の債権の譲渡を受けた複数の譲受人の間の優劣、譲受人と譲渡人の債権者との間の優劣など」）が「譲渡人の所在地法」（営業所所在法等）によるとされ、

③「債権の譲渡可能性、譲受人と債務者との関係、譲渡を債務者に主張できる条件、及び債務者の義務の消滅は譲渡対象債権の準拠法による」等とされたこと

――が、乙案的主張の「背景にあるものと考えられる」と、同前・一〇一頁にある。

だが、①（乙案）と右の②とは、ピタリ対応するものとなっていない（!!）。②は、既述のpriorities の問題についてのものであり（②の当否も、私には疑問だがそれは措くとしても）、債務者を除くとする、ここで言う第三者に対する効力、即ち、同前・一〇〇頁の「対抗要件」（その点が「規制改革」関連でも問題視されていた旨、同前頁にある！）具備の、その先にある問題である。その②で、ど

うして①を基礎づけ得ると言えるのか（!!）。論理の筋が、通っていないではないか（!）。Priorities の問題は、まさにこの国連条約もそうであるように、一般の対抗要件具備の問題とは別に処理する必要がある。少なくとも、〝乙案と国連条約とのズレ〟について、明確に認識すべきところ、本報告書の説明が「流れて」いる。そこに、まずもって注意すべきである。

次に、同前・一〇〇―一〇一頁には、甲案の「メリット」との関係で、〝おかしなこと〟（!）が書かれている。即ち、同前・一〇〇頁では、「債務者の住所地は他に考えられる連結点に比して事後的に変更される可能性が相対的に高い」とあり、同前・一〇一頁では、「譲渡対象債権の準拠法」は「通常は事後的に変更されることがあまり想定されない」、とある。なぜ、そんなことが言えるのか。単なる憶測で立法するのか。また、それこそ一般には、（彼らの論理において）むしろ逆のようにさえ思われるが、どうなのか。

ともかく、「債務者の住所地法」によるとしてしまった穂積博士の「立法上の過誤」（債権譲渡の準拠法を「物権」の準拠法と合わせようとし、債権債務の根拠たる法が、法例七条等で別途定められていること、矛盾した考え方をとっていた）を精査せず、表面的に、「債務者の住所地法」から逃れたいとのみ考えるから、こんな説得力に欠ける妙な立論をするのである。

他面、本稿［1］３ｅで扱った「準拠法の事後的変更」についての同前・二九頁以下、特に三〇頁では、当事者が事後的変更を欲する具体的な「場合」にまで、言及がなされていた。仮に、同前・一〇〇頁のように、事後的変更が「通常は……あまり想定されない」と考えるのなら、単なる演繹論から、本稿［1］3eで論じた裁判実務への負担（単なるhomeward trendは別とした場合のそれ）を深く考えずに、どうしてそんな規定を置くのかが、遡って疑問ともなる。

更に、「住所地の事後的変更可能性が高い」のは、債務者のみなのかが、問題となる。債権者（譲渡人）だって、その「可能性」においては同じことであろう。通常の常居所概念（条約作成時に、イギリスの硬直的なドミサイル概念との関係が意識され、そこからの解放のためにこの概念が導入されたという、そもそもの経緯、を想起せよ）からは、「債権者の常居所」についても、「事後的に変更される可能性が相対的に高い」ことになる。「論理」として、そうなるはずである。

債権者が同一債権の多重譲渡を、順次常居所地国を変えつつ行ったら、一体、ここで想定されている問題は、解決されるのか（!!）も、法例一二条制定時の寺尾委員の穂積起草委員への、既述の質問と同様に、問題となる。だが、「債権の輾転譲渡」を考えてみよう。

「債権の輾転譲渡」の場合、、個々の譲渡につき、一々各譲渡人の常居所（それが単一の国に存在する保証は、どこにもない!!）の法による「対抗要件」の具備が、必要となる（!!）。たとえ債務者の「住所」（現行法例一二条!）が、その間、他の国に移転していなくとも、そうなってしまう（!!）。

同前・一〇一―一〇二頁は、かかる「乙案は、債権流動化の動きの中で登場した新たな立法論的立場に基づくものである。これによれば、集合的債権譲渡を個々の譲渡債権の準拠法を考えることなく行うことができるというメリットがある」とするが、右の点をも、考えたら、どうなのか。

輾転譲渡後、多数債権が単一の債権者に帰属し、専らその後の「一括譲渡」を考えるのだ、ということも言われ得よう。だが、そこに至るまでの個々の債権譲渡が、後になって争われる（!!）、といったことは、クロスボーダーな状況下で十分に起こり得る。

同前・一〇〇頁注一八九には、我が国内の「特債法」や「債権譲渡特例法」が出来たのに、「法例」では「相応の措置がとられていない」との「問題意識」が、「規制改革」サイドの法制一二条へのクレイムの「背景」にある、との点が示されている。この認識自体、真の国際的な問題把握（後述）との関係において、著しく不十分なものがある。

なお、前記個所では、乙案の「デメリット」として、右の点との関係で、非常に苦しい指摘をしている。即ち、「現行法例一二条と同様、常居所地は、他に考えられる連結点に比して変更される可能性が高い［!］ため、第一譲渡とそれ以後の譲渡との間に連結点［債権者の常居所地］の変更があった場合には、第三者が不測の損害を受ける可能性があること」を、まず挙げる。だが、そこにカッコを付して「（もっとも、集合的債権譲渡を行う主体（譲渡人）は法人であることが通常であると考えられるため、現行規定における債務者の住所地よりは、変更の可能性は低いと考えられる）」、とある。

この点に関して、同前・一〇二頁は、〝「法人」等の「常居所地」〟をいかに決定するか（!!）につき、**「設立準拠法国か本拠地法国かなど」とする。債権の一括譲渡のニーズに答えるべくそれを一本**

化せねばならぬということではあろうが、そこには、理論的に極めて大きな無理がある（!!）。同前・三七頁の「当事者の意思が不分明である場合の連結政策」の甲案・乙案が、「社団、財団」については「当該契約に関係する営業所の所在地の法」を当該の者の「常居所地」としていたこと、そして本書一一〇頁の6b-2との、平仄が、あっていない。ここでも、当該支店・営業所の所在地ごとに、常居所を考えるべきところであろう。

他方、かかる無理な考え方を採ったとしても、スイス国際私法一六一条以下にもあるところの、Sitzverlegung、つまり、「国境を越えた企業の移転」（企業関連の準拠法の変更を伴うそれ）などを、一体どう考えるかも、問題となろう。

単一の国の中での取引とそこで生じた債権の譲渡を考えるのならばともかく（後述する重要な点である!!）、そうなると、前記の、譲渡人たる「法人」等の「常居所」は、譲渡対象債権ごとに、各国にばらまかれることに、そして、少なくとも複数（!!）になる。つまり、「債権譲渡」につき、「譲渡人の常居所地法」によるべきだとしても、それは、「複数、ないし多数の国の法」となる。「対抗要件」を考えても、それらの国々の法に、よらねばならない。「規制改革」の側からの「一括譲渡」（「バルク・セール」）のニーズは、そもそも「対抗要件具備」にあたって、各国法に従うことの不便にあったが（同前・一〇〇頁、等）、この点は、乙案を採っても、変わらない、ということになる（!!）。おかしいではないか（!!）。

それはともかく――

ここで、「問題の発端」（本稿［1］2⑶a）に戻って、冷静に考えて見よう。

e　「問題の発端」に戻って――「規制改革」サイドからのクレイムの、国際的な「動態的債権保全の現実」との間のギャップ！

世界各国に一〇〇の支店・営業所を有する企業が債権者だったとする。当該企業が、それら世界各国での取引で生じた債権の債権者として、それらの債権の「一括譲渡」をしたとする。その対抗要件の具備が各国法によるのでは不便だ、というのが、「規制改革」との関係での、そもそもの出発点であった。だから、準拠法を一本化せよ、ということである。**だが、『当該の多数債権の一括譲渡について、我国が世界で唯一の法廷地となるという保証は、一体どこにあるのか（!!）』**。

当該の債権群につき、我国裁判所のみを指定した専属的合意管轄条項がすべてであり、それがすべての国でそのまま認められる、といったユートピア的発想は別として、実際には、債権譲渡をめぐる紛争は、世界各国で起こり得る。『純粋な国内事件とは、話が違う』（!!）のである。

しかも、どうもここで念頭に置かれているらしい金融機関、とくに銀行関連で言えば、まず、ユーロ市場等での一般の国際金融取引で、排他的・専属的な合意管轄条項は、特定の類型の取引は別として、ユーロ債やユーロ・シンジケート・ローン関連等で、私は見たことがない。相殺する場合、対立債権債務のそれぞれにつき、別々の国の管轄が専属的に合意されていると、そもそも相殺が認められなくなる（他国で裁判すべき債権について審理することになるので、ということ）、との扱いを、法廷地の如何によっては受けることも、それと関係し得ることである（なお、石黒・前掲国際民事訴訟法二〇八―二〇九頁の注六二七参照）。『複数国での訴訟を念頭に置いた「動態的」な把握』が必要となる所以である。

少なくとも、私がかかる「一括譲渡」を争う立場だったら、本報告書の乙案の線で法例改正がなされても、我国とは別な国に法廷地を設定することを、まず考える。譲受人の本拠地等が外国だったら、その外国や、他の国での訴訟も考える。

実際に、クリティカルな状況下で当該の「一括譲渡」がなされたら、むしろ譲受人の側の国での訴訟の法が起き易いとも言えるし、「各国での訴訟の嵐」となることも、十分に想定出来る。その方が、現実的であろう。

つまり、日本を唯一の法廷地と想定して、日本の中だけで当面する問題の準拠法を一本化し、簡易化をはかっても、「国際民事紛争の動態的把握」からは、問題の全体的処理には、それが必ずしも結び付かない。こんなことは、いわば常識であり、石黒・前掲国際民事訴訟法や、石黒他・国際金融倒産（一九九五年・経済法令研究会）等にも、こうした事例はいくらでも出て来る。それが、「現実」というものである。そして、かかる現実を、どこまで踏まえて「規制改革」サイドからのクレイムがついたのかは、かなりあやしい。

前掲の落合教授還暦記念論文集所収論文（本書第三部）でも論じたことだが、最近、我国の会社法学者が抵触法上の問題につき多々論文発表等を行ってくれるようになったことは歓迎すべきことではあるけれども、静態的に、我国での準拠法選択を問題とするのみで、forum fixing; forum shifting 等の、問題の動態的把握までには、いまだ至っていない傾向が強い。そのことが、ここでの問題にも、影を落としているように、私には思われる。

「規制改革」会議でこれこれのクレイムがついたから、法例一二条をいじる、との短絡的な発想ではなく、法例の準拠法選択ルールは、基本的に法廷地が我国にフィックスされた場合に問題になるのみであり、外国が法廷地になったらどうなるかの点まで、考えて見よ、という程度のことは、最初からクギを刺して置くべきことである。

ともかく、仮に国際金融取引が、法例一二条絡みのここでの問題で念頭に置かれているのならば、なおさら前記のごとき「動態的把握」が、なされねばならないはずである。「動態的債権保全に向けて」との副題を有する個所も含む、沢木敬郎＝石黒＝三井銀行海外管理部・国際金融取引2［法務編］（一九八六年・有斐閣）七一―一〇七頁（石黒）の論述は、その意味で、過去のものとなった訳ではない、と感ずる。

さて、ここで同前報告書・一〇二頁に戻る。「規制改革」会議との関係で有望視されている乙案をとった場合、「債務者に対する効力」と他の「第三者に対する効力」とが別の準拠法となるため、「統一的処理が困難になるおそれがある」、とされている。これは、その通りであり、だから穂積博士は双方を、（既述の問題はあれども）一本化していたのである（!!）。

同前頁には、「債務者が譲渡対象債権の準拠法上支払うべき者（X）」（前の項目の規定案参照）に支払ったが、「譲渡人の常居所地法上優先権を有する第三者」がYであった場合、「YがXに求償請求権を有するという理解でよいか……検討する必要がある」、などとある。私の見地からは、priorities の問題は別枠で処理されるが、ともかく、本報告書の「はしがき」執筆者の見解には多々疑問がある上、乙案で立法して、それだけで、その言うところの「法的安定」、「透明性」等々が達成される訳ではないことは、皮肉にも、（不十分極まりない形にせよ）本報告書の説明自体が、「自白」していることになる。

なお、同前・一〇三―一〇四頁で、本稿［1］5との関係での「立法案等」が、初めて登場するが、面白いのは、「乙案の検討に当たっては、各国国際私法との整合性［!］の観点・各国国際私法改正の動向につき、留意する必要がある」との、若干意味不明な説明が、その冒頭に付されていること、である。そこには、八〇年のEC契約準拠法条約、スイス、韓国、アメリカの第二リステートメント、そして前記の国連条約が掲げられているのみだが、内容的にバラバラであり、とても、本報告書「はしがき」の言う「国際的な標準」など無いし、既述の国連条約とのズレもある。ここは、「はしがき」執筆者の思惑が前面に、とくに強く出ている部分であり、そこにおける「はしがき」の基本方針・基本認識とのズレは、致命的でもある。

ともかく、「規制改革」サイドからのクレイムが「問題の全体像」、そして「国際的な債権保全に関する動態的（!!）把握」からして、不十分極まりないことは、既述の通りである。「そこ」が崩れれば、一体何を急いでの改正か、ということになる（!!）。

f　債権質の準拠法

法例一二条関連で、このf以下の諸点が扱われることに、私は大きな違和感を抱く。どうしてそうなっているかは、同前・一〇五―一〇六頁から明らかとなる。先ず、「債権質」なるもの（!?）について言えば、「はしがき」執筆者が、「債権質」を法例一二条と「整合的」に規律すべきだと、主張しているから、そうなっているのである。

ここでは、まず、同前・一〇八頁の「立法例等」を見て置く必要がある。本稿［１］４ｂで言及した前記の最判昭和五三年が、なぜかその冒頭に掲げられ、「規定はない」として八〇年ＥＣ契約準拠法条約が、そして、スイス、韓国、前記の国連条約が掲げられているのみ。だが、外国のそうした例で、一切、「債権質」などという「言葉」は、出て来ない（!）。なのに、「債権質」につき規定を置くというのは、本報告書「はしがき」に示された事柄と、大きく矛盾する。

既に本稿で論じたように、「債権を担保にとること」程度のことは、各国法の差異から距離を置き、中立的に言えるが、法廷地実質法の概念をそのまま国際私法に持ち込むことは、本来してはならないことである。わずかながら示された「立法例等」（そこに前掲最判昭和五三年まで入れ込むことは、実におかしい）からも、こうした国際私法のイロハは、推測出来るはずなのに、同前・一〇五頁は、甲案として、わざわざ「債権質の成立及び質権設定者間の効力」と「債権質の債務者に対する効力」とを分け、双方とも「対象となる債権の準拠法による」、とする。効果が同じなら分ける必要など無い、ということすら、分かっていないようである。

「債権質の第三者に対する効力」も、三番目の規定案としてくくり出し、そこには、これも以上と同じ準拠法とするA案と、「質権設定者の常居所地法による」とのB案が示される。前記の5dの項目の問題認識を、「はしがき」執筆者のものを引用しつつ、同前・一〇六頁が示している。同前頁は、priorities の問題を一緒くたに論ずるという既述の問題も、芋蔓式に引きずっている。以下同文の感があるので、先に行く（以上、二〇〇四年六月一七日、早朝六時頃からの執筆で疲れたし、レベルの低さに、本気で反吐が出そうゆえ、午後二時二五分、一旦筆を擱く。午後三時二五分まで点検）。

g　相殺の準拠法

「債権譲渡」関連で、「一括譲渡（バルク・セール）」が問題となっていたこととの関係で、「多数債権債務の一括相殺」や、そこでの、我国実質法で問題となっている「相殺の担保的機能」のような問題（石黒・前掲国際私法［新世社］参照）が、ここでどう扱われているかが、私にとっては第一の関心事（？）となる（執筆再開は、二〇〇四年六月二〇日午前六時二〇分頃。午後〇時三七分まで、目次作りと、この部分までの点検、補充を行った）。だが、本報告書の内容は、惨憺たるものである（！）。

同前報告書⑴一〇九頁は、「相殺の準拠法」につき、自働債権・受働債権の「累積」による甲案、受働債権の準拠法のみによるとの乙案、双方の「配分的適用」によるとする丙案を示す。しかも、「相殺の第三者に対する効力」を、別枠で規定案に示し、A案（この点も相殺の準拠法による）、B案（受働債権の準拠法によるとする）、C案（「受働債権の債権者の常居所地法による」とする）を掲げる。同前頁では、規定が無いし「学説……も……分かれている」から規定を置く、とする。同前・一一〇頁とその注二〇四にあるように、「相殺の第三者に対する効力」を別枠とするのは、本報告書「はしがき」執筆者の説がそうしたものだから、である（！）。

この項目の説明も、学説の単なる「羅列」であり、誰かが主張すると案に載り、かつ大枠は「はしがき」執筆者の説に従う、のである。どうでもよいことではあるが、案の定、「私」はそこに、存在しないかのごとき取り扱い、である。

総じて、表面的な各案（各学説）の「メリット」「デメリット」の比較のみである。「従来の通説」（前記の両準拠法の累積説）が、「自働債権・受働債権ともに複数」でそれぞれ準拠法が異なる場合の、「相殺の順序」すら決められないこと（石黒・前掲国際私法二九五―二九六頁において、最判昭和五六年七月二一日民集三五巻五号八八一頁からのシミュレーションとして示した点）などの点については、もとより言及が無い。同前報告書・一一〇頁に「二つの債権が関係する相殺にあっては」云々とある点が、象徴的である。

私は、「二つの債権が対立する古典的［もっと言えば机上の！］事例ばかりを考えていても仕方がない」と、石黒・同前二九七頁に書いているが、もとよりそんなことは、一切無視されている。「私」が無視されているのが問題なのではない。「現実に起こり得る諸場合」の無視されていることが、問題なのである。勘違いしないで頂きたい。

乙案のメリットとして、同前報告書・一一〇頁に「相殺の担保的機能」への言及があるが、自働債権・受働債権ともに複数でそれぞれに準拠法が異なり、更に、我国の実質法上問題とされる「相殺の担保的機能」のような問題状況で登場する者も、同様に複数（ないし多数）の、それぞれ準拠法を異にする債権を有していた場合（石黒・同前二九七頁の図の34）にどうなるかを、同前報告書・一一〇頁の言う「実務上の要請」との関係で、考えるべきであろう。私は、前記の「債権譲渡」関連でも、本稿において、同様の状況下での問題を、指摘しておいた。

案の定、同前・一一二頁では、前記B案との関係で、「相殺」についてもpriorities の問題を一緒くたに論じている。同一債権につき、相殺を主張する者、様々な担保権や差押等を主張する者が「競合」した場合の「優先劣後」の問題は、既述のごとく別枠で考え、皆の視線が集中する当該債権の準拠法によるべきであるというのが、一本の債権をめぐる多数の者の争い、という単純な場合の、処理方法であろう（石黒・前掲二九六頁の、図33）。

だが、同報告書・一一二頁は、「債権譲渡や債権質の第三者に対する効力」につき、対象債権の

「債権者の常居所地法による」との、既に多面的に批判した「案……が採用される場合には、譲受人や質権者と相殺を主張する者との優先劣後を決める準拠法が複数」となり、「混乱が生じるおそれがある」、などとする。「優先劣後」を決する準拠法が複数なら、かかる場合、〝決定不能〟を予期すべきであり、中途半端な論じ方である。

そこで、同前頁では、C案が「債権流動化」云々という、同様に本稿で、その底の浅さ（！）を批判した「観点」からの「メリット」を有する、などとされる。だが、同前・一一三頁には、甲乙丙のいずれの案をとっても、C案だと、「その準拠法と第三者に対する効力の準拠法」との間での「不整合」により、「統一的処理が困難となるおそれがある」、とある。

そもそもpriorities問題の捉え方が、既述のごとく、おかしいのである。だが、そこには、C案は「我国の民事実質法上の相殺に関する考え方と整合しない」云々、ともある。妙なところで、法廷地実質法との関係を云々するのは、再三述べたように、そのこと自体が、おかしい。

この部分での「立法例等」は、著しく貧弱である。四つ挙げられたうち、「ローマ条約」（八〇年EC契約準拠法条約）と「韓国」には、「規定はない」とある。規定が無いなら、なぜそれをここで挙げるのか。おかしいではないか（！）。しかも、残りは「スイス」と、既述の債権譲渡（！）に関する国連条約、である。本報告書「はしがき」に一体何と書いてあったのか（！）。再度言う。「おかしいではないか！」、と。

h　法律による債権の移転（法定代位）の準拠法

同前・一一五頁以下、である。面倒ゆえ、論じ方を変えよう。

訴訟上ある当事者が「法律による（つまりは法的な！）債権の自己への移転」を主張し、それ用に作られていたこの項目の準拠法決定のルールに従って、ある外国の法が準拠法とされたとする。だが、その国では、当該の問題は、「債権譲渡」の問題であって「法律上の移転」では無い、としていたとする。

ちなみに、これは、イギリス実質法上の「保険代位」に関する実際の規律を多少モディファイした仮の説例、である（石黒・前掲国際私法一九一―一九二頁参照。なお、同前報告書・一一五頁が、私が前記の個所で引用した神戸地判昭和四五年判例タイムズ二八八号二八三頁を、「法定代位について原因関係［保険契約の準拠法］によるとしたもの」として挙げるのは、問題である。そもそも裁判所に、石黒・前掲頁のごとき明確な認識があったとは、到底言えないから、である）。

さて、右の場合、「今度は債権譲渡の問題だ」、などとして、もう一度準拠法指定を、やり直すのか。更に、「債権譲渡」の準拠法たる別な外国法に再度送致したところ、当該問題は「法律による（当然の）債権の移転」だとされていたら、一体どうするのか。また、再度そこで、右往左往（!!）するのかどうか。

その当事者は、「ともかく別の者の有していた債権が法的に（！）自己に移転したこと」を理由に、訴えていたとせよ。そもそもそれが、ここで言う「法定」代位か、voluntaryな移転（債権譲渡）かを、〝実際の訴訟の流れ〟の中で、如何に「仕分け」するのか。それが「法定」か否かは、準拠法が決まってから、当該準拠実質法によって決まることのはず、である。

この関係で、他の点よりも先に、同前報告書・一一八頁の「立法例等」の、（スイス、韓国と並んで、三つのみ掲げられたうちの一つたる）八〇年ＥＣ契約準拠法条約一三条の、そこに示された文言を見て置こう。そこには――

「契約に従って、ある者（債権者）が他の者（債務者）に対して契約上の債権を有しており、かつ第三者がその債権者に弁済する義務を有している場合、又はそのような義務の履行として現実に弁済を行った場合には、第三者の義務に適用されるべき法が、債権者が債務者に対して両者の関係を規律する法のもとで有していた権利の全部又は一部を、第三者が債務者に対して行使することができるかどうかを決する。」

――とある。

「立法例等」の計三つの一つとして示されたこの条文の中身の、一体どこに「法定代位」などという文言があるのか（!!）。

各国実質法上、「法律による債権の移転」ないし「法定代位」と言われている諸制度のあることを前提としつつ、「それ」についての準拠法を考える際には、私が前記の仮の説例で論じたような、ややこしい問題が伏在するがゆえの、この、もってまわった文言、なのである（!!――書いても無駄だが、一九八三年刊の石黒・前掲金融取引と国際訴訟二二八―二三二頁、二四〇―二四四頁参照。そこに、スイスの主義との比較も含めた論述がある）。

以上が、私が（いわゆる債権譲渡も含めて！）「三面的債権関係」という各国実質法から離れた中立的な抵触法上の問題枠組みを提唱して久しい理由、である。

さて、そんなことを一切無視した同前報告書・一一五頁以下には、一体何と書かれているのか。ともかく「法律による債権の移転（法的代位）」につき、甲案は「原因関係の準拠法」に、乙案は、原因関係の準拠法によるが、とした上で、カッコ書きで「移転の対象となる債権の準拠法」を「債務者に対する効力」につき準拠法とする案と、それによる「保護は奪われない」とする案とを、スラッシュで並記する。丙案は、「移転の対象となる債権の準拠法」による、とする。

この点についても、その「第三者に対する効力」は、別枠とされる。それは、またしても（!）、同前・一一六頁の注二一二に示された「有力な見解」としての、本報告書「はしがき」執筆者の見解のゆえ、である。以下同文の感が深いので、先に行く。

i　債権者代位権・債権者取消権の準拠法

そもそも、この二つは、同前報告書・一一九頁以下、一二六頁以下で、項目として分けて示されている。その区別は、明らかに法廷地たる我国の実質法上の区分を、牴触法上に直接持ち込んだものである。従来の我国の学説自体がおかしいのである。

その証拠に、同前・一二二頁、一二七頁の、それぞれの「立法例等」の記載は共通のものであり、「ローマ条約、スイス国際私法、韓国国際私法に特別の規定なし」、とある。この程度の「例」では不十分なこと、等は再論しないが、ともかく、それなのに規定を置くことは、本報告書「はしがき」の「国際標準」云々と、既にズレている（！）。

無残な本報告書の内容は、もはやここで紹介するだけ無駄。だが、「債権者代位権」については、またしても、本報告者の「はしがき」執筆者の説を注二一九に引用しつつ（!!）、その「第三者に対する効力の準拠法」を、債権譲渡の場合と整合的に（!?）、別枠で示すことが、同前・一一九頁で、なされている。だが、「債権者取消権」については、その「別枠」での規定案が無い。そのこと自体、「不釣り合い」、ではないか（！）。

j　免責的債務引受の準拠法

同前・一二三頁の説明が、そもそも「矛盾」している（！）。つまり、「通説」は「債権譲渡との類似性から、債権譲渡の規律がそのまま当てはまる」とする旨、本文で示す一方、その「通説」についての注二二一では、それら「通説（!?）」において「利益状況が異なるとして一二条の適用はないという点でも一致している」、とある。論理の整合性を、もっと意識して書け、と言いたい。

同前頁で、「国際的な金融機関の再編など、債務（預金）をも含めた全資産の国際的な譲渡が……今後はますます増えていく」から、規定を置く、とある。ちゃんとそんなことにも「目配り」してますよ、との〝下らぬポーズ〟（既述）である。

「債権譲渡についての債権者の常居所地法主義に対応する形で」の規定を置く、ともある。同前・一〇一頁の、やはり本報告書「はしがき」執筆者の意向に沿った、立法化（!!）、である。その線で、「第三者に対する効力」の準拠法に関する規定も、用意されている。

だが、「立法例等」の同前・一二五頁は、「韓国」のみを挙げ、「債権譲渡の規定」が、そこで「債務引受」に「準用」されていることだけが示されている点で、著しく不備である。

そもそも「債務引受」なる概念を、国際私法上、別枠のものとして括り出すこと、そして、更にそこに「免責的」（かどうかは、準拠実質法の適用段階に至って決まることのはず!!——もはや再論はしない）などという言葉を付する「無神経さ（!!）」。——もはや、思いつきに近い規定案に、これ以上、言及するまでもなかろう。

＊　＊　＊

――かくて、以上をもって、本報告書⑴、即ち、NBL別冊八〇号が、終わることになる。ここまでを、一応、本稿の［1］とする（二〇〇四年六月二〇日午後四時二八分、一応筆を擱く。若干心身を休めた後、夕食前の同日午後一一時三五分まで、再度、点検）。

◆これ以降、本報告書⑵について、書き進める訳だが、これまで書いて来た点だけからも、今般の「法例改正」という名の「愚行」が、真実許し難いものであることは、本稿［1］3h末尾に示した、『かの公取委竹島委員長の、（日本政府では無く!!）アメリカ政府に絶対的忠誠を誓った上での、独禁法改悪構想』――それを私は、我国の公益事業各社を一本化し、かつ、マイクロソフト社に全く逆の二つのベクトルでの「力（!?）」を加える、等々の、いつもの多面的戦略で、完璧に打破した!!――と同根の（否、それよりも更に数段愚劣な!!）「蛮行」であることは、明らかとなし得たように、思われる。だが、私は執拗に攻める。だから、「その二」に続き、「その三」以降が出れば、「それら」をも「粉砕」する。その覚悟、である（二〇〇四年六月二〇日午後一一時五一分、記す）。

第二部

「法例」の「現代化」という名の「改悪」構想［2］

── 不法行為・物権等の準拠法 ──

＊　はじめに――本書第一部（本稿［1］）との関係における再確認事項

ａ　本稿［1］とその後

二〇〇四年六月二三日午前六時五分から準備し、同二〇分から、かくて執筆を再開する。昼の会合、そして、学部での国際私法講義（まさに、性質決定論について、である！）が今日はあるので、その前のアイドリングのつもりである。

以下は、前記報告書⑵、つまり別冊ＮＢＬ八五号の、「不法行為・物権等」の部分である。だが、性懲りもなく、既に同前⑶⑷も出たとのこと。本稿［1］で示した本報告書の基本的問題性は、同前⑵でも何ら変わっていないし、明治の先人達を愚弄する「歴史的愚行」が「彼ら」の思う通りの結果を、万が一にももたらしたにせよ、やがて遠からずそれは、「実務の英知」と「歴史」自体によって「浄化」されて行くはず。

「今」の日本という社会、そして国家に、「復原力」というものが残っているの「ならば」、その前段階でカタがつくはずだが（石黒・貿易と関税二〇〇四年一月号六九頁）、そのためには本稿［1］だけでも、十分なはずである。

私としては、とくにそこで、「債権譲渡」の準拠法に関する、「規制改革」絡みでの、この「愚行」

の「出発点」の不十分さも、それなりに「撃破」したつもりであるし（本稿［1］5e）、そこが崩れれば、この「蚕行」の基盤が崩れる。それを、実質的な中核部分としつつ、私はそこで、各項目につき、詳細に、「構造的問題」を、示して来た。

b　「規制改革」関連（「債権譲渡」）についての若干の補充――「債権の『バルク・パーチェス』（！）」の具体的イメージ

なお、前記の「規制改革」絡みの問題で、ここで、若干の補充をして置こう。というのは、本稿［1］は、基本的に六月二〇日で一応フィックスさせ、既に、関係各所に配布済みだから、である。

即ち、四〇字六〇行で計三〇頁の、既に各所に配布済みの本稿［1］で言えば二二頁二行目以下、項目で言えば、その5a第五パラグラフの☆マークの、第三パラ（「これに対して……」）、第四パラ（「即ち……」）、第六パラ（「かくて……」）において、私が「債務者は単独、債権者（譲渡人）は多数」の場合の問題を取り上げた点（本書六二頁以下）についての補充、である。

むしろ、「様々な債権者」からの「債権の一括譲受け（『バルク・パーチェス』!!）と書いた方がよかったかも知れぬが、そこで私が念頭に置いていたのは、「米国の対イラン、対リビアの資産凍結措置発動」間近のような状況下でのことである（前者の事件を、私はスイス留学中に、実体験として「観察」していた)。

即ち、放置して置くと、当該の者(そうした「債権のバルク・パーチェス」をしようとする者、つまりは譲受人)が、自己に対して債権を有する相手方(資産凍結等の、域外適用を伴う諸措置の対象たり得る者)との関係で、厄介な問題に巻き込まれそうな状況において、「そこ」から早く逃れたいと思う場合、である。


かかる状況下で、相手方からの請求を待っていて資産凍結措置発動となれば、米銀が実際にロンドンで遭遇したような、支払い請求の訴えと資産凍結措置との板挟みになる。また、緊迫した状況下で相手方に、現実の支払いを自らしてしまうと、遡ってそれが、自己に不利な形で後々、種々の問題とされることも、有り得る。

こうした場合、相対的に、ということではあるが、より安全なのは(後で問題が別途起きる可能性はもとよりあるものの)「相殺」であり、そのために、当該の相手方(資産凍結の対象たり得るところの、自己の債権者)に対して債権を有する多数の者(譲渡人)から、「債権の一括譲渡」を、急いで受けるのである。

「相殺」ゆえ、実際の資金の移動(相手方への支払い)はない、と主張して事態を切り抜ける(正確には、切り抜け得る)窮余の一策、としてのものである。ちなみに、詳細は語れぬが、実際にこの手を用い、事態を措置国不知のまま切り抜けた外国の某企業も、私は目にしている。

いずれにしても、ユーロ市場での、かかる緊迫度の高い国際金融取引の実際を、スイス（国際決済銀行［ＢＩＳ！］のあるバーゼル!!）をベースに、フランクフルト等々で、いわば紛争現場に近いところで研究して来た私には、「規制改革」サイドからの法例一二条に対するクレイムが、何かのんびりし過ぎて、ピンと来ないのである。

c　「論じ方の変更」と本報告書⑵の「はしがき」について

ここで、前記報告書⑵に戻る。本稿［１］のような調子でこれから先を書いて行くと、それだけで一冊の本になってしまいそうである。だが、この程度のレベルの低い問題に、そんなに労力と時間を費やすほど、私は、暇ではない。もっと「学問」的に深いテーマ群が、私を待っている。本稿は、私にとって、本来の意味での「学問研究」とは異質なものであり、早く「学問」の世界に戻りたい。

従って、「底の浅さ」の点で基本的には以下同文と言うべき同前報告書⑵については、本稿［１］の「絨毯爆撃」の手法から、「ピン・ポイント爆撃」に、戦法を変更し、それによって省力化を図ることとする。

その趣旨の下に、本報告書⑵の「はしがき」を、まずは若干見て置こう。二〇〇三年二月に法制審「国際私法（現代化関係）部会」が設置されたこと（おめでとう！）、等が示された後、「法例一一条一項」は「あまりにも単純」（!?）ゆえ、「よりきめ細かく最密接関係地法［！］が準拠法となることを確保する必要がある」、とある。だが、事項的細分化とともに、「さらに、明らかにより密接な関係がある地がある場合にはその地の法を適用するという例外的な扱いを認めるべきか否か」も検討する（！）、とある。

かくて、本報告書(1)と同じ「はしがき」執筆者が、まずもって個別事案の深みに降りること（個別的妥当性の追求!!）を前提とする、私が助手論文のテーマとした「準拠法選択上の一般条項（例外救済則）」にここで言及すること自体、本報告書(1)の「はしがき」執筆者の、思い込みに満ちた、「法的安定」一辺倒のその歪んだ世界観からして、「矛盾」である。だが、それは、「はしがき」執筆者の助手論文たる国際訴訟競合関連の論文における「類型論」が「類型論」の体をなしていないこと（石黒・前掲国際民事訴訟法［新世社］二七五―二七六頁、そしてそこに引用した別論文で論証済み）等々の「事実」にも通ずる、同じ周波数帯での、ある種の現象である。

他方、同前報告書(2)の「はしがき」では、「不法行為や不当利得については、別の角度から、より細かい類型ごとに異なる準拠法決定ルールを導入する」云々ともある。

国際私法の場合、ルールを細分化すれば、そのルール間での限界画定自体、そして、準拠法となる各国法との間で、非常に悩ましい問題が登場する。石黒・前掲国際私法（新世社）でも各所、特に「国際私法上の性質決定」絡みの個所で強調した、「送致された準拠法への具体的送致範囲」の問題である（性質決定関連の部分は、論文を書くつもりでいたため、そのかわりに、教科書としては異例の、細かな外国での論議にも立ち入るものとなっている）。性質決定を法廷地国際私法独自に行うとの、本報告書

⑴にも「散見」されたわが国の正しい通説（一般論レベルでのそれ――個別には非常にしばしば、貫徹されていないそれ！）からは、「不法行為」と「不当利得」とを初めから分けるということ自体、問題を孕む。

　そもそも明確な「不当利得」概念を有しない国（例えば、「保険代位」に関する従来のイギリス法の場合等、本稿［1］でも言及した点）もあり、それがゆえに、穂積博士は、法例一一条「一項」で、不法行為・不当利得、事務管理を、ともかくも一体とした準拠法選択規則を定立したのである。それは、「契約外債務」という、はるかその後に説かれ出した一層ゆるやかな抵触法上の枠組み設定を、実質的に先取りする、実に先見性に満ちた〝英断〟だった、のである（!!）。

　それともう一つ、国によって、性質決定のやり方は微妙に異なる。例えば、「法人格否認の準拠法」に関する江頭教授の所説が、専らドイツ国際私法をベースにしたことから、同教授の類型論が類型論として成り立たない（！）のみならず、そもそも国際私法上の性質決定関連の問題で、法廷地実質法の影響をいまだに強く受けるドイツの、従って日本の既述の通説とは異質な前提に立っていることに、気づいておられない、等の問題が顕在化する。この点は、本稿［1］でも言及したところの、数日後に祝賀パーティーの場で手渡しされるはずの落合先生還暦祝賀論文集に所収の、私の論文でも、落合教授の所説と対比しつつ、指摘したところである。

　つまり、右の例との関係で、ドイツとの比較で言えば、国際私法上の性質決定において、ドイツでは自国（法廷地国）実質法の概念からの拘束の強さがいまだ残っており、ドイツ国際私法上のルールないし学説を参考とする場合には、そのノイズを取り払って、その上で我国の国際私法とのインタフェイスを構築せねばならない。それと同じような、地道な作業なしには、「法の比較」など、出来るはずが無い。これは、田中英夫・村上淳一両教授の、私への厳しい（そして真の学問の基礎たる）教えの一つ、であった。もとより、そんなことを本報告書⑵に求めても、無駄であることは、既に論証済みではあるのだが。

さて、そろそろ、中身に入ろうか、とも思うが、少しでも楽しく書きたいので、早朝の執筆は、この程度とする（以上、二〇〇四年六月二三日、午前八時六分。点検は、同二三分まで。同日、帰宅後、午後九時五分まで、確認・補充作業）。

6　現行法例一一条関係

a　不法行為地への「原則的連結」

前記の趣旨から、同前報告書⑵六―二六頁をまとめて扱う。同前・六頁には、「一律に原因事実発生地法によるのは硬直的」とあるが、仮に規定が硬直的だとしても、同前・九―一〇頁に引用された判例は、個別には問題があっても、ともかく事案ごとの諸事情をそれなりに勘案しつつ、準拠法を決めている。

同前・九頁は、それら引用されている判例につき、「外国法を適用するのが相当であったにもかかわらず」云々、とするが、その指摘の部分には引用がない。執筆分担者の個人的見解を、かかる場面で押し付けるのは、著しく不適切なことであろう。

条文が一律なものであっても、裁判実務がそれなりに個別事案に対応しようと努力しているのに、「改正」という、『いきなりバケツで実務に水を浴びせるがごときこと』は、すべきではあるまい。

①「事件ごとに……事件に重要な関係を持つ諸要素を抽出し、当事者間の衡平をも考慮して準拠法を決定する」こと（同前・一〇頁）が、判例で既になされていると、そこにあるのに、そしてまた、②同前・一一頁で、「事案ごとに最密接関係地法を探求するという方法」が、（かつて私が注目し、現実にも不法行為準拠法選択の柔軟性確保を打ち出し、伝統的方法論内部で広範な国際的影響を与えた、正当なイギリスの）モリスの所説を持ち出して紹介されているのに、③それを方法論的基盤の異なるアメリカの「牴触法革命」（同前頁以下）と並列する『無神経さ（！）』もさることながら、同前・一二頁では、④またしても「はしがき」執筆者の歪んだ世界観が顔を出す。

即ち、かくては、「当事者は裁判を起こしてみなければ準拠法を確実には［！］知り得ず、また、裁判所にとっても判断に当たっての明確な指針がない」から、「法的安定性・予見可能性の面で、多くの問題がある」、とされている。裁判所は、現行規定の下で、それなりに奮闘している。そのことを無視する「暴言」の類いである。

前記の若干の裁判例（但し、平成になってからのもののみ！――不十分であろう）を紹介し終わった後の同前・一〇頁は、学説の「羅列」。但し、「はしがき」執筆者は、同前・一四頁のように、またしても〃妙な類型論〃を持ち出している。結果発生地の決定につき、「直列型」・「拡散型」の、不法行為の二類型を立てるのである。石黒・前掲国際民事訴訟法（新世社）二七六頁の、「自ら立てたドグマ」云々の指摘が、この「はしがき」執筆者の〃いつもの癖〃に対する、私の警告であることは、ここで一言して置くべきこと、であろう。

同前・九頁の規定案の提示は、現状維持の甲案から始まるが、それに対しては、同前・一五頁で、「近時の立法例と平仄が合わない」、「法適用の透明性は向上しない」等の批判がなされている。同前頁で、例外救済条項（準拠法選択上の一般条項）を別途入れれば「あまり不都合は生じない」、とあるのに、である。

外国の立法例、つまりは「条文」との平仄を合わせるという表面的なことに固執するのは実におかしい。既述のごとく、最近のもののみをあげる点で不十分な面はあるが、我国の判例の具体的営為にまで踏み込み、そしてそれを、海外での判例等の状況と対比し、その上で「平仄」を云々すべきである。そうした「踏み込みの無さ」が、実は、本報告書の「はしがき」執筆者の過去の（二〇〇四年三月の、自主的辞職という形をとった退職に至るまでの）業績の基本的問題（すぐに、立法論という何でも言える世界に逃げ込むという、疑問とすべき強い傾向!!）であったことは、同じ学部の元同僚として、言わせてもらう。

同前・九頁に戻れば、甲案に続く乙案は、侵害結果発生地法、丙案は、それに加害者の合理的予見可能性なき場合は加害行為地法とするとの点を付加する。丁案は、加害行為地法を主とし、被害者に侵害結果発生地法の選択可能性を付加する。

この丁案は、同前・一八―一九頁にあるように、それが、私があれだけ批判して来たドイツの「遍在理論」だと、わざわざ書いてある。同前・一八頁のＥＢＧＢ四〇条「一（！）」項第三文（「二項」、とあるのは誤植？）の、被害者の選択権行使の期限の書き方は、正確ではない（oder 以下が抜けている――Kegel/Schurig, IPR [8. Aufl. 2000], S. 628 参照）。

従来の「遍在理論」（それ自体がドイツでそのまま条文化された訳ではない！）への批判はもう飽きたが、ＸＹともに自分が被害者だとして一つの訴訟で本訴・反訴、となったときにどうするのかを、まず考えよ。紛争事実関係は同じなのに、本訴と反訴で、別々の法が準拠法となり得るが、それでよいのか。おまけに、同前報告書・一九頁では、「裁判外での法選択については時間的制限を課さないとするか」、「事項ごとに分割した法選択を認めるか」、「複数の被害者がいた場合にそれぞれ個別に選択できるとするか」、等とある（最後の問題については、石黒・国境を越える環境汚染［一九九一年・木鐸社］一一八頁以下の記述と一三〇頁以下の私見とを、対比せよ!!）。

同前報告書・一八頁には「裁判官にとって負担」ゆえ云々といった説明があるが、一対一の訴訟で相互に自己が被害者だとして争ったケースだけでも、裁判官には相当な負担になるし、「当該紛争事実関係の重点」を虚心に探求するという、これまで法例一一条の下でそれなりに頑張って来た我国の裁判官達に対して、失礼千万な形でぶちまけられるバケツの水（既述）には、かくて、無数の鉄菱ないし画鋲が仕込まれている（!!）、と言うべきである。

乙案については、同前・一五頁で、穂積博士が結果発生地法の適用を考えて一一条一項を作ったとあるが、それを指摘した石黒・金融取引と国際訴訟など、例によって存在しなかったような書き振りである。

また、丙案に関する同前・一六頁では、許し難いほど皮相的に、あの問題あるカードリーダー事件最判平成一四年九月二六日民集五六巻七号一五五一頁が引用されている。石黒・前掲貿易と関税二〇〇四年三―一〇月号で私は、同判決の（パリ条約四条の二を直視しないことによる）『世界的孤立』（!!）と共に、国際私法・知的財産法双方の我国の学説の不甲斐なさ（!!）を、徹底的に糾弾した。だからなおさら、こういった「整理のために整理」には、吐き気を催す。

唯一、同前報告書・一九頁で「案として採用しなかった考え方」の中に、「過失責任類型と無過失責任類型」で「区別」し、前者は行動地法、後者は結果発生地法とする「現在の我国において有力な見解」が、不十分な表現ながら（!）否定されている点にほっとする。そもそも、過失責任か無過失責任かは、準拠実質法に委ねられた問題である。同前頁は、この二類型の区別を「実質法上の分類基準に依拠するとすれば、単位法律関係の区分の基準として機能しえないので、この分類は国際私法上のもののはずであるが、いかなる基準によ」るか「必ずしも明らかではない」とする。――「何をもたもた言っておるのか！」、という感じである。ズバリ批判しないのは、本報告書の随所に、同様の、「実質法上の概念の、あってはならぬ国際私法の平面への混入」があること（本稿［1］の随所でも指摘した!!）のゆえか、とも思われる。

同前・二三―二六頁の「不法行為地が国家の領域外にある場合」の乙案は、「日本法による」、とする（!!）。同前・二四頁で、かかる場合に「特段の規定を設けている例はほとんど存在しない」とあるのに、「透明性を欠く」から、規定を置く、とある。「はしがき」執筆者の基本スタンスが、いつものように（!!）〝内的衝突〟を起こしている（但し、大体の場合、「彼」はそれに気づかない!!）。実におかしい。

それにも増して、何故「日本法」なのか（!!）。同前頁は、「フランスの判例」を挙げるのみ。しかも――

　「日本法によることで、日本での裁判においては、裁判官及び両当事者の双方にとって処理が簡単になること（??）」

――が、その「メリット」だ、などと述べる無神経さ（!!）。

それだったら、国際私法なんかいらない（!!）。初めから、全部日本法にすればよい。「法務省サイド」の、国際私法の何たるかを理解しようともせぬ旧弊な思い込み（再三示して来たそれ）に遠慮する、下僕としての我国の国際私法学者（「はしがき」執筆者の共犯者達）の、哀れな姿が、同前頁の、こうした乙案への微温的な（従って、ここでは一々書かぬが）、「デメリット」についての、おずおずとした指摘に、端的に示されている。断じて許せぬ（!!）。

同前・二六頁の「立法例等」は、「公海上での船舶衝突」も挙げる。従って、この問題は、「忽那海事法研究会」での七月上旬の第二回目の検討（本書一九一頁以下）とも無縁ではない（!!）。

ともかく、こんな単純素朴な homeward trend を規定案として出す者は、もはや国際私法学者たることを、実質放棄しているとしか、言いようがない。私は今、猛烈に怒っている。再度言う。断じて許せぬ、と。

b　例外的な連結Ⅰ・Ⅱ・Ⅳ

b―1　法廷地法主義の原則化？

「例外的な連結」のⅠは「当事者の同一常居所地法」、そのⅡは「当事者間に法律関係が存する場合」、そのⅣは、「当事者による準拠法の選択」、である。まず、そのⅣから入ろう。それには、『**重大な理由**』がある（!!）。

同前・四三頁は、「当事者による準拠法の選択」の乙案として、またしても（!!）、事後的に「日本法を選択することができる」、とある（!!）。「第三者の権利を害することはできない」とした上でのものだが、6のbに入る直前の問題より、はるかに抵触法（国際私法）の根幹に触れる大問題としての『法廷地法への、許し難く、不当極まりない傾斜（the most unreasonable and illegitimate homeward trend）』が、ここにある。

「契約債権とパラレルに」云々と同前頁にあるが、ならばなぜここで法廷地法のみ、なのか（!!）。

こうした安易な法廷地法への傾斜と戦うのが伝統的な国際私法の方法論であることを、忘れたのか

(!!)。ここが甘くなれば、「各国法の基本的平等」という、伝統的な国際私法の方法論の基盤が、崩れることになる。「我々の学問の基本」を忘れたのか、云々。せっかく少しでも楽しく書こうと思っているのに、「馬鹿か、お前達は！」とまで、わが内心では、叫ぶ声が、事実としてある。

同前・四三頁は、「比較法的に見て」、「近時の立法例」で「当事者自治を認めるものが増えてきている」が、「認めていない」国もある、とする。単なる『数の勘定』である。こんなものが「比較法」の名に値しないこと（田中・村上両教授も、激怒されるはずである!!）は、既に述べた。

しかも、同前・四四頁では、我国とは異なる、英米での「外国法の適用」についての従来の処理までが、こうした文脈で、不当に、乙案支持のために持ち出されている（せめて、石黒・前掲国際私法二二七頁、及びそこに所掲のものを見よ、と言いたい!!）。議論の仕方として、おかしい。

本報告書「はしがき」で「国際標準」云々とあったが、同前報告書・四五頁は、乙案をとるスイス（スイス国際私法制定にあたっての、「汚点」とすべき規定である!!）を挙げ、そして、「それ以外の法選択が認められるのか否かは不明である」との不十分極まりない指摘の下に、フランス・ベルギーでは法廷地法の選択だけが問題になっていた、とする。「数の勘定」（既述）からすれば、選択対象たる法の限定のないものが六つ、スイス以外に前記二カ国を含めても、法廷地法オンリーが三つ。六対三なのに「日本法（法廷地法）」、である。本報告書の「はしがき」に示された点（もはや再論はしない）との関係でも、実におかしい。

どうしても「日本法」オンリーにしたいらしく、同前・四五―四六頁では、「広範な当事者自治を認めてしまうと……強者による濫用的な法選択が行われる」から乙案では「日本法に限定」した、とある。全く説得力がない（根拠薄弱!!）。「広汎」が駄目なら「限定」すればよい。「強者」が問題なら、それは別途手当出来るはずである。おかしい。

しかも、同前・四六頁は、――

「日本法に限定したとしても……準拠法決定の硬直性を緩和し（?）、また、日本法の適用機会が拡大すること［!!］によって、裁判官及び弁護士にも実際上の利点がある。」

――などと、臆面も無く述べる（同前・四七頁には「処理」の「簡易・迅速化」、「予見可能性・法的安定性」云々ともある）。

のみならず、同前・四八頁では、ここでの日本法（＝法廷地法!!）の選択は、「不正競争・競争制限行為及び知的財産権の侵害を除くすべての客観的連結に関するルール……よりも優先し、第一次的に準拠法決定の基準となるべきことに注意が必要である」（!!）、とまで念押しされている。

つまり、もはや実質的には、「日本法」が不法行為準拠法の正面に出される構図、が意図されている（!!）のである。当事者・弁護士・裁判官に、homeward trend（自国法適用の「利便」）への「甘い罠」を仕掛け、そうして『伝統的国際私法の一番大切な方法論上の基盤』を、踏みにじるのである(!!)。

「平成元年法例改正」で離婚等のメジャー・エリアでの「日本人条項」の挿入に成功した『法務省』が、今度は、不法行為という財産法領域でのメジャー・エリアで、巧妙に「日本法（法廷地法）」の適用を、一挙拡大しようとしているのである。

しかも(!!)、この『おぞましき図式』は、後述のごとく、「契約外債務」全体にも、及ぼされようと、している(!!)のである。

これはもはや、本稿［1］の1に示した経緯の下で、国際私法学者達が『法務省の閉鎖的・非国際的発想』に巻き取られた末の、おぞましき営為、としか言いようのないこと、である。世も末であることは分かっているが、それにしても情けない（そろそろ教授会ゆえ、この位にしておく。以上、二〇〇四年六月二四日午前一一時一八分。同四〇分まで点検）。

執筆再開は翌日たる六月二五日午前七時一五分。昨日の教授会の前に、忽那海事法研究会（本稿［1］の2(2)参照）のメンバーから、研究室宛にファクスが入っていたので、ちょうどよいから、後でいわゆる（!）「法定担保物権」あたりで一言しようと思っていた点につき、そのファクスとの関係で、一言して置く。

同前報告書⑵四六頁を引用した前記の部分における「日本法」は、もとより法廷地法、ということになる。私は、これを国際私法学者達が「法務省……に巻き取られた」云々と書いた。その『証拠品』を、ここで掲げて置こう（本書一一四頁とも対比せよ!!）。

本報告書⑵も、むしろ若手に属する国際私法学者の「縦割り」のあと、最終的には「はしがき」執筆者の責任においてまとめられた。その「はしがき」執筆者は、落合＝江頭編集代表・海法大系（二〇〇三年・商事法務）六七五頁以下の「法廷地法の不適格性」の項で、極めて一般的に（!）、次のごとく述べていた。即ち、――

「国際私法の目的に遡って考えると、「法廷地法による」というルールが国際私法ルールとしては意味をなさないものであることは明白である。……現実の問題として考えても、法廷地法によるということは、法廷地漁りに長けた者に有利に働く……。」

そして、この「はしがき」執筆者の見解に沿って、本報告書のいわゆる「法定担保物権」のところは、後述のごとく、またまた偏った形で、書かれている（!!）。

だが、本報告書・同前四六頁の、既述の「日本法」は、「法廷地法」とイコール、である。選択肢として法廷地法（日本法）のみを挙げ、既述の「実際上の利点」までを、その根拠としていた。

再度言う（!!）。これは、まさに国際私法の基本にかかわる明白な「矛盾」であり、その実、『法務省民事局との「政治的な取引」』の結果である（!!）。

なお、「海法大系」からの前記の引用との関係で、更に言うならば、本報告書の「はしがき」執筆者は、船舶関係等を含めた（!!）「仮差押・仮処分」の「国際裁判管轄」につき、目的財産の所在地がわが国であれば十分だ、としていた。石黒・前掲国際民事訴訟法（新世社）一八五頁の注四四五を見よ。

実際の訴訟を考えれば、また、電子商取引の実際を考えるならば一層（同・国際知的財産権［一九九八年・NTT出版］四七頁以下、特に四九頁の注一一七）、保全処分の国際裁判管轄に関する「はしがき」執筆者の見解は、問題であり、そこから遡って、前記の「海法大系」での大上段の議論を見れば、「彼」の体系（??）が矛盾に満ち満ちたものであること（少なくともその一端）は、明らかである。その「内的矛盾」と「法務省との政治的取引」との合体で、「法例」が今、「全面改悪」の危機の中にある、ということなのである（!!）。

なお、同前報告書・四八頁は、「分割指定」、「準拠法の事後的変更」、「遡及効［!!］」等々につき、「契約」の場合との「趣旨・目的［??］の異同も検討すべきであろう」などとするが、同前・四六頁の「準拠法選択の基準時」につき、「原因事実発生後」とするのみで、期限の明示が無い。日本法が選択されることを期待してのこと、でもあろう。

b−2　「常居所地法連結」をめぐって

もはや、空しい限りだが、次に、「例外的連結Ⅰ」の「当事者の同一常居所地法」(同前・二七頁以下)を、簡単に見て置く。

まず、その旨の規定案たる乙案に、『「法人」等の常居所地についてのルール』が、以下のごとく示されている。即ち、「主たる営業所の所在地、ただし、従たる営業所が関与している場合には、当該営業所の所在地」、とある(同前・二七頁。この規定案は、同前・二七頁にあるように、不法行為の一般ルールに優先するが、既述のごとく、日本法の事後的選択には、劣後する。)。

想起すべきは、本稿［１］５dの最後の方のパラグラフ(本書七二頁以下。既に各所に配布したＡ４版計三〇頁の本稿［１］で言えば、二五頁)、即ち、「債権譲渡の第三者に対する効力」についての、(「規制改革」サイドを意識した)準拠法の無理な一本化(!!)との関係での、「法人」等の「常居所地」の決定方法、である。「常居所地法」を基準とするならば、同前報告書⑵二七頁の、「ただし」以下のようにするのが自然である。遡って、債権譲渡関連での、前記の不自然な「常居所地」決定との「平仄」が、問題となる(!!)。

だが、この〝乙案の硬直性〟につき、まず一言のみして置こう。加害者と想定されたA国の「法人」等が、意図的に、B国の「営業所」から、A国に常居所を有する「被害者」に対して「電子商取引」等との関係で加害行為をした、と仮定する。

B国の「営業所」は、ともかくもそれに「関与」している。「最密接関係地法」として「同一常居所地法」によるのが趣旨なのに、こうした場合、この乙案では、「同一常居所地法」は存在せず、本則に戻る、ということに、なりそうであるし、実際の訴訟では争点となり得る（但し、既述の homeward trend の例外Ⅳが、待ち受けている!!）。

要するに、規定の仕方が、稚拙である。例外Ⅳがあるから、何でもよい、ということなのではあろうが、同前・二七頁の「両者が組み込まれている社会関係の法」を問題としてかかる規定を設けるなら、こうした場合、少なくともA国がそうした国だ、となるのが自然であろう。

一寸したマニピュレーションで、規定の適用が外されるようでは困るはずだし、この規定の適用につき争いが生じ、次の規定に行き、等々の展開が、「はしがき」執筆者の世界観として示されている点（一義性・明確性・法的安定・透明性、等々）との関係で、そもそもおかしかろう（同前・三〇頁には、「複数の営業所」が関与していた場合についての言及はあるが）。

そもそも「同一常居所地」の存在も、準拠法決定上の一要素たるのみであり、個別事案との関係で、それが決定的か否かが決まる。こんな一般的ルールは、不要であり、解釈・実務の蓄積に、まかせるべきである。なお、この点は、当の「常居所地」決定に関するドイツでの議論との関係でも、若干後述する。

ところで、同前・三〇頁には、「常居所地連結」一般について、『驚くべきこと（！）』が、書かれている。即ち――

「現行法例は、住所と異なり、常居所については……一人の自然人が複数の常居所をもつことを予定していない……。」

――とある（!!）。

そんなことを、一体誰がどこで決めたのか。そこに挙がっているのは、わが国の一つの文献のみだが、その文献の著者の留学先たるドイツの国際私法上の取り扱いにおいて、「常居所単一の原則」なるものが、明確なものとして、一体あるのか（既述のごとく、法務省サイドが「常居所地」を、機械的に決めるという方針を示していることと、前記の更なる硬直性との一体化が、問題なのである。更に後述する）。

確かに、スイスでは、従来から「住所単一の原則」があり、スイス国際私法二〇条二項にも、それが引き継がれている（スイス国際私法第二草案に関する石黒・法学協会雑誌一〇一巻二号三二四、三二八頁と対比せよ）。Kropholler, IPR (5. Aufl. 2004), S. 279は、条約等との関係での「常居所地」概念の統一的「解釈（!!）」のために、EGBGB改正時にも「常居所地」の定義が、意識的になされなかったこと――この点については、更に、B. v. Hoffmann, IPR (7. Aufl. 2002), S. 193参照――を前提に、この点で主義を異にするスイス国際私法上の「常居所地」の「定義」規定たる、その二〇条一項bを、若干の皮肉を込めて引用する。

Kropholler, supra, S.281にあるように、「常居所地」は、当該（事実）関係の重点、即ちSchwerpunktを探求するためのものであり、「解釈」が必要であるから、また、その決定は「最も密接な関係の原則」に従ってなされることを目的とするものであるから、である。

それはともかく、Sonnenberger, MünchKomm., Bd.10 (3. Aufl. 1998), S. 291にあるように、「複数の常居所地の可能性」については、ドイツでも争いがある（umstritten）、とされている。

更に、Id. S. 290にあるように、「常居所地」の決定につき、単純な（居住）期間でそれを決めようとする「すべての試みは失敗した（gescheitert）」、とある。「期間」は、一ファクターに過ぎない（!!）から、とそこにある。正当である。

ここで想起すべきは、本稿［1］3g（本書三六頁。A4版で計三〇頁の各所に配布済みのもので言えば、その一三頁）で一言した、常居所地認定上の、法務省サイドの「硬直的」な態度である。機械的に「常居所認定」をすれば、法務省サイドとしては楽であろうが、それが「常居所地」概念の本質に反することを、ここで再度、強調して置きたい（!!）。

ちなみに、断固許し難いこととして、同前報告書⑵二九頁は、「同一常居所地法」によるとしておけば——

「訴訟になった場合でも……その地で訴訟が行われるのが通常であると考えられるので、裁判官や弁護士にとっても、自らの精通する法廷地法［!!］によって法的処理を迅速かつ容易に進めることができること」

——を、乙案の「メリット」として挙げている。

つまり、既述の「例外Ⅳ」の場合と同様、この「例外Ⅰ」についても、本報告書「はしがき」執筆者が「海法大系」において、大上段に振りかぶって、「国際私法の目的に遡って考えると、「法廷地法による」［!!］というルールが国際私法ルールとしては意味をなさないものであることは明白」としていた点（本書一〇八—一〇九頁）との、『明白な「内的衝突」』が生じている。

だが、本報告書の最終チェックを行ったのは、「はしがき」執筆者である。要するに、「彼」は、自らが信ずる、そして一般論としては正しい「国際私法の基本理念」を、つまりは「研究者としての魂」を、「法務省」に売り（!!）、それと引き換えに、何らかのゲインを得ようとしている、のである（!!）。許し難い「蛮行」であり、「打算」である。

b―3　当事者間に「法律関係」が存在する場合

同前報告書⑵三三頁以下、である。

被害者・加害者間に「法律関係」があり、それが侵害された場合、その「法律関係」の準拠法「による」、との甲案のみが提示されている。契約絡みの場合に、不法行為でも「同じ準拠法を導くことが可能になる」と、同前・三三頁にある。

そこには、「何らかの法律関係」ともある。だが、同前・三五頁では、「当事者間の「基本関係」の範囲」、との項目立てがある。「法律関係」なのか「基本関係」なのか、はっきりしろ、と言いたい（!!）。

そもそも、同前・三五頁の示す五つの「立法例等」においては、次に論ずる「準拠法選択上の一般条項」（「回避条項」と、本報告書では呼ばれている）の適用上の「推定」として、かかる処理がなされている、とある。しかも、それらの外国の「例」では、「事実関係」も、「法律関係」と同様に扱っている、とある。ちなみに、私は、同様に、「事実関係」を含めて、法例一一条一項による準拠法決定上の一ファクターとして、かかる点を、解釈論上（!!）考慮すれば足りる、との立場である。

同前・三六頁では、「事実関係」まで含めると、その「事実関係」の「準拠法」特定のための作業が、「人為的かつ技巧的［?］にならざるを得ず、不法行為の準拠法となるべき法としては相応しくない」、などとしている。だから「スイス」に合わせるのだ、ともある。おかしな理屈、である。「当該紛争事実関係重点の重点」を虚心に探求する作業自体が、「人為的かつ技巧的」とされているかのごとく、である。

同前・三七頁では、「特に契約との関係では、積極的債権侵害や契約締結上の過失などの性質決定問題を回避することができること」が、甲案の「メリット」とされている。だが、「三井物産東南アジア木材開発プロジェクト事件」（石黒・前掲国際私法［新世社］二八四頁）等の実際のケースから見れば、一方が「契約」成立を言い、他方が否と言う場面で、「法律関係」があったと言えるのか否かは、少なくとも自明ではない。契約交渉の過程でもめて裁判になった場合、甲案に言う「法律関係」が、果たして、あったと言えるのか。それとも、それは「事実関係」なのか。

まさに、右の実際のケースは、日本の実質法上は（!!）「契約締結上の過失」と呼ばれる問題――そうした概念を国際私法の地平で安易に用いることの根本的問題性については、本稿で再三述べて来た――に相当する。原告・被告間に「法律関係」（＝契約）があったか否かが、争点であった。それを考えると、この甲案の条文の書き方が、私には疑問に思えて来る。

しかも（!!）、同前報告書・三七―三八頁の掲げる九つの「立法例等」のうち八つが（カッコ付きの二つを含めて）「甲案」を採用している、とされているが、その多くは、次に論ずる「準拠法選択上の一般条項」の例であり、しかも、本報告書が前記のごとく頼るところの、そして、同前・三八頁で掲げるところのスイス国際私法一三三条三項とて、同法一五条のAusnahmeklausel、つまりは「準拠法選択上の一般条項」の下にあること（同前報告書・三五頁は、このことを認めている!!——だが、スイス国際私法一五条に、最終段階で二項が設けられ、当事者の法選択のある場合には、一項の「準拠法選択上の一般条項」が機能しない、となった点は、スイス民法典第一条との関係からも、真実「汚点」とすべきことであり、この点で私と、改正作業の責任者だったF. Vischer教授は、大いに嘆いたものだった!!）からして、それらで「甲案」が採用されているからそれが「国際的な標準」（前記の本報告書⑴の「はしがき」!!）だ、などとは、到底言えないし、そもそもこの部分の前記の説明の中で、「甲案」の内容が、多くの国で「推定」に止まることは、既に説かれていた。それを厳格なルールとするのが「甲案」であり、むしろ、「国際的孤立」（!!）を指向するがごときは、例の「はしがき」の基本的スタンスとの関係で、既にして、おかしかろう。

ところで、同前報告書⑵三七頁で、この甲案が、既述の「同一常居所地法」にも「優先」する、とある。だが、なぜそうすべきかの根拠は、薄弱である。同前頁には、この点で逆の考え方も「あり得ないわけではない」、とある。フラフラするな、と言いたい（!!）。

しかも（!!）、同前・四〇頁には、次に論ずる「準拠法選択上の一般条項」が設けられれば、本稿の、既述の［2］の6a（原則規定）、及び6のb—2・b—3（「同一常居所地法」・「当事者間の法律関係」による特則）「にも優先する」とあるが、6のb—1、つまり、国際私法の根本を否定する、既述の『法廷地法のみの事後的選択』（諸悪の根源たり得る、重大な問題を孕む規定!!――『悪しき法廷地法主義の典型』）は、そこには挙がっていない（!!）。

つまり、同前・四八頁にあるように、「不正競争・競争制限行為及び知的財産権の侵害を除くすべての客観的連結に関するルール……よりも優先し、第一次的に準拠法決定の基準となるべき」なのが、かかる（当事者「等［!・］」への誘惑つきの!）『法廷地法主義』なのである（!!――いくつアラーム・マークを付けても、足りない!!）。

◆ **かくて、実質的に、すべてを押しのけて、不法行為準拠法の頂点に君臨（!!）するのが、『日本法（＝法廷地法）』となるのである。**

◆ **かかる閉鎖的・排外主義的立法が、二一世紀の世界で、（当事者の選択という美名と外装の下で、その実、『蟻地獄的誘惑』［!!］を伴いつつ）この国で、なされようとしているのである（!!）。絶対に、こんなことが許されてはならない（!!!!）。**

何が、「国際的な標準」に「合わせる」、だ。聞いて呆れる。これ以上馬鹿げた話は、ない（!!!!）。

b―4　準拠法選択上の一般条項

『猛烈に怒った』ので、ここで、小休止する（二〇〇四年六月二五日午後二時一三分。執筆再開、同日午後二時二六分）。

同前報告書・三九―四二頁であるが、規定なしの甲案と、「○○条から○○条の規定にかかわらず、明らかにより密接な関係をもつ地の法があればそれによる」との、曖昧の極たる乙案を提示する。

これから先の、個別不法行為類型の準拠法問題とも関係するので、同前・三九―四〇頁の、ドイツ国際私法（EGBGB）一九九九年改正の「理由」（BT-Drucks. 14 /343, S. 8ff が、引用されている）として示されているところを、まず見て置く。そこには――

「個別の不法行為類型（製造物責任、名誉毀損、不正競争、自動車・船舶・航空機事故など）について特別の規定は設けない［!!］代わりに、回避条項［準拠法選択上の一般条項］によって不法行為の準拠法と事務管理又は不当利得（とりわけ侵害不当利得）の準拠法との一致［!!］を図ることが予定されている。」

――とある。

ここで、本稿［2］冒頭の、「＊　はじめに」のcの末尾（本書九六頁）に、『穂積博士は、法例一一条「一項」で、不法行為・不当利得・事務管理を、ともかくも一体とした準拠法選択規則を定立したのである。それは、「契約外債務」という、はるかその後に説かれ出した一層ゆるやかな牴触法上の枠組み設定を、実質的に先取りする、実に先見性に満ちた〝英断〟だった』と指摘して置いた点が、想起されるべきである。

右のドイツの立法理由とて、明治期に穂積起草委員が考えたのと同じ配慮に基づいている。やたら規定を細かく設けると、実際の準拠法選択が、裁判実務において、非常にややこしくなるのである（!!――ドイツの場合に、いわゆる「性質決定」問題につき、私の言う「選択された準拠法への具体的送致範囲」の問題が、共にそこで扱われ、種々の議論のあることにつき、スイス、オーストリアとの対比を含め、石黒・前掲国際私法［新世社］一六四頁、一六六―一七一頁参照）。

その点で、かかる一般条項の必要性につき、それを認める諸外国の動向に関し、同前報告書⑵三九頁が、「現時点では予測できない将来の新しい類型（??）の不法行為についての準拠法決定にも対応できるようにすること」がその「根拠」だ、としているのは、ある種の「作文」である。ドイツの改正理由として、本報告書の同じ頁を引用した前記の説明との「平仄」を考えただけでも、察しはつくはず、である。

同前・四〇頁は、一般条項の規定を置かない甲案の「デメリット」として、またしても「個別の不法行為類型についての特則を設けるだけでは、将来生じうる新たな類型の不法行為に対応できないこと」を挙げるが、そもそも考え方の基本がおかしい。

「○○……」といった、いかにもやる気の無い形で提示された乙案につき、同前頁が「時間と労力を要する」との「デメリット」を挙げるのは、その意味で象徴的である。

仮に、この一般条項が出来ても、前記の「事後的な法廷地法の選択」には、劣後する、とされる。そもそも、あれだけ「一般条項」の導入に慎重だったドイツまでがその導入に踏み切ったというのに、どこまでも自己（法務省??）に都合のよい、スイスの、「汚点」とすべき一五条二項、一三二条（既述）にこだわって、『**不法行為鎖国**』（既述）を、したいのであろう。猛烈に空しくなって来たので、今日はここまでとする（二〇〇四年六月二五日午後三時三三分。点検終了、午後四時七分。再点検終了、同日午後一〇時三九分。これからコピーして各所への配布を行う［！］。配布等終了、翌日午前一時頃。執筆再開、六月二六日午前七時一五分）。

c　現行法例一一条二項・三項関係

同前報告書⑵五〇頁以下、である。二項・三項の、維持が甲案、削除が乙案。これらの規定につき、同前・五一頁のわが国の学説の紹介で、「日本法を過度に優先するもの」とあるが、その批判は、今回の改正案において、一一条一項の正面に実質的に据えられた、『隠れた法廷地法主義』（既述）、に向けられるべきことになろう（今日は夕方五時から、せっかくの落合教授の還暦祝賀パーティーがあるゆえ、極力、淡々と書くことにする)。

この部分は、本報告書でさほど力点が置かれていないような印象だが、「立法例等」で仏・米は「累積適用はされていないと解される」と、注もなしに書いてあり、独仏英米が乙案、スイス・ハンガリー・ルーマニアが甲案(細かな点は省略)とあるのに(同前・五三頁)、後者(甲案を採るとされる国々)「の立法例は一般的ではないというべきであろう」、と同前・五二頁にある。なぜ、そう言う「べき」なのかは、何ら理由が示されていない。「独仏英米」の主要国だけ見ればよいとする趣旨なら、何故、本稿［2］6のb―1でスイスの(汚点とすべき)立法にあれだけこだわったのか。その「一貫性の欠如」と、「一方的な論断」とについて、問題あり、とだけ言って置く。

d　個別的な不法行為類型と単位法律関係?

d―1　本報告書の「倒錯した論理」!

同前・五四頁以下だが、冒頭に、「今日の社会においては、実質法上の不法行為類型も多様化しており、それに合わせて［??］各国の国際私法ではいくつかの不法行為類型ごとに個別の規定を設けている例も多い。そこで……」、とある。

例の「多い」ことが、「はしがき」執筆者の言う「国際標準」云々に直結しないことはともかくとして、『「実質法」と「抵触法」との関係』につき、本稿［1］の1(3)以来述べて来た点(もはや、疲れたから、再説しない！）からして、この発想はともかくおかしい。そもそも、それらの国で、「選択された準拠法への送致範囲」が、そして「国際私法上の性質決定」が、わが国との比較において、どうなっているか等の点（具体的な法の運用実態）を深く調べずして、一体、理論的に（!!）何が言えるというのか（!!）。

同前・五四頁で挙がっているのは、「道路交通事故」、「製造物責任」、「不特定多数の者に対する事実の告知による名誉毀損」、「不正競争・競争制限」、「知的財産権の侵害」の「五つ」であるが、『「実質法」と「牴触法」との関係』につき、やはり、学部講義でいつも学生達に話していることにつき、一言して置こう（せめて、石黒・前掲国際私法［新世社］三七頁の図3を見よ。なお、その図の不法行為を不当利得に置き換えると、イギリスの準契約の扱い等、一層問題点が鮮明になろう。以下の説明との関係で、である）。

『例えば、法廷地国たるわが国の側で、当該問題は「製造物責任」の問題だとして性質決定し、「一般の不法行為」とは別だとしてA国法に送致（Verweisung）したとする。だが、A国の実質法は、いわゆる製造物責任に当たる問題を、自覚的に一般不法行為で処理しており、製造物責任を特別扱いしないとの立場だったとする。「選択された準拠法への具体的送致範囲」の問題を、どう処理するのか。「製造物責任」に当たる規定はA国には無い。A国の「一般不法行為」の規定を適用するのか。それとも、当てが外れたからということで、もう一度法廷地国での性質決定を「一般不法行為」と修正し、「一般不法行為」としてB国法に送致するのか。そのB国が、今度は、当該問題

（!）を一般の不法行為とは明確に区別し、製造物責任の問題だとしていたら、どうなるのか、u. s. w. ――実はこうした点は、従来の我国の国際私法学説において、自覚的に捉えられて来て居ず、非常にしばしば、混乱した議論がなされて来た。だから、私は、石黒・前掲国際私法（新世社）において、わが通説の矛盾に満ちた個別問題の処理を批判し、〝あるべき処理方法〟を、示して来たのである。ヒントを一つだけ示せば、性質決定の「準拠法説」をとるものとして批判されるM.Wolffの所説は、「性質決定」と「適応（調整）問題」との双方に跨がるものであり、その点が「はしがき」執筆者の指導教官の教科書においても、混乱して紹介されていたりした。』

なぜここで私が、こうした点を問題とするのか。まず、本稿「1」4c（本書五四頁。A4版計三〇頁の各所への配布済みペーパーでは一九頁冒頭）に示した最判平成一二年一月二七日が、こうした我国での混乱した（机上オンリーの、また、外国での論議の不十分な「紹介」［!］に基づく）学説に翻弄されていたことも、その理由の一つである。

この判旨の論理は、「嫡出」か否かにつき準拠法を決め、それによって「嫡出」となるかを見た後、今度は「非嫡出」か否かの準拠法を決め、それによって「非嫡出」か否かを見る、とのものである。後者の準拠法上、当該の事案では「嫡出」だ、とされていたら、素人でも、そこで多少は「？？？」となるはずである。

これを、「製造物責任」と「一般不法行為」の場合に当てはめ、前記最判と同じ論理過程を辿ったとしたらどうなるか。――それが、ここでの問題の「出発点」たるべきもの、である。

もう一つの理由は、同前報告書⑵五四頁の冒頭説明で――

「現代社会においては、実質法上の不法行為類型は非常に多様化しており、そのすべてについて原則として不法行為地へと画一的に連結することは必ずしも妥当ではない。そこで……」

――とあるのが、非常に気になるから、である。

▼そこには、『各国実質法上の概念がまず先にあり、それを（国際私法を介して）特定国法に「連結」する』、という『倒錯した論理』（!!）がある。

そこに気づかねば、話が先に進まない。「紛争事実関係」が先にあり、それが裁判所に持ち込まれ、準拠法選択上、一体、当該の事案をいくつに「分断」するかの価値決定が、十分な国際私法上の利益衡量により（機械的に、では無く!!）なされ、そして、その上で、一体如何なる準拠法選択ルールを適用するかが決められ、当該問題の準拠法への送致がなされる。――伝統的な方法論においては、それがまさに、かのラーペ（L. Raape）の言うところの、**『暗闇への跳躍（Sprung ins Dunkle）』**なのであり、その段階までは、特定国の実質法は見ない（!!）のである。そのプロセスが、実質法的価値に対して中立的（!!）になされるがゆえに、伝統的方法論は、これだけの各国の価値観の対立の中で、（電子商取引関連も含め）各国法の抵触状態を処理し得る真のインタフェイスを、提供出来るのである。

ちなみに、私は、インターネット法に関するフランスの「国民議会」での国際コロキウム（二〇〇一年一一月）等々の場で、このことを、常に力説して来ている。その点を、ここで、あえて付け加えて置く。

以上は、『伝統的な国際私法の方法論における、最も重要な理論的基盤』、である（!!）。これに対し、実質法規範から出発する方法論は「現代国際私法の歴史的位相」との関係で、①一三世紀頃以来のヨーロッパ（スタチュートの理論）、そして、②アメリカのいわゆる「牴触法革命」（袋小路に入ってから、はや三〇余年のそれ）には見られる（見られた）。だが、それを克服したところで、一九世紀半ば頃に成立したのが、伝統的な国際私法の、前記の方法論であることは、およそ我国の大学で国際私法を講義する者なら、誰もが知っているはずのことである。しかるに、本報告書の前記の（▼マークの直前の）指摘は、（ここだけの問題ではないが!!）既述の「倒錯」現象を示している。どうしたことなのであろうか。理由は、簡単である。「かかる国際私法の何たるかを深く認識出来ないでいる法務省サイドに『巻き取られた』から」、である。

これから先の個別類型云々の、本報告書の基本姿勢を示した同前報告書・五四頁の、前記の冒頭説明が、こうした「倒錯」の中にある。再度、団藤先生の、「出発点がおかしいものは、最後までおかしい！」とのお言葉を思い出す。まさにそう、なのである。

d—2　なぜ「事後的な法廷地法の選択」が「不正競争」・「知的財産権侵害」等については「特則」に「劣後」するのか？——「霞ヶ関の縄張り」？

なお、例えば、同前頁には、①「製造物責任については、通常［？］、製造者と消費者との間に直接の契約関係がないため、国際私法上の契約とは性質決定できないとされる」、とある。そんなことは、一義的に言えぬはずだが、ともかく、「製造物責任」なる概念を、国際私法上のものとして、如何に「限界画定」するのか。再論はしないが、本稿［1］3f（「消費者契約」）で論じた点である。やはり、我国の（法廷地国の！）実質法上の概念が、不必要に前面に出ている。これとて、「法務省の巻き取り（抱き込み）」戦術のゆえ、である。私は、そう考える。

ともかく、同前・五八頁は、「環境損害」（それについて最も多面的な考察をしたのは、石黒・国境を越える環境汚染［一九九一年・木鐸社］のはずである！）につき、「概念自体の定義も困難であり、……特則を置くとしても、その外延がどこまで及ぶかは不明確」ゆえに、規定を置かないとする。だが、それは「特則」として掲げられているところの、すべての事項について、（多国間条約のベースのある知的財産権侵害は別として）言えることのはずである。

同前報告書・五四頁は、②「名誉毀損」につき、またしても「はしがき」執筆者の「拡散型」云々の類型論を当てはめる。本稿［2］の6aに示した点（本書九九頁）を見よ。「名誉毀損は、いわゆる「拡散型不法行為」であって……」と、本報告書の同前頁にあるが、ここは、そこに枠の中で示された（既述の）問題設定との関係でも、過度な一般論であるし、ドイツのように自国実質法に拘泥する面の強い性質決定をするのならば格別、また、ともかくも条約を作りましょうという話なら別だが、国際私法上の「名誉毀損」概念の「限界画定」を如何に行うかとの、既述の点は、ここでもあてはまる。実際の訴訟で、当事者が「名誉毀損」だ、と主張したから「名誉毀損」の準拠法で送致するのか（カードリーダー事件前掲最判平成一四年九月二六日にも同様の［重大な］問題があったことにつき、貿易と関税二〇〇四年九月号分の連載論文参照）。

それはおかしかろうということで、それではどうすべきか。

「机上の空論（!）」で現実の訴訟は語れない（!!）。思いついたように（!!）「分かったような概念」を持ち出し、特則作りをするのは、実務にとって負担をかける。真実やめて欲しい、と思う。

③「不正競争・競争制限」（同前・五五頁）も、同じことが言える。しかも、当事者がいろいろな主張をしたら、沢山の準拠法が登場し得る。その場合の各準拠法への「具体的送致範囲」、つまりは、それらの国の法から「切り取られる規範の部分」とそれら相互の「接合」は、当事者が本気で争えば、非常に面倒になる。

なお、④「知的財産権の侵害」（同前頁）の一〇行ほどの指摘は、私が貿易と関税二〇〇四年三―

一〇月号において我国の諸学説の「体たらく（!）」を克明に辿ったからよく分かるのだが、「はしがき」執筆者の（破綻した）論理に、忠実に書かれている。――と、一々書いていると、情けなくなるばかり。

だが、こうした私の指摘をせせら笑っている人達が居る。当事者は法廷地法を選択してくれる「だろう」し、その「事後的法選択」がすべての頂点なのだから、と。

但し、右の③④だけは、「事後的な法廷地法の選択」よりも、なぜか優先する（既述）。何故そうなっているのか。

▼唯一考えられるのは、③④が「経済産業省（そして公取委）の所轄事項（!!）」だということ、である（!!）。そうした「霞ヶ関」の「縄張り」と言う「非学問的」問題が、「法例」の改正（改悪）に、「無意味な影」を落としている。そこに気づくかどうかは、「感性」の問題である（!）。ちなみに、例えば「特許権侵害」関連では、我国の学説にも、それに引きずられた最高裁にも、自動執行性を有するパリ条約との関係を直視して居ないという致命的な問題があるが、ともかく、少なくとも経済産業省良識派は、何でも準拠法は日本法にすればよい、等とは考えていない（それだったら、今現在、彼らはあんな苦労をしていない!!）。

同前・五五―五六頁で、ドイツが個別類型の特則を設けず（!!）「回避条項」で調節する主義であること、そして、イギリスも「いたずらにルールを複雑化させるだけであるという理由から」（!!）個別類型の特則を置いていない、とある。

それでよいはずである（!!）。既述の「実務上の困難」についての私の指摘を、想起して頂きたい（今日は、さすがに疲れ切ってしまった。落合教授の祝賀パーティーも五時からあるし、二〇〇四年六月二六日は、午前一一時四四分で、執筆を打ち切る。点検は翌二七日午前六時四五分から同七時二〇分まで。直ちに、執筆を再開する）。

d―3　個別事項と規定案

以下、極力省力化しつつ、同前報告書⑵五九―九九頁の、個別の不法行為類型の規定案と説明の骨子を見て行く。

同前・五九頁の「道路交通事故」は真実下らぬので、同前六三頁以下の「製造物責任」から、とする。

イ　製造物責任

同前・六三頁の冒頭に、「実質法上、製造物責任は、契約と不法行為の中間に位置する責任類型」

(??) であるとされており、「国際私法上も、従来の不法行為の準拠法決定に関する議論がそのままでは妥当し得ない面がある。そこで……」、とある。

前記の『倒錯した論理』そのものの、およそ国際私法というものの本質を理解しない論法である。

「……の中間に位置する」云々の前記の個所も、各国実質法すべて一致してそんなことが明確に言われていることを、論証した後でしか、出来ないはずの言明、である。

ともかく、「実質法」がこうこうだから「国際私法も」、といった論じ方はおかしい。

昨晩、記念パーティーに出る前に自宅宛に届けられていた落合誠一先生還暦記念・商事法への提言（二〇〇四年・商事法務）五八一頁以下の、石黒「国際企業法上の諸問題――商法学と牴触法学との対話」の、六一〇頁以下にある「法人格否認の準拠法――落合・江頭両教授の分析を軸として」の項目、特にその六一三頁（本書第三部3の(1)の、注146の本文）を見よ。これまで論じて来た「国際私法という学問の本質」を確認する意味でも（!）。

さて、「製造物責任」について規定を置く乙案・丙案、そして一九七三年（!!）の「ハーグ条約と同趣旨の規定を設ける」という丁案が問題となる。そもそも、一九七三年のこのハーグ条約は、同前・七〇頁にはちらっとしか言及されていないが、製造物責任概念を非常に人為的に括り出し（それでも明確とは到底言えない）、その上で、四つの連結点の組み合わせで実に複雑な規律をしようとするもの。三〇年も前のものゆえ、規律の仕方が、そもそも稚拙、である。同前・六五頁にも、それが「裁判官及び当事者（弁護士）にとって大きな負担となる」、とされてはいる。そもそも、同前・七〇頁で「製造物責任」概念の厳密な国際私法上の（!!）定義をせずに、「見切り発車」（!!）している点が、無責任である。

乙案は「被害者が製品を取得した地」の法を主とし、カッコの中の但書で、「製造者」がその地での取得を「予見」できなかったときに「製造者の主たる営業所の所在地法」による、とする。だが、その前提として、『「被害者」＝「製品取得者」』と、なぜ言えるのか（!!――「製品取得者」なる概念自体も、曖昧である）。

例えば、右に言う製品取得者Aから別の国に居るMが当該製品を借り受けて、Mのもとで爆発した場合（BCD……Nも被害にあったとせよ）を考えよ（!!）。

また、例えば、製品取得者Aが、製品を自宅のある国等（自己の常居所地等）に持ち帰り、その地でAのもとで爆発等が起き、近くの第三者（BCD……N）も被害にあったとき、A～Nが訴訟を起こしたとする。一般的には、「製品取得地」の概念も場合によって一義的に決め難いこともあろうし、また、右の例を考えただけでも、それを基準とすることの妥当性が、問題となる。

他方、乙案但書との関係で、「製造者」が『アサヒメタル事件』(石黒・前掲国際民事訴訟法一四〇頁以下)のように、部品製造者を含む複数のとき、乙案但書が、「準拠法の細分化」(『準拠法選択上の事案の「不必要な」分断』!!)をもたらし得ることも、問題であろう。

要するに、乙案は、但書を含めて、「硬直的」(!!)に過ぎるし、『実務への負担』の点でも、問題だ、と言うべきである(!!)。「製造物責任」なるものの国際私法上の定義を、同前報告書・七〇頁が「見切り発車」しているがゆえに、問題は一層大きい。何ら、こうしたルール化で「透明性」・「法的安定」等々がもたらされる訳ではないことは、前記の「例」からも、推察されるところであろう。

のみならず、製造者・被害者(消費者)ともに単数の場合を想定するかのごとき同前報告書・六八頁の乙案の説明は、それ自体として、著しく説得力に欠ける。「市場地法」による趣旨だとし、「製造者は、……[その]市場地の安全基準や製造物責任法制を念頭に置いてリスク管理をしていると考えられるため、……被害者の常居所地法もたまたま市場であるからといって[後者によるのは]……必ずしも合理的ではない」、などとする。しかも、同前・六九頁では、「世界的に事業を展開している事業者は、自己の主たる営業所の所在地法ではなく、外国法である市場地の法によるリスク管理」が必要となり、「コストがかかる」のが、乙案の「デメリット」とされている。同前・六八頁では、「市場地は通常、消費者の生活場所と一致する」などとあるが、要するに、完全にサプライ・サイドに立ったものの言い方、である（!!）。実におかしい。

乙案につき、ここで更に問題となるのが、「法人」等の「主たる営業所地」概念である。本稿［2］6のb－2冒頭で述べたように、同報告書⑵二七頁では、①『主たる営業所地』と、②『従たる営業所地』とが、区別されていた（「法人」等の「常居所地」に関する問題である）。しかも、そこ（本稿の同前個所）に示したように、本稿［1］5dの最後の方（本書七二―七三頁。A4版計三〇頁の関係各所に配布済みのものの二五頁。債権譲渡関連）では、いわゆる③『「法人」等の「常居所地」』を「設立準拠法国か本拠地法国か」いずれかに一本化しよう、といった程度の、曖昧なことが書かれていた。①と③とが（ニアリー）イコールだとすると、乙案但書との関係でも、そこで言う「主たる営業所地」概念につき、この「不明確性」（!!）を引きずる形になる。石黒他・前掲国際金融倒産で扱った、かの「BCCI事件」を想起するまでもなく、この点は、実際上、大きな問題である（!!）。

ともかく、「準拠法選択上の一般条項」の導入も微妙であるし、乙案の線で立法化された場合の、『実務の混乱』と『硬直的処理の問題性』（!!）は、今から十分に予測出来る。そもそも平成元年法例改正時の「最も密接な関係」の原則の導入（連結階梯の三番目としてのそれ）自体に際して、「法務省」サイドが、「窓口での（!!）」処理の一義化（その点で、「はしがき」執筆者との接点がある!!）との関係でそれに対する反情を有し、それがゆえに、コア部分における「日本人条項」の挿入に躍起になった経緯もある（本書一八一頁、一九八―一九九頁と対比せよ）。

彼らの本音は、当事者に法廷地法を合意してもらうよう、最大限インセンティヴを付与することにある。そうであるから、なおさら、「一般条項」が果たして導入されるかは、一層微妙となるのである。

更に（!!）、前記の、アメリカ連邦最高裁の『アサヒメタル事件』等からのシミュレーションとして想定し得るところの、多数当事者間の訴訟において、$X_{1\text{-}n}$・$Y_{1\text{-}n}$の一部で法廷地法の選択（合意）があり、それ以外の者は乙案で行く、となった場合、裁判官は、たまったものではあるまい（ルールの硬直性プラス準拠法の細分化、そして、ルール自体をめぐる、様々な不明確性!!）。

さて、丙案は、「製造者の主たる営業所地所在地法」を主とし、「被害者」が「製品取得地法または侵害結果発生地法」を「選択」出来るとし、カッコの中で「製造者」の「予見可能性」云々を問題とする規定案、である。これまた、乙案についてこれまで論じて来たことが、そのまま当てはまる。しかも、「製造者の主たる営業所地所在地法」（既述）がメインに据えられるのであるから、一層、「サプライ・サイド偏重」（!!）の原則設定の在り方が、問題となる。他方、同前報告書・六九頁では、丙案の「メリット」として、被害者の法選択により「裁判の場では、法適用関係が明確かつ容易になる」などとあるが、前記の「アサヒメタル事件」からのシミュレーションや、石黒・前掲国境を越える環境汚染一三〇頁以下で論じた「国際的な集団訴訟」の具体的イメージからは、そんなことが言えないことは、明らかであろう。

なお、同前報告書⑵七一頁の最後の三行では、「懲罰的損害賠償」への言及があるが、やはり、みごとに「はしがき」執筆者の説、となっている。また、同前・七四頁では、論述の最後に、前記の「法廷地法選択（合意）」のルールの優先性が、表まで入れて、ご丁寧に示されている。

ロ　名誉・信用毀損

まず、二つのことを指摘せねばならない。第一は、規定の枠組み設定の問題、第二は、一般不法行為等や知的財産権侵害との関係、である。同前・七七頁の、この項目の冒頭に、「インターネットや衛星放送など」云々とあることが、この第二の点と関係する。そこで、この第二の点を、先に論じて置く（石黒・前掲国際知的財産権、同・貿易と関税二〇〇四年三―一〇月号、等々を踏まえた指摘である！）。

例えば、いわゆる「なりすまし」で、他人たるBが、Aの著作物を、レベルの低い「改変」と共に、ネット上、Aの名で、世界に流したとする。AがBを訴えるとき、ベルヌ条約で保障された「著作者人格権」等の①知的財産権の侵害とともに、②改変による信用ないし名誉の毀損も、問題となる。そこに更に、③一般不法行為請求も、絡んで来得る。ともかく、既述の動態的な forum fixing の問題を措くとして、我国が法廷地となったとする。本報告書の線で行くと、どうなるのか。

「法廷地法の事後的合意」の規定があるから（①は別として）大丈夫だ、と法務省サイドは考えるかもしれない。だが、BがAの競争者だったとせよ。④として、不正競争や公正競争上の問題も、絡んで来るであろう。そうなると、①④は、「事後的法選択（合意）」に優先する。

それはともかく、前記の例において、「紛争事実関係」は一つであるのに（!!）、本報告書は、ここで②を、ともかくも別枠として準拠法を決めようとする。そうなると、①—④で準拠法は、バラバラとなり得る（そうならぬよう、「現場」で創意工夫することも、「はしがき」執筆者の世界観からは、私への「彼」の批判同様に、「アナキスト」の営為として、指弾されるのであろう。まるで、現場での創意工夫を拒絶する、ＩＳＯ—九〇〇〇［石黒・グローバル経済と法（二〇〇〇年・信山社）三二六—三四一頁で詳論！］のごときこと、である）。

しかも、前記の例のような場合、著作者人格権の侵害と名誉・信用の毀損とは、実際上は、紙一重でも有り得る。それなのに、別枠での規定を置く必要が、一体、あるのか（!!）。

これは、前記の第一の問題とも絡む。だが、問題は、非常に「稚拙」なこととして、同前報告書(2)七七頁に示された規定案（規定無しの甲案は除く）が、いきなり、「名誉又は信用の毀損による不法行為は……」、で始まる点にある。同前頁の冒頭には、「不特定多数の者に対する情報の提供による」それ、についての規定を検討する、とあるのに、そして、それに沿った説明がずっと続くのに、である

(同前・七七－七八頁で、またしても、これは「はしがき」執筆者の言う「拡散的不法行為」に当たる、とある)。

　この点につき、まず、「特定多数」への「情報提供」が問題だったとする。

　例えば、ある国際会議がジュネーヴで開催され、外国の報告者某氏が、私のことを「アナキスト」だと言って事実無根のことを並べ立てたとする。会場の扉は閉まっている。一般人等は入れない。「はしがき」執筆者の言う「拡散型」云々は、「一つの行為から複数の地において結果が発生する」ものとされている(同前・七八頁)。インターネット等を念頭に置くものだが、確かに会議参加者がそれぞれの国に帰った後、二次的にそのことを吹聴すれば、「拡散」するかもしれないが、私の名誉ないし信用は、閉ざされた専門家サークルの中で毀損されたことになる。「特定多数」への場合も同じだとすれば、乙案の「被害者の常居所地」、丙案の「侵害結果発生地」、丁案の「加害者の常居所地」が基本となる。

　こうした場合、私(被害者)は、一体どこの国で訴えを起こしたら最も効率的かを、まず考える。大多数が外国の研究者だったとすれば、我国での訴え提起は、さして魅力がない。だが、ともかく、仮に我国で訴えたとしても、前記三案は、いずれもしっくり来ない。しかも、丙案の「侵害結果発生地」が一体どこなのか、前記の場合には、判然としない。その会議が世界各地で毎回開かれており、次はパリだ、といったことだとすれば、なおさらである(ちなみに、この点は、現行法例一一条一項でインターネット関連の問題を処理する際の困難さ、とも関係する。だが、ともかく私は、個別事案の諸事情

(!!)に照らして、「最も密接な関係を有する地」を探求すべきことを、内外の国際会議等でも、力説して来たし、ドイツ・イギリスの本報告書自身が挙げる例をはじめとして、基本方針として同様の立場をとり、ともかく「現場」に徹するべきだ、とする賛同者は、実は少なくない。前記の石黒・国際知的財産権、等を参照せよ!)。

――といった楽しい頭の体操はこの位にしたいが、実はそうも行かない。

例えば、インターネット等のことが気になって規定を作るということのようゆえ、グローバルなネット上、誰でも見られる形で、それぞれ別々の国に住むXYZの間での、英語での「論争」があり、「なじりあい」となったとする。三つ巴でXYZが、それぞれ残り二人によって名誉・信用を毀損されたとして相互に訴え、そして幸いにも、我国がそれらすべての訴訟につき、法廷地となったとする。その場合、乙案の「被害者の常居所地」、丁案の「加害者の常居所地」いずれによっても、「紛争事実関係は一つ」(!!)なのに、準拠法が多数登場し、「準拠法選択上の事案の分断」が生ずる。丙案の「侵害結果発生地法」では、準拠法を、(苦しくとも、「現場」で)一本化出来るかも知れないが、丙案にもカッコ書きで但書がついている。「予見可能性」の欠如を理由に、「加害者」の「主たる営業所所在地」ないし「常居所地」が出て来得ることになる。カッコがとれれば、かくてこの丙案で、問題は更に複雑化することになる。

ここで、『ややこしいから、だから「法廷地法の事後的合意」でいいんじゃないか』、との声が、私には聞こえて来る。だが、下手に規定を置くとこうなるから、だからドイツやイギリスは個別類型ごとの特則を置かない、との自覚的決定を下したのだ（同前報告書・五五―五六頁に即して既述）、との点の方を、想起すべきである。

しかるに（!）、同前・八三頁には――

「諸外国においては、名誉・信用毀損の準拠法について当事者が選択した法を適用した実例はない［!!］ようであるが、説得的な理由は示されていない［?? ――たった一つの文献を引くのみ!!］。名誉・信用毀損について当事者自治を［!?］排除すべき説得的な理由はなく［??］、［一一―一―六］で当事者自治を［!?］採用するのであれば、それを名誉・信用毀損にも適用するのが妥当であると考えられる。」

――とある。

勘違いしてもらっては困る（!）。『法廷地法のみに限定された既述（本稿［2］6のb―1）の、事後的法選択（合意）』のことである。

諸外国に例がないのに、「はしがき」執筆者の言う「国際的な標準」に合わせるべく(??)、諸外国での扱いを「無視」し、強引に「法廷地法の原則化」への道を、ひた走るのである。おかしいとは思わないのか(!!)。

実は、この部分の書き振り(その周波数!!)は、私が「人の氏名と国際家族法――改正戸籍法基本通達及びその基礎にある従来の一貫した渉外戸籍先例に対する重大な疑問」(家裁月報三七巻九号一―七〇頁)で「対決」した『民事局特有の書き方』を、明確に想起させる。同前・五頁の注一三の本文を見よ。所詮は、「感性」の問題ではあるが。

ともかく、先方がその気で「法廷地法」に是が非でもしがみつきたいようゆえ、この位でこの項目は打ち切ることとする。

なお、インターネット絡みでの問題については、石黒・前掲国際知的財産権一五頁以下、三四頁以下や、同・貿易と関税二〇〇四年五月号五二頁以下、等の他に――ISHIGURO, "COMMENT RÉSOUDRE LES CONFLITS TRANSNATIONAUX" (G. Chatillon [ed.], LE DROIT INTERNATIONAL DE L'INTERNET (UNIVERSITÉ PARIS-I PANTHÉON SORBONNE / MINISTÈRE DE LA JUSTICE / APREJE), 509 ff (2002 Bruylant) ――をも参照。「フランス国民議会」での私の報告であり、フル・ペーパーをも合わせての邦訳は、貿易と関税二〇〇三年九月号六五―七五頁、同一〇月号五五―六九頁で行ってある。

今日は、この位にして置く。明日は、早朝より、本郷での「国際私法」の講義があるので、その準備もあり、また、少々身体を休めねばならないので（以上、二〇〇四年六月二七日午後二時二四分。点検終了、同日午後三時ちょうど。再点検は、同四時三五分、再々点検は、同五時四三分終了）。

ハ　不正競争・競争制限行為――理論的混乱？

同前・八六頁以下、である（執筆再開、六月二八日午後一時三五分。忽那海事法研究会メンバーから嬉しいファクスが研究室に来ており、本稿［1］2(2)をそれに基づき改訂後、執筆開始、である）。

規定無しの甲案と「不正競争・競争制限行為については［??――後述する］、その行為の効果が発生した市場地の法律による」とする乙案が、提示されている。

まず、同前・八七頁で、ドイツ競争制限禁止法（一九九八年改正）が、「効果理論」（石黒・前掲国際民事訴訟法一三頁以下――非民事［!!］領域における、『国家管轄権の一般理論の問題』であることに注意！）に立ち、同法の「絶対的強行法規」性がドイツで認められている、とある点に、注意すべきである。

当然そこから、まずもって考えられる「べき」ことがある。同前・八八頁にも、「乙案に関する留意点」の中で、不十分ながら指摘されているが、この「ハ」の項目の対象は、本来、一義的には、証券取引規制（石黒・前掲証券研究一〇二巻所掲論文参照）等と同様の、国家の非民事的規制（その「域外適用」）の問題である、ということである。それ以外の部分につき、一般民事の、準拠法が問題となるに止まる。

あえて、分かりやすさに配慮して一言するならば、我国の商法中にもかかる「規制」的（即ち、非民事の）規定もあり、証取法の中にも民事的規定がある。石黒・前掲落合先生還暦祝賀論文集所収論文五八六頁で示したように、商法の藤田教授は、かかる私の理解を踏まえた論述をしておられる（本書第三部1⑶の注26の本文参照）。だが、そもそも「法務省サイド」は、そのことが分かっていない(!!)。この点については、本稿［1］3のi（本書四六頁。各所に配布済みの計三〇頁の〝檄文〟で言えば、その一六頁）の、「社債管理会社設置強制」関連の部分を見よ。

本報告書・同前頁の諸外国の例にも、かかる民事的な部分は「通常の不法行為として」処理されている例が多い旨の、一応の説明がある（同前報告書・八八頁。――この点について特則を設けず［!!］「通常の不法行為」として処理するのは、例として挙げられた立法例等［同前・八六頁、九〇―九一頁を対比せよ］のほぼ半数である!!）。

だが、同前・八八頁の説明では、かかる「通常の不法行為として」扱われる場合を、「特定の者に対して損害を与える不正競争（労働者の引き抜き、産業スパイ、贈賄、企業秘密の漏洩、契約破棄への誘因など）」と表現し、それらが「乙案の対象外であることを明記するかどうかは、なお検討を有する」（??）、とある。

この①「特定の者に対して損害を与える不正競争」という問題の押さえ方自体、非常に屈折していて、分かりにくい。それを措くとしても、この①に対置されるのは、同前・八九頁の②「市場秩序維持」だ、という構図になっている。

同前・八八頁で、この①の例としてそこに挙がっている、スイス国際私法一三六条二項は、「権利侵害が専ら被害者の企業利益に対して向けられているときは……」として、同条一項の、「不正競争から生じる請求は……」の文言を受けつつ（!!）、それと区別している（同前・九〇―九一頁の「立法例等」の表を見よ）。この一項も二項も、あくまで、『私人の「請求」についての規定』、つまりは、前記の①のカテゴリーに属するものなのである。

実は、他の立法例等も、同様であり、そこに②の「市場秩序維持」に相当するものは無い（!!）。同前・八六頁でも、「総説」として、「不正競争・競争制限について特則を置いている立法例……は例外なく、［それ］を一種の不法行為として性質決定し」ている、とされている。だが、そうなると、同前・八八頁の「(??)」マークを付して引用した部分からして、『そもそもこの乙案が、一体何を考えた上でのものなのか』が、実に、不明確となる。

しかるに、乙案は、(①を落とすか否かを問題としていることからして）前記の②をメインとし、この項目では「市場秩序の維持が最大の関心事」（同前・八九頁）だとする。だが、挙がっている外国の例は、①②の区別で言えば、①ばかり。おかしいではないか（!!）。「理論上の大きな混乱」が、そこにあるのである（!!）。

そもそも「不正競争・競争制限行為については……」という問題の立て方が、ミスリーディングである（!!）。これでは、あたかも、『非民事の問題』までがそこに含まれるかのごとき、誤解が生じてしまう。乙案とそれについての説明においては、非民事の「規制」と、民事の「私人による請求」とが、その間で明確に区別をすべきところ、両者が、ゴチャゴチャになってしまっているのである（!!）。

そうでありながら、同前・八九頁では、前記②の、いわば公益維持のゆえに、『事後的な法廷地法の選択の規定』（本稿［2］6b―1）が、ここでの乙案に劣後するのだ、等としている（なお、本稿［2］6d―2参照!!）。もう一度、頭を整理し直せ（!!）、と言いたい。

だが、本稿［1］3・iの末尾に示したように、本報告書の「はしがき」執筆者は、一九八八年に、外国の公法（非民事）規定も、我国で適用し得るとの、驚くべき『解釈論&立法論』(!!)を、提唱していた。恐らくは、『この項目における極度の混乱』は、「そこ」からもたらされたものであろう(!!)と、私には思われる。それ以外に、かかる混乱の原因は、あり得ないはずである。

それにしても、こんな規定を置くならば、証券取引規制等（その民事的部分！）について、なぜ規定を置かないのか、が問題となろう。

本報告書における「規定を置く、置かぬの決定」が、誠に恣意的であることを、指摘せざるを得ない。「規定が無い」ときは、どうするのか等の、〃実務上の混乱〃を考えるべきである(!!)。

ニ　知的財産権の侵害

甲案は規定なし、乙案は、いわゆる「保護国法」による、との案である（同前・九二頁以下）。

ここは、私として、一切コメントしたくない(!!)。貿易と関税二〇〇四年三－一〇月号で、すべて論じ尽くした「我国の悲惨な現状」を、まずは直視することから始めるべきだ、とだけ言って置く。

だが、『本報告書「はしがき」執筆者の破綻した論理』については、前の項目との関係でも、やはり一言して置くべきであろう。

「彼」は、著作権侵害についてはベルヌ条約五条二項を持ち出しつつ、他方、特許権侵害については、我が憲法九八条二項との関係で、同じく自動執行性を有するはずのパリ条約の規定に言及せず、のみならず非常に特異な論法の下に、国際私法は「私法」（私法的法律関係）のみを扱うなどという、「史実」にも「事実」にも反することを、最近は（！――本稿［1］3ｉの末尾参照）説くに至っている。

もし「彼」の言うとおりなら、米・イラン、米・リビアの金融紛争等において、なぜ八〇年ＥＣ契約準拠法条約七条一項との関係で、「牴触法上（国際私法上！）」アメリカの資産凍結措置の「私契約に影響する部分」の適用ないし考慮（同項）が、当時のヨーロッパで、あれほどの大問題になったのか。

「公法不適用の原則」は既に過去のものとなったが、ただ、それは、この直前の「ハ」の項目でその理論的混乱について指摘したような、「彼」の驚くべき論理（他国公権力の域外的行使を認めることを意味するそれ）とは、もとより別物、である。

「彼」（そして「彼」の周辺に居る若干名の「若手」）は、そもそも「国際的な基本的な法の適用関係」

に関する、それこそ「彼」の言う「国際標準」（というか、国際的な議論の水準!!）とは無縁の形で、「私法的法律関係」と「公法的法律関係」との区別をし、「これが国際私法というものなのです」的な言説を、我国内で（商法学者達に対しても！）ばらまいている。

かくて、もはや許し難しということで書いたのが、「米国特許権に基づく日本国内での行為の差止め等とパリ条約——わが最高裁・学説の混乱した論理の克服といわゆる属地主義（特許独立の原則）」と題した既述の連載論文であり、その目次の四の1が「公法的アプローチ？」として、本報告書の「はしがき」執筆者の思い込み的な、そして根本的矛盾を内包した（「ハ」の項目で既述）立場（？）を、知的財産権に即して、批判した部分である。なお、この点については、前掲の落合先生還暦祝賀論文集（「商事法への提言」）五九二頁以下（石黒——本書第三部2(1)の後半）をも参照せよ。

そのような、基本的なところで理論的な勘違いをしている「彼」が、その非学問的な、単なる「野心」から、「法例」の新たな「立法者」（起草者）たらんとして、明治期の日本を救った穂積陳重博士の御労苦を、「法務省民事局」と共に、葬ろうとしているのである。

この項目は、この位で、もうよいであろう。**最高裁が、前掲最判平成一四年九月二六日で、「世界からの孤立（!!）」をするに至った「事実」**も認識されず、「はしがき」執筆者も含め、誰も「属地主義」に関する木棚教授のドイツ学説の把握の上の誤りに気づかず、単にそれを祖述するのみで今日にまで至ったという、真実恥ずべき「事実」を認識し、反省してから、条文作りに、励むなら励めばよい（以上、追加。六月二八日午後八時五分。この部分の補充、翌日、朝七時二〇－四五分）。

e　「いわゆる」事務管理関係

ちょうど、ここで本報告書⑵の一〇〇頁目となるし、今日はここで筆を擱く（二〇〇四年六月二八日午後四時二五分。その後、思い立って、数行前までの追加をした次第である。翌日、朝七時四五分、執筆再開）。

まず、基本的なこととして再度（本稿において既述）想起すべきは、穂積博士が、法例一一条「一項」において、いわゆる「不法行為」といわゆる「事務管理・不当利得」とで、国際私法上区別せず、統一的（!!）な規定作りを目指した事の「先見性」、である（!!）。「契約外債務」程度の押さえ方なら、「実害」（実務への不必要な負担）は少ないであろうが（!）。

「事務管理の準拠法は……」、と説き出す際に、そこで言う「事務管理」なる概念の、牴触法上の「限界画定」と共に、「準拠法への具体的送致範囲」が、問題となる。ここでも、（いわゆる「不当利得」と同様に）石黒・前掲国際私法（新世社）三七頁の図の3、及びその前後の説明を、まずもって参照すべきである。そして、本報告書⑵一〇三頁に、「英米法は……事務管理という制度そのものの存在を［コモン・ロー上！］否定して」いる、云々とある点を、石黒・前掲国際私法（新世社）一九一―一九二頁の、「保険代位」の部分の、コモン・ローとエクイティーとの関係に関する叙述と、対比すべきである。

e―1　当事者間に法律関係が存在する場合

さて、本報告書⑵一〇〇頁以下のこの項目では、特段の規定無し（次のe―2による）の案が乙案とされ、甲案として「事務管理が特定の法律関係に関連して行われたときは、事務管理は当該法律関係の準拠法による」との規定案を出す。

まず、甲案について、「事務管理」かどうか、「法律関係」があったか否か、それに「関連」していたか否かが、実際の訴訟では問題たり得る。当事者が本気で争った場合には、と言うことではあるが(!!)。この点につき、我国の実質法上の概念の平行移動（本報告書でも思い出したごとく、時々登場するように、我国の国際私法の、従来の性質決定の通説との関係での問題）は、国際私法の基本から、なし得ない。もっとも、これは本稿で既に論じた点ゆえ、基本的にもはや再説しない。

同様に、同前頁でオーストリアの例が紹介される際、「法律関係との関連性」につき、「内的な関連性……が必要」とあるが、「内的」とは何かが、更に争点となり得る。

だが、同前・一〇一頁で、ドイツEGBGB四一条一項、二項一号につき、「事務管理に関する回避条項」（一般条項）の機能として、甲案の内容が「推定」される、とある点に注意すべきである。それで十分なはずである。甲案は、前記の前提的諸問題は別としても、硬直的に過ぎる。

ともかく、こうした規定を置けば、後はそれを機械的に適用し、自動的に「法的安定・明確性・透明性」が得られる、等という「はしがき」執筆者の単なる思い込みは、『訴訟の現場』で、みごとに打ち砕かれるであろう。「はた迷惑な話」、である。

e－2　当事者間に法律関係が存在しない場合

同前・一〇七頁以下である。e－1以外の「事務管理」につき、甲案は「事務管理地法」による（現行法どおり）とし、乙案は、「管理の客体の所在地法」による、とする。

変な話だが、同前・一〇七頁に至って、「「事務管理」とは、法律上の義務なくして他人（本人）の事務を管理する行為を指す」などとして、その説明の中で注釈民法（!!）まで、その注二七七で、引用する。実際には、「法律上の義務」の有無も、準拠法を決め、当該準拠実質法によって決まることを、再度銘記すべきである。「論理の順番」が、狂っている（!!）。『国際私法（法例）は、民法等の法廷地実質法の「下僕」、ではないのに!!』。

同前・一〇九頁は、甲案は乙案に比べ、「明確さに欠ける」とするが、私からすれば、どっちもどっちであり、「個別事案」との関係を論ずる事なくして、一般的論断はなし得ないし、そもそも「事務管理」という問題設定自体、不要である。乙案の方が「解釈上の問題は比較的少ない」ともそこにあるが、果たしてそうか。それとともに――

「諸外国の国際私法においてこのような［乙案の］文言を……明確な形で採用している立法例は見当たらなかった」

――とある。「国際標準」に合わせて規定を置くのではなかったのか(!!)。おかしいではないか(!!)。

この部分は、単に我国の従来の学説に引っ張られて立法する色彩が、とくに強い例の一つである。だからこんなことになる。

e―3　当事者の同一常居所地法、回避条項、そして、「当事者自治（!）」

同前・一一頁以下は、「甲案」のみを出し、それを（A）（B）（C）に分ける。順に、「当事者間の同一常居所地法」、「回避条項」、そして（!!）「当事者自治」（本稿［2］6b―1の、法廷地法のみの事後的選択!!）、である。

ようやく、同前・一一一頁に至り、「不法行為も事務管理も……契約外債務……であることに変わりはなく」云々、そして、「両者の境界線に近いところにあるような問題が発生した場合」のことが、不十分ながら指摘されている。そんなことは、最初から考えるべきこと、である。

「海難救助」については別枠、と同前・一一四頁にあるが、ともかく、各案について、殆ど説明らしきことは、書かれていないに等しい。だが、これも「手」であろう。立法化への土壇場で、法廷地法の事後的選択を、大きくクローズ・アップするのが、「法務省サイドの思惑」であろう（!!）。

f　「いわゆる」不当利得関係

f―1　当事者間に法律関係がある場合

同前・一一六頁の規定案は、e―1と同じである。「法律関係」の「例」が同前・一一九頁に、また、「法律関係」の外延、及び、それに「関連して」の説明が、遅まきながら、同前・一二〇頁にそれぞれある。だが、「いわゆる」事務管理に即して既に論じた点は、ここでも同じく当てはまる。

そこには、「どのようなものまでが「法律関係」であるか」につき、ドイツ国際私法の「給付不当利得の場合」は「甲案より狭い」が、「従来の基本関係の準拠法主義」（と言っても、我国の学説！）は「甲案より広い」等とするのみ。要するに、『実際の訴訟の場での既述の問題』は、やはり大きく残る。

ちなみに、ドイツの、自国実質法に引きずられた国際私法改正（ドイツなりの性質決定のやり方［既述］に基づくそれ！）につき、同前・一二〇頁が「実質法上の不当利得の類型論はさておき」としている点の真の意義は、石黒・前掲落合先生還暦記念論文集所収論文六一三頁（本書第三部3(1)の注146の本文）で、確認して頂きたい。江頭教授が、「法人格の準拠法」の類型論で、ドイツの議論に巻き込まれてしまった点が、ここで関係する。

このf―1の部分の実際上の説明は、「不当利得の準拠法に関する裁判例は多くない」（!!）との、同前・一一七頁の指摘から推して知られるように、我国の学説の「机上の論」（我国の実質法に、知ってか知らずか引きずられた、国際私法本来からすれば不毛の論）の整理に、重点があり、理論的基盤が、（もはや再論はしないが）ぐらついている。

それにしても、我国の学説も、同前・一二三頁の「立法例など」も、「基本関係」の準拠法ということで語られているのに、同前・一一九頁で「基本関係（法律関係）」とあり、甲案でも、「法律関係」となっている。不自然であろう。『その裏にあるもの』が何かの問題（!!）、である。

f―2　当事者間に法律関係が存在しない場合

同前・一二七頁以下だが、ここでも、「法律関係」なるものを、準拠法選択に当たって、如何に概念構成するかの問題がある。

☆　穂積博士は確かに「法律行為」と言う言葉を使ったが、それは、ドイツ実質法上、当時激しく論議されていた「法律行為論争」に、「深入り」することを明確に回避しつつ、当該の行為が「法律行為」か否かも当該準拠法所属国の実質法に委ねる趣旨のものだった。

ところが（!!）、ここでは、「いわゆる」事務管理・不当利得、更には、遡って不法行為の例外的連結Ⅱにおいても（!!）、「法律関係が存する」か否かで、規定が「細分化」されている。そうなると、準拠法を決める段階で、「法律関係」なるものがあるか否かを、いわば送致（準拠法指定）前に決定せざるを得なくなる。

法廷地実質法で考えればよい位に「法務省サイド」はタカをくくっているのであろうが、理論的におかしいし、「実務的にも、余計な争点を増やすだけ」、である。「不法行為」以外の契約外債務、つまり「事務管理」「不当利得」とも、全面的に「法廷地法の事後的選択（合意）」が頂点に来る構図となるだろうから、面倒ならそうしなさい、といったことを「法務省サイド」は目論んでいる（!!）のではあろうが、おかしい。

さて、同前・一二七頁は、「不当利得発生地法／不当利得地法」とする甲案と、「他人の法益の侵害にもとづくもの」は「侵害発生地法」、それ以外なら「不当利得発生地法／不当利得地法」、とする乙案を、提示する。

同前・一二八頁で、「他人の法益の侵害にもとづく不当利得（侵害不当利得）」に関するドイツ国際私法の既述の立場（!!）を紹介し、「したがって、このような類型の採用の可否」も検討する、とある。再三延べたように、「性質決定」の仕方が日本とドイツでは違うというのにこれ、である（!!）。せめて、f―1の項目で示した江頭教授の所説（ドイツ国際私法に引きずられた、云々の個所）を、再度見て欲しい。

同前頁では、乙案が「ドイツ国際私法にならって」のものだと、明確に書いてある。どうして、日独間の国際私法上の性質決定問題の差、つまり、その理論的基盤の深みに降りて考えることを、しないのか（!!）。情けない（!!）。

f―3　当事者の同一常居所地法、回避条項、そして、「当事者自治（!）」

同前報告書⑵一三二頁以下だが、前記のe―3と同じ、である。

同前・一三二頁に、「不法行為も不当利得も契約外債務である点で同様の性質を有すること」が、f―3の項目立ての根拠とされている。既述のごとく、「いわゆる」事務管理についても、全く同じことが、書かれていた。

要するに、『穂積博士が法例一一条の「一項」を作成する際の、私が強調してきたこの三問題の一括規律という「英断」』が、ここでようやく、おぼろげながら認識（!?）されていることになる（!!）。こんなことは、契約外債務の検討の冒頭に、もっと自覚的に、掲げて置くべきことである（!!）。

但し、「当事者自治」についての「書き方」が、ここでも、非常に汚い（!!）。それについても「不法行為ととくに異なる立場を採用する理由は見当たらない」とのみ、同前・一三三頁に書かれている。

だが、ここで言う「当事者自治」とは、既述のごとく、不法行為について、また、ここに至って、実質的に、契約外債務全体にまで、『**猛毒を有するアメーバが触手を伸ばすごとく**』（!!）適用範囲を一挙に拡大しようとする、『disguised form（!!）で原則化される法廷地法主義』、なのである。なにゆえに、そのことを意図的に（!?）伏せて、こうしたことを書くのか。それこそ、「透明性」を欠く、不公正なこと、であろう。

かくて、本稿［2］6のb—1に示した「法廷地法主義の原則化」は、契約外債務全体に、及ぶことになる。「一体何を考えているのか!!」と、私は、この『「時代錯誤の極」というべき「蛮行」』に、全身全霊をもって抗議する（!!!!）。

アメリカの牴触法革命が、実際上、法廷地法主義に大きく傾斜した際、「牴触法の憲法化（constitutionalization）」と称して、何とかそこから脱しようとする論議があったこと、他方、『かかる閉鎖的な体系』から脱しようと、「囚人のディレンマ」の手法が用いられたこと——そして、それでも、あの袋小路から脱することがいまだ出来ないでいるアメリカの苦悩（!!——石黒・前掲国際私法［新世社］六三—六四頁）。それを想起せよと言っても、「法務省に魂を抜かれた、あるいはそれを売った人々」には、所詮、無意味なことではあろう。だが、断じて、私は、身を挺して、最後まで抵抗する。

以上で、ともかくも、「契約外債務」の項目が終わる。そこまでの分を、これから打ち出してコピーし、関係各所に配布せねばならないので、また、午後、そして夜には研究会があるので、今日はここで筆を擱く（二〇〇四年六月二九日午後〇時七分。同日午後二時八分まで、送付作業と修正・加筆。貿易と関税二〇〇四年七月号が、先程届いた）。

7　現行法例一〇条関係

同前報告書⑵一三三一一五九頁、である（執筆再開は、同年七月一日午前一〇時一五分）。冒頭頁に、「資産流動化の観点から、債権のみならず、物［!!］についても一括して譲渡や担保提供を可能とする要請が高いとすれば（!?）、かかる要請に応える必要がある」、とある。「とすれば」、とある点に、注意するべきである。ここでも「実態調査」等があった訳ではない（!!――「資産流動化」云々については、本稿［2］冒頭の「＊　はじめに」のbで、本稿［1］を更に補充した点を、参照せよ）。ともかく、内容に入る。

a　動産・不動産に関する物権準拠法の原則

甲案は、現状通り、乙案は、「動産、不動産に関する物権その他登記すべき権利の［得喪／成立・変動・消滅］についてはその原因事実の完成時の目的物の所在地法により、その効力については［効力が問題となったときの］目的物の所在地法による」、とするもの。乙案の内容が、現状で「基本的には異論はない」ものだとした上で(!!)、その趣旨が、現行規定からは「わかりにくい」とする「はしがき」執筆者の指摘を、同前・一三四頁注三五三で、ダイレクトに示した上での乙案、である。もはや、繰り返しは避ける。わずか一頁ほどの説明であるから、先に行く。

b　そもそもここで言う「物権」とは何なのか?——「論理プロセス」の問題!

もはや、本報告書から出発するのではなく、ダイレクトに問題点を示すことを、ここでは行いたい。

現行法例一〇条一項に、「動産及ビ不動産ニ関スル物権其他登記スヘキ権利ハ……」とある点につき、本稿のこれまでの論述からして、既にして大きな問題のあることを、本報告書は、何ら認識して居ないかのごとくであり(後述)、一言する。当該の問題が、「動産、不動産に関する物権その他登記すべき権利」の問題であるか否かを、『実際の訴訟の流れの中で』(!!)、如何に判断するのか、との点である。

☆　この点で是非とも想起すべきことがある(!!)。

石黒・前掲国際私法(新世社)一八一—一八二頁に略述した、かつての『山田三良教授と、性質決定の通説(その一般論——法廷地国際私法自体説)を築いた久保岩太郎教授との間の論争』、である。

山田教授は、「或物に関する権利が果して物権なりや否や」を如何に決するかを問題とされ、準拠法たる「所在地法」によってそれを決するとされた。性質決定論上の「準拠法説」、である。それを批判し、この点は、法廷地国際私法自体がこれを決める、として、今日の通説（国際私法上の性質決定に関するその一般論!!――後述）を築いたのが、久保教授だった訳である。

だが、実際の訴訟のプロセスとの関係で（!!）、この点につき、いかなる作業が、具体的に必要となるのか。「そこ」がまず、前提的な問題となることに、注意すべきである（!!）。

一九八三年刊の、石黒・前掲金融取引と国際訴訟三一四頁において、既に私は、「物権其他登記スヘキ権利」とは何かについても、（効果から遡った）「目的論的アプローチが必要である」（!!）、としていた。

例えば、次のケースを想定せよ。即ち、――

「Xがある「物」（有体物）の自己への引き渡しを我国を法廷地として請求し、請求されたYが、『当該の物を自己の下に「留置」して置く権利』がある、として争った国際的事件」

――である。

とかく法廷地実質法をベースに考えたがる「法務省サイド」は、これを直ちに、「動産、不動産に関する物権その他登記すべき権利」の問題だ、と考えるのであろうか。

同前・三一四頁にも示したように、我国の実質法上、既にして、かかるY側の「権利」として、①同時履行の抗弁権（Yが売主だったとせよ）、②留置権、③質権、などがある。実質法上の「債権」・「物権」が、そこに混在することになる。どうするのか。

ともかく、右の「例」からも知られるように、、当該の問題を「物権」の問題とするか否かについては、「効果」から遡って「物権」概念を（再）構築する、という目的論的な作業が、どうしても必要になる。「目的物の所在地法」によるのが適切な場合か否かとの、抵触法上の「効果」から遡って、「物権」云々という「要件」を画定する、という「プロセス」（!!）が、基本的なものとして（即ち、「準拠法選択上の事案の分断」等の問題は措くとして）、必要になるのである（この見地から、いわゆる「債権質」に関する前掲最判昭和五三年［本稿［1］4b、5f参照］の「論理」を検証して見るべきである!!）。

石黒他・前掲国際金融倒産（一九九五年・経済法令研究会）三七〇頁以下で、私が「集中的証券決済システムと国際倒産――無証券（ペーパーレス）化に重点を置いて」と題して論じた点も、これを踏まえた上でのもの、である。

同前頁以下の「各国の法制度」（実質法上のそれ）は、当の我国をはじめとして、その後大きく変わったが（なお、石黒・前掲電子社会の法と経済〔二〇〇三年・岩波〕二二九頁注八八）、石黒他・前掲国際金融倒産三八二頁以下の「準拠法問題の処理」（石黒）の項目において、本報告書でこれから出て来る問題を含め、「そこまで分析的〔!!〕に考える必要はない」とし、「物の引張りあい、ないし、奪いあいに重点のある紛争であるならば、素直に物権準拠法〔目的物所在地法〕を適用すればよい」、と私が指摘していた（石黒他・同前三八四―三八五頁）のも、この趣旨である。

ともかく、既述の『山田＝久保論争』という、性質決定論上の、過去の重要な節目となる論争を、一層自覚的に捉え、「そこ」から出発する必要があることを、ここで力説して置きたい。

☆☆　**と言うのも、本報告書の線で準拠法選択ルールの個別化・細分化を志向する改正**（後述）**がなされると、「目的物所在地」が当該紛争事実関係の重点か否かから逆算する、という既述の「手法」が、使いづらくなるからである**（特に、後述の7e以降の個所、等!!）。

前記の「手法」は、国際私法上、「物権」なる概念を準拠法選択の単位とすることの危うさ（それは、穂積起草委員の下でなされた現行法例制定時以来のものだが、前記の「手法」で、辛うじて牴触法上の問題が顕在化しないで済んでいた）を、何とか『実際の訴訟との関係』（!!）でマネージ可能なものにするための、私なりの営為だった（!!）。

そもそも、各国の実質法上、『物権と債権との区別ないし峻別』の、なされていない国もあり――この点で、同前報告書(2)一三八頁の「立法例等」の「米国・英国」が、「判例法国である」として紹介されるのみであるのは、納得がゆかない!!（後述）――、それらの国々をも含め、世界中の法秩序を相手にせざるを得ない国際私法（牴触法）にとって、「物権」なる概念を「準拠法選択上の単位」とすることは、（明治期の立法では、致し方なかったとも言えるが）、それ自体が、大きな問題（!!）なのである。

それでは、本報告書は、こうした点につき、いかなるスタンスを示しているのか。同前報告書(2)一三七―一三八頁の、「『物権其他登記スヘキ権利』の扱い」の項目が、まずは（!!）これと関係する。そこでは、現状通りの甲案と「物権［その他対世的権利］」との文言への変更をする乙案とが、示されている。

その説明の冒頭に、「全体として、大きな問題は指摘されていない」（??）とあること自体（事実、そうである!!）が、「国際私法上の準拠法選択の単位をなす概念を如何に構築すべきか」という既述の私なりの問題関心との関係で、既にして従来の我国の（性質決定上の通説の一般論との関係での）「本来あるべき問題関心の欠如」（!!）を、如実に示している（!!）。

乙案の趣旨は、同前・一三七頁において、「ここでの問題が……物権と同様に対世的な効力を有する可能性［？］があるか否かという点にあるとの考え方に基づくもの」だ、と説明されている。そこには、更に、――

「単に物権という文言を用いる場合には、それは、実質法上、対世的な効力を含む国際私法上の概念［??］であるということになる……」

――とある。「空回り」している同前頁の、そこから先の説明は措くとして、右引用中の説明が、本当に理解可能なものなのか（!!）。「実質法上、……を含む国際私法上の概念」とは、一体何のことか。そもそも「対世的な」効力が当該権利にあるか否かは、準拠実質法次第である。つまり、それは、準拠法を決めてから初めて分かるはずのことである。「論理プロセス」（!!）を、冷静に検証せよ。

そして、その上で、同前・一三八頁の「立法例等」の中に、「物に対する権利」（ドイツ）、「有体物に対する権利」（オーストリア）との「表現」（!!）を「とるもの」がある、とされている点に、注意せよ（!!）。その線で、この項目で私が、縷々述べて来た点を、「実際の訴訟のプロセス」（!!）に沿って、もう一度考えて欲しい（!!）。「本当の問題」が、見えて来るはずで、である（!!）。

c　移動（運送）中の動産に関する物権準拠法

本稿［2］7の、以下の項目についての私の指摘は、すべて、以上のbで論じた点を「前提」とした上でのものである。一々再説は、極力（!!）しない。

同前報告書・一三九―一四一頁が、このcの項目である。だが、「移動……中の動産」という「表現」が、前記のbで論じた点からしても、既にしておかしい。「動産」か否かを、法廷地国際私法の側から、如何に「定義」するのか。「動産」と言う必要はなく、「物」と言えば十分ではないか（!!）。ともかく、規程無しの案が乙案とされ、こうした問題につき「その仕向地を所在地法とする」とするのが甲案、とされている。ここでは、「目的物所在地法」の原則は動いていないので、ともかく前記の7bで☆☆マークを付した問題は、生じない。だが、説明も「凡」ゆえ、先に行きたい。但し、同前・一四〇頁では、誠に不用意に「物権行為」などと言う「言葉」が用いられている。

なお、「移動中の物（res in transitu）」については、運送証券が発行されていようがいまいが、「仕向地法」による、という従来の我国での扱い（石黒・前掲国際私法［新世社］三〇四頁!!）が、意外に賢明な処理であったこと（!!）は、ここで、再認識して置くべきことであろう。次の項目との関係において、である。

また（!!）、同前頁では、船荷証券関係の条約の存在により、この点に関して「現実に……紛争が生じることは通常はあまり考えられない」（??）、などとされている。「統一法（実質法統一条約）と国際私法」（石黒・前掲国際私法［新世社］一〇三頁以下）関連の理論的問題は、そして、特に船荷証券関連での実務を踏まえた諸問題は、本報告書において、直視されていない（!!）。問題である。

なお、同前・一四一頁の「立法例など」の例示の仕方は、適当に学説を引くのみなど、杜撰である。

d　船荷証券や貨物引換証などの証券が発行されている場合

同前・一四二頁の甲案・乙案は、共に、ややこしい文言である。それ自体を紹介することは、時間の無駄ゆえ、骨子のみ示す。両案とも、①「証券がある動産に関する権利を表章しているか否か」、②「証券の物権的効力」、③「複数の者が当該動産の物権関係をあい争うような場合の優先関係」（この③が、本稿［1］5のa・b・d・e・f・gで論じた『priorities の問題』であることに、注意せよ!!）を問題とする。

そこでも、「動産」・「表章」・「証券の物権的効力」等という『危ない言葉』（!!――その基本については既述）が用いられている。もはやこうした『根本の腐った問題点』はすべて措くとして、案の中身を見る。

甲案は、前記①につき「証券発行時の証券所在地法」、②は「[効力が問題となった時の] 証券所在地法」、③は「当該動産の所在地法」による、とする。乙案は、①②③ともに「当該動産の所在地法」、とする。

まず想起すべきは、本稿［1］5のd「債権譲渡の第三者に対する効力の準拠法」の個所で、前記の③（priorities の問題）も含め（!:）、「規制改革」サイドの声との関係で、「譲渡人の常居所地法」による、とするそこでの乙案が、ショー・アップされていたこと、である。

私は、「対抗要件」（私の言う三面的債権関係のそれ）等とpriorities の問題とは、明確に区別すべきだ、とそこで述べていた。「そこ」（本稿［1］5d）での本報告書の指摘との「平仄」は、果して、合っているのであろうか（??――次の、第四・第五パラグラフ目で後述!:）。

ともかくここでは、同前報告書(2)一四二頁において、「証券……それ自体独立に取引対象となっている点」が専ら問題とされている旨、示されている。だが、それにもかかわらず、そこにおいて、「証券」自体ではなく、その「証券」と結び付けられた、「対象物」たるいわゆる「動産」自体をめぐる priorities までが、扱われている（!:）。

「証券」が問題なのか、「対象物（紙ではない、物自体）」が問題なのか、そもそも、その双方がゴッチャになっているのが、問題である。「債権譲渡」関連の個所でもそうだったが、**『priorities 問題が、本報告書において、十分整理されずに扱われていること』**（!!）の、副作用、とも言える点である。

後述の、本稿［2］8aでも一言する通り、「物権」問題を終わって、「船舶・航空機」関連の同前報告書・一六七頁に至り、文字通り思い出したように（!!）、「法定担保物権の効力」という概念に「他の担保物権との優先劣後関係」、即ち、priorities の問題が「含まれることを前提とし……」云々の規定案（丙案）が入ったのも、この点を裏付けるものだが、優先劣後関係は、別に「他の担保物権」との関係でのみ生じ得るものではない。対象「物」の差押債権者との競合等も、もとより生じ得る。

だが、それはともかくとして、「皆が『引っ張りあい』をする対象たるもの」（ここでは、いわゆる［!!］動産）に関する priorities 問題（前記の③）については、甲案・乙案とも（!!）、『複数の者の「引っ張りあい」の対象』たる「当該動産」の準拠法（所在地法）による、となっている。――これは、極めて重要な点であり、次の7eの項目でも、再論する（!!）。

これを債権に置き換え、「債権譲渡」関連の問題とすると、「規制改革サイド」の要求に応えられぬからということで、「皆の引っ張りあいの対象」たる当該債権の準拠法によるとする、そこでの甲案が、(いわゆるpriorities の問題を含めて!!) 冷たいあしらいを受けていた事 (!!) を、ここで、想起するべきである (本稿［1］5dの第二パラグラフ〔本書六八―六九頁〕。A4版計三〇頁の各所に配布済みのもので言えば、その二三頁の下から二―三行目)。

「債権」譲渡と「物権」とでは、問題が違うから、などと簡単に言えるであろうか (なお、同前報告書(2)一五〇頁の「甲案」に関する、後述の7eと対比せよ)。この点で、石黒・前掲金融取引と国際訴訟二四〇頁と、是非、対比をして、その上で考えて頂きたいものである (!!)。まして、本稿［2］の7冒頭に示したように、ここでも「資産流動化」云々の、「債権譲渡」の場合と同様の、それと連動する (!!) 問題関心が、示されていたのであるから (!!)。

さて、甲案は、既述のごとく、前記① (証券がある動産に関する権利を表章しているか否か) につき「証券発行時の証券所在地法」、② (①を受けた上でのその証券の「物権的効力」!?) は「[効力が問題となった時の] 証券所在地法」、③ (priorities 問題) は「当該動産の所在地法」によるとし、乙案は、①②③とも、「当該動産の所在地法」による、とする。そして、同前・一四二頁にあるように、「紙それ自体」が「独立に取引対象となっている点」が、ここでの問題意識の出発点、であった。

船荷証券を例にすれば、それは積荷の船積み段階で通常三通発行され、代金決済目的で、銀行経由で他国に「送付」される。〃別々の国への送付〃、ということも有り得る。「紙それ自体の所有権は目的物所在地法の規律に従うことは前提とした上で」の規定案だ（!!）、とも同前報告書・一四二頁にある。

だったら、「紙（証券）」自体が、なぜ、「移動（運送）中の動産」（同前・一三九頁以下の、前のcの項目）として扱われないのか（!!）。なぜ、「証券」現物が「物」（いわゆる「動産」）として扱われないのか。なぜ「証券」なるものだけが、特別扱いされるのか。おかしいではないか（!!）。

そもそも、同前・一四三頁に、このややこしい甲案が、（私が「現地」で猛烈に抵抗したが駄目だった結果としての）スイス、のみならず「ドイツの学説の一部においても支持されている」として、そこで引用されているK. Siehrは、スイスのチューリッヒ大学の教授であり、紛らわしい書き方である。ともかく私は、証券が出されているか否かにかかわらず、（紙は紙、対象物は対象物で）統一した処理を行うべきである、との立場である（石黒・前掲金融取引と国際訴訟三三五頁）。同前報告書・一四二―一四三頁が、「甲案は……我が国の学説における多数説の考え方を、より精緻な形で［??］立法化しようとするもの」だ、とする点も、相当に怪しい（!!）、と私は考える。

同前・一四三頁には、「証券（[!!]）所在地法」によることで「取引の安全に資する」などとあるが、石黒・同前三二四頁の「スイス・ドイツの国境の石の上に置かれた時価数千万円の切手が風次第で容易に所在地国を変更し得ること」云々の点をも、考えるべきところであろう。「対象物」（積荷、等）との関係で「紙」の所在地を問題とすること自体、疑問とすべきことであろう。

他方、同前報告書・一四三頁の、実質法統一条約の存在ゆえに、「証券の効力の内容が国境を越えるごとに大きく変化するということも、現実にはそれほど起こり得ない」、との認識が、果してどこまで正しいのか（??）も、問題となろう。

なお、同前・一四五頁には、ペーパーレス化とも関係する、問題の大きい（!!）最近の或るハーグ条約のことが、その「検討も必要となろう」と、サラッと触れられている。英米の金融機関等が、自己に都合のよい条約作りをハーグ国際私法会議に資金付きで依頼した結果としての「代物」、である。その批准作業が、我が国で進んでいる。これは、別途叩く必要があるが、それは別の者に任せている。ムカついて来たので、今日はここで筆を擱く（以上、二〇〇四年七月一日四時三九分。点検終了、同日午後五時一〇分）。

e　約定担保物権の準拠法

同前報告書・一四六―一四九頁（「鉄道車両・自動車等の走行性動産の準拠法」）は、屈折した論理の最判平成一四年一〇月二九日民集五六巻八号一九六四頁（「運行の用に供し得る状態のものである場合にはその利用の本拠地の法」により、そうでなければ現実の所在地法による、とした）から若干距離を置きつつ、規定案を置くが、そこは飛ばして、同前報告書・一五〇―一五一頁の「約定担保物権の準拠法」に進む。

同前・一五〇頁に、またしても「資産流動化の観点から」、とある。甲案は規定なし、乙案は、「動産に対する約定担保物権［又はその譲渡］の第三者に対する効力については担保権設定者［又は譲渡人］の常居所地法による」とし、「資産流動化を促進させるため」に乙案を置く、とある（同前・一五〇頁）。

かくて、本稿［2］7bの☆☆マークを付した個所（本書一六三頁）での〝懸念〟が、この乙案により顕在化する（!!）。

「約定担保物権」なるもの（!!――既述の問題あり。「約定」か否か、「担保物権」か否かを、「実際の訴訟の流れ」の中で、準拠法への送致前に、如何に決するかの問題）につき、現行規定につき「大きな問題は指摘されていない」が、「複数の国々に所在する物を一括して担保提供するような場合に、目的物それぞれの所在地法上の要件を充足する必要があり、資産流動化の促進という観点からは、問題が生ずる余地がある」、と同前・一五〇頁にある。

この乙案に対し、同前頁では、「それほどの実務のニーズがあるのかとの疑問もある」し、「債権」と「動産」では違う（7dで論じた点と対比せよ!!）、云々との理由のゆえに、現状通りの甲案がある、とされている。

ともかく、「実務のニーズ」は、この個所でも『自白』されているように、具体的には何ら把握されていない（!!）。

「複数の国々に所在する物、［乙案においては、「動産」とあった。――7bの最後のパラグラフと対比せよ!!］を一括して担保提供するような場合」とあるが、この乙案においては、「静態的」に、ABC……N国にいわゆる「動産」があり、その一括譲渡ないし担保権設定等をする場合が、考えられているにとどまるようである。本稿［1］5d以来の「静態的（!!）」な問題関心を、そのまま引きずるもの、である。

だが、その「一括譲渡」（ないし一括した担保権設定）を争う者がABC……N国で、それぞれ出て来て、それぞれの国で対象の「物」を仮差押え等した上で訴訟が起きたら、どうなるか。

「債権譲渡」の場合と同様、我国の中だけを固めても、この種の「動態的」な現実的展開の中で、乙案的な、「静態的」な、『波風』の一切立たない状況での「資産流動化」対応の論は、それだけでは済まないことになる。「債権譲渡」の場合よりも、一層、分かりやすい展開、のようにも思われる。

面倒なら、ABC……N国に所在する動産を、F国（法廷地国）に集めてから「一括譲渡」することも、一つの対応であろう。その方が、起こり得る世界各地での訴訟との関係では、賢明かも知れない。「動かす事」が現実的に出来れば、の話ではあるが。

例えば、「国際的な証券振替決済」等の場合に、今時あまり流行らないのかも知れないが、仮に各国にバラバラに寄託されている「証券現物（definitive certificates）」の「一括譲渡」が問題なら、そのような指示を出して、F国に証券現物の寄託先を変えてもらう、等のことも、場合によっては可能であろう（なお、石黒「ユーロクリア・システムをめぐる若干の論争と様々な誤解〔上〕〔下〕」貿易と関税一九九五年一一月号五〇頁以下、同一二月号四四頁以下）。だが、第三者の差押等がその間に別途あれば、『「静態的」考察の限界』が、顕在化する。

この乙案においては、「第三者に対する効力」のみが「目的『物』所在地法」から切り離されて、「担保権者（「担保権設定者」）・「譲渡人」の「常居所地法」によることになる（同前報告書・一五〇頁）。その説明の中には、既述の priorities 問題への直接の言及はない。ただ、同前・一五〇―一五一頁がアメリカのUCCや、UNCITRAL に合わせようとしていることからしても、（また、本稿〔1〕5d〔各所に配布済みのA4版計三〇頁のもので言えば、その二四頁〕の、二〇〇一年国連条約における屈折した priorities 問題の取り扱いからしても!!）priorities 問題も含めた上での乙案、なのではあろう。

だが（!!）、対象「物」につき、各種の担保権設定をしたとする複数の者、譲受人等、そして、それらの譲渡や担保権設定が無効だなどとして譲渡人が、法廷地国（我国、とは限らないが、一応我国とする）で争う場合の優先劣後問題、即ち、priorities の問題は、7dの項目（証券発行を伴う場合の、対象物たる「物」についての「引っ張り合い」!!）では、甲案・乙案ともに当該「動産」の所在地法によるとされていた。そことの「平仄」（!!）が、合っていないのではないか（!!）。かかる主義の不統一は、大きな問題のはずである。

そもそも「資産流動化」などと言う『もっともらしい所』から（のみ）出発するから、こうした「混乱」が起きるのである（!!）。同前・一五一頁の非常に杜撰な「立法例など」の表にも、英仏独はカッコつきの甲案（目的物所在地法）、アメリカのみが乙案とあるが、『アメリカに靡きたい症候群』は、そこからも、強いニュアンスとして伝わって来る。

f　いわゆる「法定」担保物権の準拠法

まずもって、石黒・前掲国際私法（新世社）一七九―一八五頁、同・前掲金融取引と国際訴訟三一四―三二三頁を見よ、と言いたい（!!）。「実際の訴訟のプロセス」において、「法定」担保物権なるものを、一体どうやって準拠法選択上の基準とし得るというのか（!!）。

そもそも、同前報告書(2)一五二頁の甲案として示された「多数」説（従来の通説であろう）なるものが、久保岩太郎教授の、かのフランケンシュタインの学説との格闘の結果としての、屈折に満ちた

「誤解」を、更に単純なテーゼとし、単にそれを半世紀以上も（!!）「祖述（!!）」して来たことは、『大きな学問的な罪』（!!）と言うべきものである。即ち、誰一人として、久保教授の分析の深みに降りて検証作業を行うことなく、今日にまで及んだ。そこが、私としては、断じて許せないのである（同様のことは、特許独立の原則やいわゆる属地主義に関する問題についてもある。石黒・貿易と関税二〇〇四年七月号七〇頁下段の太字部分を見よ!!）。

ところが、同前報告書・一五二頁冒頭は、「我が国の学説上、法定担保物権の成立に関しては、目的物所在地法と被担保債権準拠法が共にその成立を認めている必要があると解するのが多数であるが、かかる見解と現行規定の文言との間には齟齬があるということになる」、などとする。「齟齬」があるのは、そっちの方だ、と声を大にして私は言いたい。久保教授の学問的御労苦に、真に報いるためにも（!!）。

わずか一頁半分の説明は、同前・一五三頁の、誠に杜撰な「立法例など」の記載を措くとしても、不十分極まりない。同前・一五二頁には、甲案（従来の通説）によると、「法定担保物権と約定担保物権との間で取り扱いに国際私法上も差異を設けることになり、その当否が問題になる」、といった程度のことしか、書かれていない。何という踏み込みの無さか（!!）。情けない。

これに対して、規定を置かぬ乙案は、「近時の我が国における有力説」として、「はしがき」執筆者の説、つまり、目的物所在地法で十分とする説だと、そこにある（そこに、抱き合わせで私のものが、単に儀礼的にのみ引用されているが、同前・一五二―一五三頁のその本文の説明は、何ら私の書いた内容と関係なく、完全に「はしがき」執筆者のものになっている。引用の仕方が、そもそもなっていない。誤解を生むし、私にとっては極めて迷惑な話、である）。

全くもって、物事の上っ面を辿るのみの「説明」には、反吐が出る。「立法例など」に関する同前・一五三頁に、「甲案のような特別の規定を有する立法例はみあたらない」とあるが、「見当たらない」のは何故かを、深く考えるべきであろう。全く、「学問的な深み」というものが、感じられないのは、本報告書全体について言えることだが、ここは特にひどい例の一つ、である。

それと、『もう一つ、重要なこと』がある。既述の「論理破綻した従来の通説」、即ち、甲案に従った下級審判決もある旨、同前・一五二頁の注四〇〇に、三つの判決のみがあげられているが、谷川久教授の学説の影響で「法廷地法」によるとした判決も、最近は増えているのに、それへの言及が一切無い（!!）。判例の挙げ方自体がunfair（!!）、なのである（!!――但し、私自身は、こうした判例を、「船舶の実際の所在地法」によったものと、善解する余地がある、と把握している）。

それが何故かを言えば、本稿［2］6のb―1の、『おぞましき図式』云々の右傍線を付した記載の三つ後のパラグラフ（本書一〇八頁）以降で『証拠品』として示した、本報告書「はしがき」執筆者の、落合＝江頭編集代表・前掲『海法体系』六七五頁以下に示された「法廷地法の不適格性」の論が、ダイレクトに、ここでの「案の掲げ方」に、反映しているからである。

そうでありながら、6b－1、そして6f－3で強調したように、この「はしがき」執筆者は、契約外債務全般について、実質的な「法廷地法主義」を、「法務省との取引」として、容認しているのである。「単なる主義の分裂」を越えた、「研究者」として到底許されざること（!!）、である。

なお、後述の本稿［2］の8aの、船舶・航空機の「物権関係」の項目に、丙案として、（思い出したように!!）「『法定担保物権の効力』という概念に『他の担保物権との優先劣後関係』が含まれることを前提として」云々との規定案が、付加されている。本稿［2］の7dで再度扱ったprioritiesの問題である。そこを改めて、参照されたい。

g　動産・不動産以外の財産権（債権を除く）に関する物権準拠法？

いい加減に、思いつきで規定案等を出すのは、やめにして欲しい（!!）。

「動産・不動産以外の財産権（債権を除く）」なるものにつき、「当該財産権の準拠法による」とする甲案と、規定無しの乙案が、同前・一五四頁にある。

甲案が念頭に置くのは「株式や知的財産権等……に関する物権関係」だ、と同前頁にある。「株式」

について言えば、同前頁には、「株式の準拠法」は「法人の設立準拠法」になる、とある。規定を置かぬ乙案でも「同様の処理がなされるであろう」とも、そこにある。

だが、『ペーパーレス化の問題』（なお、石黒他・前掲国際金融倒産三七四頁、及び、三九二頁の注三三［石黒］参照）を度外視して言えば、「株式の準拠法」との捉え方は、実にミスリーディングである（!!）。

例えば（!!）、「株券」がどこかに寄託されていて、その証券現物を巡る「物の引っ張り合い」で訴訟が起きたとする。その場合にまで「設立準拠法」によるのか。これはむしろ、「目的物所在地法」によるべき問題であろう。

「物の引っ張り合い」終了後の株主名簿への登録等については、「会社の内部関係」（石黒・前掲落合記念論集所収論文五九三頁以下［本書第三部２⑵］）の問題として、設立準拠法によるとしても、その前段階の前記のごとき紛争については、別扱いすべきであろう。

次に、「知的財産権……に関する物権関係」とは、一体何のことか。同前報告書⑵一五四頁は、そもそもその場合に、何が「当該財産権の準拠法」かを、何ら明示していない。本稿［２］６のｄ─三のニ（知的財産権の侵害）の項目との関係も、不明確である。「知的財産権それ自体を規律する準拠法について規定を置く立法例はあるものの、甲案のような立法例は見当たらない」、とする同前・一五五頁の「立法例など」の表でも、米英独仏とも、「このような成文規定はない」、とある。一々書いてはこなかったが、本報告書(1)も、そしてそれを受けたその(2)も、「国際的な標準」との一致を目指し、明確で一義的で透明性を有し、法的安定をひたすら目指すもの（「はしがき」執筆者の歪んだ世界観!!――既述）ではなかったのか。そんなことはどこかに吹き飛んだ上での、思いつき、である（!!）。

h　準拠法選択上の一般条項

甲案は規定無し、乙案は、またしても（!!――本稿［2］6のb―4冒頭を見よ）、「〇〇条から〇〇条の規定にかかわらず……」との不明確でやる気のない形での、一般条項（「最密接関連地法（回避条項）」）を示す。同前報告書(2)一五六―一五七頁、である。

一般条項への反情が執拗に語られ（なお、本書三六、一三四頁を見よ）、私見が俎上に上げられ、「仮に乙案を採るとすれば、すべての単位法律関係を対象とする一般的な回避条項を置くことの是非を検討する必要がある」、とある。――その意味するところは、『乙案をここで採ると、物権に限らず問題がやたら大きくなるが、それでいいのか』、との点にあろう（!!）。そのはず、である。

だが、米・独・スイス・オーストリア・韓国等の例が乙案に立つものとして挙げられている。「はしがき」執筆者に改めて聞きたいが、「国際的な標準」は、どこにあるというのか。
なお、「英国」につき、「そもそも、物権（??）に関して、原則的牴触規則についての成文規定はない」、などとされている。実に、粗雑な論じ方である。次の項目についての、同前・一五八頁に、アメリカについて「大陸法系諸国のように物権と債権とが厳密に区分されていない」との、これまた不十分な指摘があることから、遡って考えるべき点である。

i　当事者による準拠法の選択――重大なカラクリ！

同前・一五八―一五九頁である。一々これも書いて来なかったが、随分前の個所から、「疲れた(!?)」のか、本報告書の説明が、簡略（というよりは「更に［!!］貧弱」）になって来ている。規定無し（「当事者自治を認めない」）の甲案と、「当事者は、物権の得喪につき準拠法を選択することができる。ただし、第三者に対抗することはできない」との乙案、である。

▼▼　おかしいのは、この乙案につき、同前・一五八頁で、「契約準拠法と物権準拠法が……当事者自治を認めることによって同じ準拠法によることとしようとするものである」、とされていること、である。その保証が、乙案として示された規定案において、一体何処にあるというのか(!?)。

だが、ここには、おそらく「重大なカラクリ」（!!）がある。

この点で、同前頁の「その他の留意点」において――

「物権準拠法に関する当事者自治の導入の検討に際しては、不法行為等［!!］、現行法下では当事者自治が認められていなかった単位法律関係における当事者自治の導入についての検討状況をも考慮する必要がある。」

――とある。

本稿［2］6のb―4、そしてそのf―3の末尾に「強調マーク」（というよりも、「警戒アラーム」!!）を付して指摘しておいた点を、まずもって想起すべきである（!!）。

つまり、『契約外債務』全体の頂点に、みごとに『君臨』するのは、「法廷地法（!!）の事後的合意」、である。そして、本稿［1］3のeの、「契約準拠法の事後的変更」もある。後者でやはり法廷地法が選択されることを極力期待し……、ということならば、前記の▼▼マークの点は、何ら「おかしい」ことではなくなる（!!）。

この「カラクリ」に気づくかどうかも、所詮は「感性」の問題ではあるのだが（!!）、「彼ら」の「本音」は、間違いなく「そこ」にある（!!）。

8　船舶及び航空機に関する特則

同前報告書⑵一七九―一八一頁の「共同海損の準拠法」については、既に、本稿［1］の2⑵で検討した。そこで、それを除く部分につき、以下、見て行く。だが、七月五日月曜日には、忽那海事法研究会での、第二回目の検討がある。それまでに、本報告書⑵については、一応書き終えるつもりだが、そこでの検討を踏まえ、適宜、事後的に加筆するつもりである（［2］8末尾の＊の個所参照）。それでも、日弁連での検討会（二〇〇四年七月一六日に開催）には十分に間に合うゆえ。

a　船舶・航空機の物権関係の準拠法

同前報告書⑵一六七―一七五頁であり、随分とここは頁数が多いが、これも、「はしがき」執筆者の海事国際私法の論文がある為のこと、であろう。

なお、同前・一六一―一六六頁には、「検討の前提」として、主として海事関連の基礎知識的な叙述があるが、「航空機」については、同前・一六三、一六五頁で、「国際民間航空条約［いわゆるシカゴ条約」一七条、一八条」が挙げられているのみ、である。

「彼ら」は、「シカゴ体制と『戦後』」から説き起こし、「一九五二年の日米航空協定と『戦後』として、日米航空交渉の約半世紀にわたる展開をフォローし、そして、『一九九八年初めの歴史的な日米航空交渉妥結（不平等条約の解消!!）』のベースとなった、石黒・日米航空摩擦の構造と展望（一九九七年・木鐸社）の存在など、全く知らないのであろう（運輸省航空局の方々には、執筆のみならず、「現場」での交渉との関係でも、大変にお世話になった――と言うより、黒田元航空局長［その後、事務次官］、土井元運輸審議官等々、皆、私の「戦友」と言うべき方々、である!!）

今日は、この位にして置こう（二〇〇四年七月二日午後五時四三分。点検終了、同日午後六時三六分。もろもろ準備して翌七月三日午前一時五五分に執筆再開）。

甲案は、規定無し、乙案は、「登録地法／旗国法」によるとの案、丙案は、本稿［2］の7d・fで一言したように、乙案に加え、思い出したように（!!）「法定担保物権の効力」の概念に「他の担保物権との優先劣後関係」が「含まれることを前提とし」云々の規定案を、付加するもの。だが、既述のごとく、「法定担保物権」なるもの（!!――既述）一般について言えば、かかる「競合状態」は、何も「他の担保物権」との間でのみ生じ得るものではない。それこそ、「物権・債権」入り乱れて、priorities 問題が生じ得る。石黒・前掲国際私法（新世社）二九六頁の、立体的な図33を参照して頂きたい。

ともかく、ここでも、基本となる乙案について、同前・一六七頁注四四九において本報告書「はしがき」執筆者の、「船舶は観念的に「旗国」に所在すると解釈［!?］する」旨の立場が、わざわざ引用されている。その線で規定案を、作ったのである。

従って、海商法・国際海商法の分野での有力学説で、実務にも影響力の大きい「谷川説」等は、規定案にそもそも反映されていない（!!）、というunfairな扱いを、ここでも（本稿［2］7fの最後から四パラグラフ目〈本書一七八頁〉参照）、受けている。それどころか、同前報告書⑵一七三―一七四頁の、「案に掲げなかった問題及び見解」の中に、「谷川説」はそもそも、入っていない（!!）。

更に、「船舶」の「物権関係」との、ここでの文脈において、ようやく、谷川説の影響の下に、いわゆる（!!）「船舶先取特権」関連で「法廷地法」（但し、それを、船舶が、差押等で実際に動きを止めた、その現実所在地法によったものと、善解する事も出来る、との点につき、石黒・前掲国際私法〈新世社〉一八五頁、二四九頁注四九七引用のものを参照）によった最近の判例が、そして、判例としてのみ、注の中での執拗な否定的コメントと共に、引用されている。

こうした現象が何故起こるのか（私の学説への組織的・意図的無視は、ここだけの話ではないので、触れない)。それは、本稿［2］6b—1後半で言及した、「はしがき」執筆者の『海法大系』所収論文があるから、としか考えられない。谷川説は、ここにおいて、〝パージ〟されたのである。そうしつつ、「はしがき」執筆者は、契約外債務全体の「頂点」に、実質上「法廷地法」を君臨させる「法務省サイド」の意向を、「取引」の結果として受け入れたのである。

b　船主責任制限の準拠法

同前報告書⑵・一七六頁以下、である。規定無しの甲案、手続開始地法によるとの乙案が示されている。同前・一七六頁の仙台高判平成六年九月一九日判例時報一五五一号八六頁は、判例評論四五一号(一九九六年)六六—七一頁で、私がかなり詳細な評釈を試みたケース、である。この領域は、船主責任制限条約の批准によって、法廷地国際私法(抵触法)への特則が設けられたものである(石黒・同前六九頁。特許権等のパリ条約の場合と同じである。同・貿易と関税二〇〇四年三—一〇月号)。しかも、その条約による特則が、船主責任制限手続関連のかなりの核心部分にまで及んでいる(同前・判例評論七〇頁)。

さて、同前報告書・一七七頁の、甲案(規定無し)の説明において、「船主責任制限を……公法上のものと理解」すれば、規定は必要ないとの、(引用は無いが、実は)「はしがき」執筆者の、「私法的法律関係」・「公法的法律関係」を峻別する(「法務省サイド」には、太平洋戦争時の種々の問題に関する最近の訴訟との関係で都合がよいが［!!］）独特の破綻した議論（石黒・貿易と関税二〇〇四年一〇月号の連載でも批判するが、本書四八―四九頁参照）の裏打ちのあることが、示されている。

だが、問題は、同前報告書・一七七―一七八頁の説明中に、（同前・一七六頁には、その存在のみが指摘されていたところの）既述の条約との関係（!!）での言及が、一切無いこと、にある。「法務省民事局」が付いて居ながら、実におかしいことである。石黒・同前評釈にも示したドイツでの従来の議論（前記の条約との関係でのそれ）等との対比が、必要であろう。

c 船舶衝突の準拠法

同前・一七九頁以下の「共同海損の準拠法」は、既に本稿［1］2(2)で取り上げたので、同前報告書・一八二頁以下の、「船舶衝突の準拠法」に進む。

甲案は、規定無し、乙案・丙案とも「公海上の船舶衝突につき……」とするものであり、乙案は「同一旗国法があれば」それによるとし、丙案は「関係船舶の旗国法」の「累積」適用による、とする。同前・一八二頁に、「乙案+丙案」が「多数説」だとして、キチンと「はしがき」執筆者のものも、引用されている。

同前・一八五―一八六頁に、「明文の規定が置かれている国はそれほど多くない」とあり、「立法例など」は、（もはや一々言わぬつもりだったが）各国の体系書からのつまみ食い程度のお粗末な代物となっている。

d　海難救助の準拠法

同前・一八七頁冒頭に、「契約にもとづかない海難救助」のみをここで扱う、とある。甲案は規定無し、乙案以下は「公海上の海難救助」につき、それぞれ、乙案は同一旗国法があればそれによるとし、丙案は「救助船舶と被救助船舶の旗国法」の「累積」、丁案は、そのいずれかの(!?)旗国法による、とする。丁案は、同前・一八八頁からも、どちらの旗国法によるか、フィフティ・フィフティの状況にある。これで、「明確性・一義性」云々の、一々再説しないつもりの、例の問題は、一体どうなるのか。

同前・一八七頁の注五〇一に、やはり、「乙案＋丙案」が「はしがき」執筆者の説であることが、示されている。ご丁寧なこと、である。

同前・一八八頁に、一九一〇年の海難救助条約の批准ゆえ、「準拠法の決定が問題となる事例はあまり多くない」ことが、甲案の理由とされている。最判昭和四九年九月二六日民集二八巻六号一三三一頁が、同条約四条と我が商法八〇〇条とを「全く同一」だとした点の問題性（石黒・前掲国際私法

［新世社］一〇七頁）等は、そこで念頭に置かれて居ない。他方、ここで条約を持ち出すなら、船主責任制限条約（既述）はどうなっているのか、とも問いたい。

同前報告書・一八八頁で、この問題につき、「特に規定を置いている立法例はほとんどない」、とある。おかしい。「はしがき」執筆者の言う「国際的な標準」に、合わせるのが、ここでの立法化の出発点では無かったのか（!!）。

しかも、「イギリス」につき、「裁判例も存在しないようである」（??）として、「不明」とある（ちなみに、このあたりの項目では、イギリスについて、Dicey/Morrisだけを見ているという不健全な現象があり、それが、本稿［1］2⑵でも、我国「共同海損」実務の真のエキスパートたるM氏の、痛烈なる批判の対象となっていたことを、ここで再度想起せよ!!）。

「アメリカ」についても、同様に「不明」とあり、「裁判例を検索したが、発見できなかった」、とある。『お見当違いのところを捜しているのではありませんか』、と言って上げたくなる（後述）。

e　船舶又は航空機内部における事務管理・不当利得・不法行為、等

「船舶又は航空機内部における事務管理・不当利得・不法行為」が、同前報告書・一九〇頁である。

甲案は規定無し、乙案は、公海上でのこうした出来事につき、船舶の旗国法、航空機の登録地法による、とする。まずもって、同前・一九一頁の「明文の規定を置く立法例はほとんど見られない」ことからして、即刻、「却下」すべきである。

次の項目として、「沿岸国の主権的権利が限定的にのみ認められている排他的経済水域等が、目的物の所在地や原因事実発生地となる場合における準拠法」の、同前・一九三―一九四頁が最後の項目となる。

だが、もはや、この種の『パ、、、、ラノイア』現象と付き合う必要は無かろう（!!）。同前・一九四頁に、「特に立法例は見当たらないようである」とあることからして、これも「却下」。

ここでは（否、ここでも!!）、本報告書(1)「はしがき」の、「法例には国際的な標準と整合しなくなっている部分が相当に目立つようになってきている」から「改正」をするのだ、といった「そもそもの初め」との関係は一体どうなっているのか、とだけ言いたい（こうした現象の、「はしがき」執筆者の内面とのリンケージについては、石黒・前掲国際民事訴訟法［新世社］二七五―二七六頁を見よ。同じ「周波数帯」での出来事、である!!）。

＊ 二〇〇四年七月五日忽那海事法研究会での第二回目の検討結果の概要

本稿［1］2(2)に続く、第二回目の検討であり、前回以上に、殆どのコア・メンバーが集まり、白熱した討議がなされた。本報告書(1)にも、そして、再度、前記『海法大系』に所掲の、本報告書「はしがき」執筆者の論文にも目を通されたコア・メンバーのF弁護士（前回はやむを得ない事情で欠席）からは、大略、以下のごとき指摘がなされた。即ち、「彼」の「旗国法」に関する議論には、そもそも全く説得力がない。それに加えて、例えば（！）、全く船舶関係の法制度の無い途上国に自己に有利な内容の「海商法」を売りつけ（！）、それをその国（複数の国名が挙がったが、それはここでは伏せる）の法制度とした上で、それに基づき船籍をその国に誘導し、マージンを更に取るようなビジネスのあることを、「彼」は全く知らないのではないか。

他方、『そもそも、船舶（外航船）というものは、世界各地の港でサービス提供を受け、それで世界中を回り、そして、二〇年か三〇年かの命を終える』のである。各地で受けるサービスに付着する担保権（その成立）は、『その御蔭で船舶が無事一生を終えられるのだから』（!!――深い印象を、私を含めたメンバー達に与えた言葉、である）、その地の法（私の言葉で言えば、その時々の船舶の現実の所在地法）によるべきで、それをも旗国法とするというのはおかしい。

谷川教授の「法廷地法」説につき、石黒が、本則に戻って「船舶の現実の所在地法」と言う形でそれを基礎づけ得るとしていることに、改めて気づき、それに賛同する。いわゆる「法定担保物権」につき、我国で船舶の差押えをするときに、以前は、裁判官が従来の通説（既述）に従い、被担保債権の準拠法を気にしていたが、最近はそうでなくなり、谷川説の影響が船舶関係の実務にも着実に出て来ている（この点は、各メンバーの体験に基づき、同旨の指摘と共に、種々意見交換がなされたが、同じくコア・メンバーのT弁護士等からは、船舶を押さえようとして裁判所に行き、被担保債権云々について聞かれ、対応に数日かかって居たところ、当該船舶が港を出て行ってしまった（差押が出来なかった）実例も語られ、従来の通説たる、いわゆる「法定担保物権」の成立の準拠法に関する累積的適用説が、実務的にはimpracticalである点には、広い見解の一致があった）。

その関係で、本報告書に「船舶の現実所在地」は分からないことが多いかのごとき指摘があったが、テレコム技術の発達（私自身の専門！）で、そんなことは無い、等の指摘も、F弁護士から、なされた。

なお、F弁護士は、韓国の事情にも極めて詳しく、同国の制度についての本報告書の不十分さを御指摘頂いたほか、本報告書の基本スタンス（法廷地法を選択出来れば「弁護士」にとっても便宜、云々の、私も強く批判した点）につき、「何を言っておるのやら」、との強い批判が浴びせられた。本報告書の細かな内容にも、もとよりF弁護士の批判は及び、一例のみを挙げれば、本報告書⑵一七八頁の「船主責任制限」関連の個所で、「イギリス」につき、Patrick Griggs（現CMI会長）の基本書（Patrick Griggs, Limitation of Liability for Maritime Claims [3rd ed. 1998 : LLP]）を全く見て居ないことは、信じ難い、等の指摘もあった。

さて、当日の検討の順序で言えば、まず、本稿［1］2⑵でご登場頂いた、かのM氏が、海難救助のエキスパート（M氏の言では、日本の第一人者）O氏を研究会に招いて下さり、「海難救助」について、お二人から報告があった。M氏は、山戸嘉一・海事国際私法論（一九四三年・有斐閣）における

「海難救助の準拠法」に関する詳細な論述が、本報告書において、何ら言及されていないこと（本稿［1］2⑵と対比せよ）のみならず、既に同書に「ロイド救助契約標準様式」への言及もきちんとあるのに、本報告書⑵一八七頁の「海難救助」関連の個所（「契約」があれば「契約準拠法による」とあるのみ）は、例によって、実務を知ろうとしないで、先に行っている、との点についての批判がなされた。それを受けて、山戸・前掲書が古いから無視してよいということにはならぬこと（!!）を「立証」する意味で、O氏からは最新のLloyd's Form of Salvage Agreementに基づく世界の海難救助の実態と、紛争処理の実際についての、報告がなされた。従来は、仲裁が主であり、最近はその前に示談で済むケースが増えている、とのことである。

それを受けての討議となったが、現実には①正式のLloyd' s Open Formによる海難救助契約を締結すると、そこにはLondon仲裁によって救助報酬が定まることが約されていることから、救助報酬が幾らになるものかについて不安を抱く船主が、救助業者との間に、危難に瀕した船について一日当たり幾らと定める曳航契約を締結することが往々にしてあるが、曳航中に天候が悪化したり、曳航索が切れるなど状況が変化したとき、サルベージ会社（特にケープタウンを基地とする業者）がその時点から は曳航契約ではなく、契約によらざる海難救助になったと主張し、船主は、いやあくまで曳航契約だと言って争うというケースが一九八〇年頃かなり頻繁にあったということがメンバー複数から紹介された。また、②「トレジャー・サルベージ」と言って、金塊を積んだ船舶が沈んで一〇〇年経ち、海底探査技術の進歩でそれが引き揚げられ、旧所有者との争いになった最近の実例も、忽那先生から紹介された。——実は、この①②とも、「海難救助」なる概念の外延をめぐる問題であり、その点が不明確な本報告書に対する、エレガントな形での批判であった。

だが、そこから皆がヒート・アップして来た。同前報告書⑵一八七頁の、規定案たる乙案・丙案・丁案に対して「こんなもの、いらない！」と言われたＦ弁護士、そして、「救助船と被救助船」の一対一の関係を想定するそれらの案は、単純な場合のみを想定し過ぎているとしたＩ弁護士。ちなみに、Ｉ弁護士のこの指摘は、前記のＯ氏に実務の確認をした上で、複数のサルベージ会社が共同で救助に当たる場合、あるいは日本船につき遠隔地での救助が必要となった場合に、日本のサルベージ会社が元受になり、現場に近い外国のサルベージ会社が下請けとなり、それで「救助」する、といった場合等、のあることを、踏まえたものである。そして、契約によるのが殆どであり（この点は多くのメンバーが指摘）、公海上で漁船同士が助け合う場合、等は別にあるが、ともかく「想定が単純すぎる」、つまりは実務を知らずに書いている、との本報告書に対する批判、がなされた。

なお、前記の①につき、忽那先生は、当該事例がアメリカの某裁判所に行ったことを指摘され、そもそもＡＭＣ（American Maritime Cases）においては「トレジャリー・サルベージ」が一つの項目になっているが、「準拠法」としての認識は薄く（これは、石黒・前掲国際民事訴訟法で言及した英米の対物訴訟の場合と「似た」現象である）、ともかくアメリカの法規で処理されている、との点を、ご指摘下さった。

これは、本報告書⑵一八九頁で、英米において裁判例が存在しない「ようである」的な、突っ込み不十分の極とも言うべき指摘のあったことと関係する。例えば、イギリスについても、「ロンドン仲裁」となれば、もめれば裁判所に行く。そのことも考えるべきなのに、ということでもある。

次に、「公海上での船舶衝突」、「船主責任制限」、いわゆる「法定担保物権」につき、研究会コア・メンバーのT弁護士からの報告がなされた。その中で、外航船の差押、換価、配当についての実例を裁判官自身が紹介した、小川英明「外国船舶の任意競売の一事例――サブラ・コア号、バナナ・コア号事件について」判例タイムズ三四五号（一九七七年）六七頁以下という、私にとっても誠に懐かしい文献（石黒・前掲金融取引と国際訴訟でも引用）に基づき、種々の論点につき、討議がなされた。

実は、その内容の大半はF弁護士の指摘として既に指摘した部分に、織り込み済み、である。特に、我国では、東京地裁の小川判事による前記論文と、そこで引用された谷川説をベースに、ともかく我国に本船があれば日本法（法廷地法だが、船舶の現実の所在地法でもある!!）で「法定担保物権」を処理する実務が定着して来ているのに、どうしてその実務の流れにまかせず、こんな立法をするのか、との点が一つ。そして、（これは私が注意喚起したのだが）肝心の谷川教授が、自説への不当な扱いについて、そもそも御存じないのではないか、との点もある。海法会内部にコミッティーが出来（但し、そこにも本報告書「はしがき」執筆者が顔を出していた、とのこと）、本報告書、そしてそれを適宜参照する形で進められている法制審議会での論議に対し、意見は述べたようだが、その検討メンバーに谷川教授ご自身は入っていなかったようでもあり、そうだとすれば、谷川教授にこの点を、早く知らせるべきだ、と私が発言した。

なお、小川判事の前掲論文については、私の方から、各国で「成立」した船舶自身に対する「担保権」の、（新所在地たる）我国での「存続」につき、我国物権法秩序への「引き直し作業」が実際には大変であり、そのことが小川論文でも、はっきりとは書かれていない点（これも、一九八三年刊行の石黒・前掲金融取引と国際訴訟以来の問題関心、である）につき、メンバーへの注意喚起を行った。

全体として、猛烈なる熱気（そして湿気！）に覆われた、〝世界レベル〟での数時間にわたる検討であった。忽那先生からは、私に、「どうして実務に任せるということが出来ないのでしょうね」とのご下問が何度もあった。そして、某メンバーからは、「海商法」関連の分担執筆者には「海商法」関連の研究業績が無いはずなのに、……、とのソフトでドスの効いた指摘もなされた（u. s. w.）。私からは、これだけ諸先生がご議論下さったことに深謝しつつ、イギリスの海事判例等の、ニュートラルなテーマの検討に戻ることを提案したが、名幹事のI弁護士からは、それは忽那先生のご意向で決めますと、ビシッと言われてしまった。

ともかく、七月五日までに本稿［1］・［2］をまとめねば、との一念での、この一カ月であった。

9 ［小括］ 法務省サイドの真の狙いは何か？——本稿［1］・［2］の執筆を踏まえて！

最後に、〝極めて重大なこと〟について、一言して置く。前記の8の各項目中、「契約外債務」関係の個所で、「特に規定を置かない」とする案の真の意味（重大なそれ）について、である。
本稿［2］の6b―1、そして、6f―3末尾で強く指摘（警戒アラーム!!）して置いたように、「契約外債務」の全体（!!）について、**「法廷地法」の事後的合意**（!!）**への、『蟻地獄的な誘惑の罠』**

が、巧妙に仕掛けられていること、を想起せよ（!!）。そして、次に、７ｉの▼▼マーク（本書一八二頁）と、その先の「重大なカラクリ」への、私の指摘を見よ。本当に、そうして頂きたい（!!）。①「契約準拠法の事後的変更」と、②「契約外債務」での巧妙な、disguised な形での「法廷地法主義」、そして、③いわゆる「物権問題」にまで波及する事を意図しての７ｉの▼▼マークの個所（!!）——それらを合体させたところで、一体何が見えて来るのか（!!）。

パラノイア的に「何もそこまで規定を置かずとも……」と少なからぬ人々が思うであろう規定案をわざと（放置して）「出させておく」ことは、その上で、「細かく多方面に目配りをして規定を作ろうとしましたが、やはり結局はこの程度になりました……」との、〝アリバイ〟（!!）にもなる。「法務省サイド」にとっての、「アリバイ」（!!）、である（!!）。

そして最後に残るのは、かくて、『契約・契約外債務・いわゆる物権』という、実に広汎な領域に仕掛けられた「罠」としての、「法廷地法主義への限りなき誘惑」である。そこが、法務省側の、究極の狙いであろう。

そしてそれが、①「外国人」には「日本人固有の氏は称し得ない」とし、「氏」の基本は「戸籍法」が定めるのであって「国際私法も民法も適用が無い」との、「大日本帝国憲法」時代以来の（!!）「渉外戸籍先例」をいまだに「墨守」し、②「外国会社」には、いくら社債契約の準拠法が日本法とされ

ていても、日本の「社債権者集会」関連の規定は適用されない、等々の、「排外主義的」・「閉鎖的」な〝思いこみ〟（!!）に固執して来た「法務省民事局」（なお、本書三六―三七頁、一三四頁をも見よ）の、今般の「法例改悪」への、最重要目的、のはずである（!!）。

実に周到、かつ、巧妙な「罠」ではあるが、「世界の流れ」に全く逆行するそれ、である。本報告書の「はしがき」執筆者やその「共犯者達」は、そのために「使われた」に過ぎない（!!）、のである。

――以上をもって、本報告書⑵への、私なりの批判的検討を、終えることとする。

＊　　＊　　＊

私は、一九九三年以来の日米通商摩擦では、日本政府（旧通産省・現経済産業省）を助け、論文等を書くと共に、実際に、USTR等と「現場」ないし「現場」に近いところで、常に戦って来た。その延長線上で、一九九八年初めの、日米航空摩擦の歴史的妥結（既述）に至る、「理論的基礎」を提供し、旧運輸省の方々と戦い、かつ、土井運輸審議官（当時）と、ワシントンD.C.での日米関係の航空問題に関する会議に行ったりもした。OECDのMAI（多数国間投資協定）作成作業や「規制産業の構造分離」論等とも戦った。NTTの技術力を恐れるアメリカ政府の妨害電波に汚染された人々と戦い、二〇〇一年の電気通信事業法等の「改悪」（その実、NTTの海外への身売りも可なりとする亡国的なそれ）も、永田町等にも乗り込んで、これを潰した。そして、二〇〇四年春、アメリカ政府に絶対的忠誠を誓った某公取委委員長の目論みによる「独禁法改悪」を、断固阻止した。

但し、戦い、のみではない（!!）。二〇〇四年秋まで私は、旧INTELSAT（現ITSO――国際機関である!!）のPanel of Legal Expertsのチェアマンをし、就任時に、同じパネル・メンバーの、かのICJ（国際司法裁判所）長官や、各国政府からの祝福も頂いた。私の「超高速通信ネットワーク」という本には、アイオワ州知事からの、私への感謝状も、本の冒頭に掲げてある。

何でそんなことを、ここで書くのか。私のこれまでの「敵」には、それぞれ、「実利」と結び付いた「目的」があった。だが、今般の「法例改悪」に限っては、「法務省サイド」の「目的意識」が、（一体何の為に既述の如きことにこだわるのか、という意味において）理解不能なのである（!!）。だから書きにくかったのでもあるが、ともかく、これで、七月中旬の「日弁連」の会合までに、何としてでも、と思っていた本報告書(1)・(2)についての、「批判」論文を、とりあえず書き上げたことになる。本稿［2］はここで一旦フィックスし、関係各所への配布を、七月五日に行う（以上、二〇〇四年七月三日午後三時四三分。点検終了、同四時一一分!!――これからプリント・アウト、である）。

＊　以上の本書第一部・第二部に続き、本報告書(3)(4)についても、書き続けるつもりではあったが、もはやこれまでに論じた諸点で十分、との判断に達した。以下同文、に近い内容だから、である。そこで、本書出版の緊急性に鑑み、いわば〝緊急避難〟として、私が落合教授還暦記念論文集において

公表した「国際企業法」の論文を、本書第三部として示し、本来あるべき「真の国際私法（牴触法）の姿」を、再確認して置くべきだ（ちなみに、本書第四部のドイツ語の論文も、同趣旨からのものである）、と思うに至った。本報告書⑶以下とも、深く関係する内容のものだから、でもある。落合教授も、かかる事態の緊急性を、必ずやご理解下さるはずである。

第三部

「動態」としての国際私法

── 国際企業法を素材として ──

1　国際企業法の全体像と本稿の射程

(1)　はじめに

落合誠一教授は、「これまでのわが国における会社の法的諸問題の検討は、国内的問題に集中し、国際的問題は不充分であったことは確かである」、としておられる[1]。だが、この傾向は、最近大きく変わりつつある[2]。私自身は、従来、右の落合教授の指摘と同様の懸念を抱き[3]、それを前提としつつ、国際企業法上の問題につき論じて来ていたが[4]、もはや現段階では、商法学の側からの種々の問題提起に対し、抵触法の一研究者として回答をすべき立場にあることを実感する[5]。

そこで、本稿では、かつて私が最も苦しい時期に唯一人私を支えて下さった落合教授への感謝の念に裏打ちされつつ、商法学の側からの問題提起に答えることを主軸とし、論じ進めることとする。だが、その前に、一言しておくべきことがある。

(2)　国際企業法の全体像

本稿で論ずる商法学の側からの問題提起は、主として準拠法の選択（と適用）という、最狭義の抵触法上の諸問題に対してのものである。だが、抵触法の全体系は、それにはとどまらない。国際民事手続法、国家管轄権の一般理論（域外適用問題等）にも及ぶ。[6]

ここで、一つの具体的な例を示しておこう。藤田友敬助教授は、後に細かく検討するその労作において、次のごとく論じておられる。すなわち、「取締役の義務違反に基づく会社（＝株主全体）に対する責任は、画一的確定の要請が強く……会社の従属法によって解決されるべき問題である」と述べられた上で、後に示す私見につき、「石黒……は、この種の責任も必ずしも従属法によらなくともよいとする趣旨か」[7]、としておられる。だが、そこで引用された私見は[8]、「団体法的色彩が強く統一的取扱の要請の強い事項は属人法（設立準拠法――後述）による」としつつ、実は、各国ごとに会社（企業）の属人法の決め方が違っていた場合を前提とし、どこで訴訟が起こるか（forum fixing）[9]を問題としている。つまり、A国法を設立準拠法とし、B国を事実としての業務統轄地（本拠地）とする企業につき、A国が設立準拠法主義をとり、B国が本拠地法主義（後述）をとっていた場合について論じてある。若干単純化すれば、当該会社の株主がA国・B国の二国に同程度存在していて、それぞれの国で、ここで問題とされている（前出・注（6）に続く本文で示した）事項につき、訴が提起されたとする。画一的確定の要請から、この点を当該会社の従属法（属人法）による、というところまではA国・B国で立場が同じであったとしても、（国際裁判管轄がA国・B国でともに肯定されれば）両国で適用される準拠法が異なり（A国はA国法、B国はB国法）、「実質法〔この場合は会社法〕レヴェルでの具体的判断が同一である保障は、どこにもないことになる」[10]、と私は述べていた。同一事項についての相矛盾する判決が、外国判決承認・執行制度との関係でどう処理されるかを、念頭においた立論である。

つまり、牴触法上の処理、換言すれば、現実のクロスボーダーな〝動態的〟状況下では、〝画一的確定〟と言っても、それを貫き得ない場合があることを、私は示したかったのである。したがって、前出・注（7）の本文の、「石黒は……とする趣旨か」との問いに対する私の答は、否である。

なぜこの例をここで出したのかの理由は、次の点にある。本稿**2**(2)**c**で後に論ずる藤田助教授の、示唆に富む労作（そこで示される数々の例）においても、惜しむらくは、国際民事手続法的な視点、特に法廷地（フォーラム）はどこかの点が、必ずしも明確ではない面がある[11]。この点が、前出・注（7）の本文引用部分と結びついているように、私には思われる。画龍点睛を欠くがごときこの点についても、更なる論及が必要かと思われる[12]。

ちなみに、右の例の中で示した点は、いわば入口での問題に近く、その先に、企業（法人格）自体に対する、ある国の収用措置が、国境を越えていかなる意味を有し得る[12a]か等の、一連の問題群がある。更に、まさに各国法規制の改革（いわゆる規制改革〔Regulatory Reform〕）や日米間等の通商摩擦も、広い意味での各国法の牴触（conflict of laws）の問題であり、徐々に、ただし急速に、日本の会社法制がその渦の中に巻き込まれている現状を、一体どう評価すべきかの問題がある[13]。後述の、国境を越えた株式交換の問題にも、アメリカの対日要求が背後にあることを、想起すべきである[14]。

こうした現象につき、「風の中の羽のように、いつも変わる日本の商法。……経産商法が法務商法を空洞化させる。……[15]」との、龍田教授の極めて含蓄のある言葉が想起されるべきであろう。これは、極めて根の深い問題である。

(3)　抵触法学の基本的アプローチと国際企業法

いわゆる国際私法（最狭義の抵触法——準拠法の選択問題）につき、かつて我妻榮博士が、『国際私法は単なる旗振りだ』と断じておられた、との〝言い伝え〟は、私の抵触法研究の出発点における鮮明な記憶として、明確に今も残っている。だが、準拠法選択についても、個別の紛争事実関係の重点（最も密接な関係を有する地）の所在を柔軟に把握しつつ、当該事案を、準拠法選択上、一体いくつに〝分断〟[16]し、当該事案の処理上、いくつの準拠法を登場させるべきかは、出発点における重要な問題である。複数の準拠法が登場した場合の、「選択された準拠法への具体的な送致（Verweisung）範囲の問題」[17]が、いわばそれに続く。四宮和夫教授の請求権競合論における国際私法上の問題への言及との関係[18]なども、この点で問題となる。

他方、例えば新堂幸司教授の、純粋な国内事件を念頭に置いた「判決の反射的効果」[19]論が、主債務・保証債務それぞれの準拠法が相異なる外国法である場合に、一体どうなるのかを問うのも、これまた重要な抵触法上の関心事項となる。それは、純粋な国内事件における、実体法と手続法との（日本という一国法秩序内における）「予定調和」[20]という前提を外した場合に、いかなる〝規範構造〟[21]が見えて来るか、の問題であり、〝国際的税務否認〟の場合にも、同様の作業が必要となる。「判決の反射的効果」のような場合には、（手続問題として性質決定される）法廷地手続法との関係での整理が問題[22]となるにとどまるが、破産法上の否認権等の場合には、法廷地手続法の〝手続的強制〟のファクターをどう考えるか(契約等の実体問題の準拠法[23]のいかんにかかわらず適用される規範内容の、摘出作業[24])が、問題となる。〝国際的税務否認〟の場合と同様の、〝規範構造〟の分析であり、言い換えれば、法廷地国の絶対的強行法規の適用の問題である[25]。

この点で注目すべきは、藤田助教授が、国際会社法上の問題につき、「そもそも……準拠法選択のルールにのってくる問題とそうではない問題とを区別しなくてはならない」とし、「絶対的強行法規」(準拠法のいかんにかかわらず、「ルールの趣旨などから直接的に〔その国際的な〕適用範囲を考える」べき強行法規)の問題を、正面から取り上げておられることである。のみならず、「証券取引法の中に、実は私法的な性格のルールが混じっていたり、逆に、私法的に見えるルール(例えば商法の一部の規定[26])が実は……絶対的強行法規……的な性格の規定であったりする」ことをも、正面から認めておられる。正当である[27]。

なお、一九九三年商法改正で導入された社債管理会社設置強制(商二九七条以下)の制度が、ユーロ市場で起債され、社債関係諸契約の準拠法が日本法とされた場合に、いかに適用されるかをめぐって、問題が生じたのは、まさにこの点と関係する[28]。江頭教授は、商法二九七条本文を「属地的強行規定」と解し、「社債契約の準拠法のいかんにかかわらず、わが国で募集される社債に」それが「適用」される、としておられる[29]。私は、「発行市場が国内か国外かでスパッと切り分けて考える江頭説が唯一の選択とは言えない[30]」との立場だが、別な問題がある。すなわち、〝法務省サイド〟は、江頭説に対して、「属地的な私法上の強行法規という概念が確立したものといえるかどうか疑問」だ、などとしているのである[31]。この法務省サイドの指摘は、基本的な牴触法学のアプローチへの無理解(別な問題もあり、後述する）を示すものであり、藤田助教授の、前出・注（26）の正当なる指摘に、回帰すべきである。[32]

ともかく、こうした「国際的民事紛争における基本的な法の適用関係」[33]が、日本を法廷地国とする紛争処理に際して、すべての前提となる。そして、それとは別枠で、前出・注（7）～（12）の本文においてその一端を示したところの、国際民事手続法的アプローチが、問題となるのである。

既述のごとく、商法学の側からの問いかけがなされてきているのは、主として準拠法選択の場面での問題についてである。以下、本稿でそれらの問題提起に対し、私の立場からの回答を試みる。だが、その際、私の基本的スタンスについて、やはり一言しておく必要があろう。私は、いわゆる法律関係の性質決定（〈最狭義の〉国際私法上のそれ）についても、「概念の一般的な限界づけをいかに行なうかという点に余りにも大きなウェイトを置きすぎていた従来の……議論」を問題視し[34]、「法律関係」よりも、実際の〝紛争事実関係〟に着目し、それを直視する。他方、後述の外国の裁判等[35]（外国国家行為）の承認・執行についても、誰と誰との関係で、またいかなる効果について承認の可否を論ずるかという、〝承認論の個別化[36]〟を、強く志向する。以上の点は、以下の議論の前提として、ご理解頂きたい。

（1）　落合誠一「国際的合併の法的対応」ジュリ一一七五号（二〇〇〇年）四〇頁。

（2）　例えば落合・同前三六頁以下を含めたジュリ同号には、「国際的な企業組織・活動と法律問題」との特集の下に、商法学の側からの貴重な論稿があり、江頭憲治郎・株式会社・有限会社法（第二版）

郵　便　は　が　き

料金受取人払

本郷局承認

2455

差出有効期間
平成17年2月
28日まで

（切手不要）

113-0033

東京都文京区
本郷6－2－9－102

信山社出版株式会社　行

※本書以外の小社出版物の購入申込みをする場合に御使用下さい。(5[K]540)

購入申込書	書名等をご記入の上お買いつけの書店にお渡し下さい。		
〔書　名〕		部数	部
〔書　名〕		部数	部

◎書店様へ　取次番線をご記入の上ご投函下さい。

愛読者カード お手数ですが本書の著者名・書名をご記入ください。

［ 著者名 ： 書 名 ］

フリガナ
ご芳名

年齢　　歳

男　女

フリガナ
ご住所

郵便番号　　FAX：
TEL：　　Eメール：

ご職業

本書の発行を何でお知りになりましたか。
A書店店頭　B新聞・雑誌の広告　C小社ご案内
D書評や紹介記事　E知人・先生の紹介　Fその他

本書についてのご感想・ご意見をご記入下さい。

今後どのような図書の刊行をお望みですか。また、本書のほかに小社の出版物をお持ちでしたら、その書名をお書き下さい。

（二〇〇二年・有斐閣）の随所にも、抵触法的問題への多くの言及がある。龍田節・会社法（第九版）（二〇〇三年・有斐閣）四五九頁以下には「国際会社法」の章があるし、落合誠一＝近藤光男＝神田秀樹・商法Ⅱ〔会社〕（一九九二年・有斐閣）二四七頁以下（落合）も同様である。そうした中で、時期的に見ても特筆すべきは、次注所掲のものにも示した龍田節「国際化と企業組織法」竹内昭夫＝龍田節編・現代企業法講座2（一九八五年・東京大学出版会）二五九頁以下の存在、である。

（3）石黒・国際私法（一九九四年・新世社）一一頁、二〇頁以下の注（25）を見よ。

（4）石黒・同前二九八頁以下、およびそこに所掲のもの参照。

（5）商法学・抵触法学の共同作業も、それなりに進みつつある。前掲〔注（1）〕ジュリ一一七五号のほか、落合誠一他「外国会社との合併・株式交換をめぐる法的規律（下）――ワークショップ」商事法務（以下、「商事」と略記）一六三六号（二〇〇二年）二八頁以下や、江頭憲治郎「商法規定の国際的適用関係」国際私法年報二号（二〇〇〇年）所収論文、等参照。

（6）石黒・国際民事訴訟法（一九九六年・新世社）参照。なお、同・金融取引と国際訴訟（一九八三年・有斐閣――以下、石黒・金融取引として引用する）二五五頁以下でも、「国際企業法的考察」として、当時（とくに一九八二年に）ユーロ市場で大問題となっていた「本邦企業の海外における転換社債発行と単位株（unit share）制度」（同前・二六九頁以下）などの最狭義の抵触法（国際私法）上の問題以外に、「国際的な企業活動と租税」（同前・二八二頁以下）、「国際的な企業の倒産・収用・国有化」（同前・二九〇頁以下）についても、論及していた。

（7）藤田友敬「会社の従属法の適用範囲」ジュリ一一七五号（二〇〇〇年）一一頁、一八頁注（19）。

（8）石黒・国際私法（新版）（一九九〇年・有斐閣プリマシリーズ新書）三五一頁。

（9）同・前掲〔注（3）〕二六頁。

（10）　前出・注（8）参照。
（11）　藤田・前掲〔注（7）〕論文中の〔例〕で、明示的なフォーラムの設定のあるのは、同前・一四頁の〔例〕の（1）、同前・一五頁の二つ目の〔例〕の（1）（2）のみであり、文脈から一応それを推定し得る場合はあるが、十分ではない。同前・一三頁の〔例〕では、「国際倒産」の「管轄」等については、「ここでは省略する」、ともある。
（12）　なお、石黒・前掲・〔注（6）〕国際民訴法一三五頁注（431）に続く本文をも見よ。
（12ａ）　同前・四五頁以下。同前・四六頁の「分裂会社（Spaltgesellschaft）」等。とくに、同前・八七頁注（181）。なお、同前・二七九頁注（781）、三二三頁以下の注（887）等にも注意せよ。
（13）　小塚荘一郎「国際法上の株主保護と投資家保護」ジュリ一一七五号（二〇〇〇年）五六頁以下、とくに同・六一頁注（27）は、「欧州市民社会」論（なお、石黒「フランス司法省＝パリ第一大学共催『インターネット法国際コロキウム』（二〇〇一年一一月一九―二〇日、於フランス国民議会）報告の邦訳（上）」貿易と関税二〇〇三年九月号三Ｉ．の注〔2〕を見よ）を背景にした正当なる欧州各国の抵抗によって挫折した、ＯＥＣＤでの多数国間投資協定（ＭＡＩ）作成作業、に対する私の「論調は全体としては、きわめて限定された問題〔!?〕のみをとり上げてＭＡＩ草案をおよそ批判するもののごとき印象を免れない。求められているのは、協定を国際的に受け入れられるものとしていくための、建設的な提案なのではなかろうか」、とする。石黒・グローバル経済と法（二〇〇〇年・信山社）一四七頁〜二三七頁の、九七・九八年ＭＡＩ案に対する逐条的な、そして包括的な批判について、なぜそのようなことが言えるのであろうか。また、そこで言う「建設的な」云々は、まさに社会の基本的な在り方自体が問われていたＭＡＩ作成作業や、同じＯＥＣＤの〝規制改革〟それ自体（同前・七五頁〜一四七頁で詳述）の提起する問題の根源（同前・四一七頁〜四五七頁。簡単には、同・国際摩擦と法〔新版〕〔二〇〇二年・信山社〕一九七頁以下の同書第三部）との関係で、いかなる意味を有するのか。石黒「GATSの下での貿易・投資の更なる自由化をめぐって――APEC向け提出文書（石黒報告書）の邦訳（上）（下）」貿易と関税二〇〇一年一月号四六頁以下、同二月号二〇頁以下、そして、同・法と経済（一九九八年・岩波書店）の全体を通して私が訴えかけた諸点に立ち戻って、再度考えて頂きたいと、切に願う。

(14)　落合他・前掲〔注(5)〕(下) ワークショップ二八頁以下の櫻井和人発言参照。若干付言すれば、二〇〇一年一一月七日の、日米間「規制改革及び競争政策イニシアティブ」の分野横断別部会で、アメリカ側が商法改正を最重要テーマと位置づけ、日本に対して、国境を越えた株式交換制度の重視を求めて来た。それに先立ち、同年一〇月一四日の、アメリカ政府の対日年次改革要請書でも、日本への外国投資の増大への〝大きな障害〟の一つとして、この点が指摘され、在日アメリカ商工会議所（ACCJ）・経団連ともにこれを支持し、二〇〇二年六月三日の経済財政諮問会議「経済活性化戦略（案）」にも、その(6)の「グローバル戦略（対内直接投資・頭脳流入の拡大）」で、この方向での制度整備の「促進」方針が示された。だが、落合他・同前四一頁以下の「実務のニーズ」についての精査、等の問題の他にも、龍田・前掲〔注(2)〕（第九版）四六八頁の若干慎重な書き振りに、注目すべきである。ちなみに、かの純粋持株会社解禁問題についても同様の展開があった（資本市場法制研究会編・持株会社の法的諸問題〔一九九五年・資本市場研究会〕と経済企画庁調整局対日投資対策室編・対日M&Aの活性化をめざして〔一九九六年・政府刊行物〕、そして"Japan-U.S.: Policies & Measures Regarding Inward Direct Investment & Buyer-Supplier Relationships", 34 I.L.M. 1340ff〔1995〕を、相互に対比せよ。だが、こうした抗し難い一連の流れの中にあって、一九九八年の銀行法改正にあたっては、日本の「銀行を子会社とする外国の持株会社」に対する同法の「適用」を、「銀行持株会社に対する銀行法の国際適用」、すなわち国家管轄権の一般理論〔石黒・前掲〔注（6）〕国際民訴法一三頁以下〕を踏まえつつ肯定する旨の方針が、明確に示されるに至った〔木下信行編・〔解説〕改正銀行法〔一九九九年・日本経済新聞社〕一五三頁〜一五四頁〕。一連の展開の背後にあるものを見据えた、正当なスタンスと言うべきである。

(15) 龍田・前掲〔注（2）〕〔第九版〕はしがき i 頁。
(16) 例えば石黒・前掲〔注（3）〕三一頁。同書三四七頁の索引における「準拠法選択上の事案の分断」の項目を見よ。
(17) 同前・三六頁以下。藤田・前掲〔注（7）〕九頁の、一―1の第二の問題がそれにあたる。
(18) 石黒・同前四〇頁以下。
(19) 同前・一一頁以下。
(20) 同前・一九三頁。
(21) 同「国際的〝税務否認〟の牴触法的構造」貿易と関税二〇〇〇年三月号五八頁以下。
(22) 英米の「パロール・エビデンス・ルール」に関する落合他・前掲〔注（5）〕〔下〕三六頁における落合教授の発言参照。なお、石黒・前掲〔注（3）〕一八九頁以下と対比せよ。
(23) 準拠法の〝カタログ〟については、石黒・同前三三頁の表2を見よ。
(24) 同前・二九五頁、同・前掲〔注（6）〕国際民訴法二九八頁以下。
(25) 同・前掲〔注（3）〕四六頁の図6、及び同「証券取引法の国際的適用に関する諸問題」証券研究一〇二巻〔一九九二年〕四頁以下、藤田・前掲〔注（7）〕九頁、石黒・前掲〔注（3）〕三〇一頁、等。
(26) 以上、引用は藤田・同前頁。同・一六頁注（2）をも見よ。
(27) 石黒・前掲〔注（3）〕三〇一頁。

(28)　同「社債管理会社の設置強制とユーロ市場（上）（下）」貿易と関税一九九四年一二月号五六頁以下（とくに六二頁以下）、同九五年一月号七二頁以下、および同・日本経済再生への法的警鐘（一九九八年・木鐸社）二一二頁以下。

(29)　江頭憲治郎「社債法の改正」ジュリ一〇二七号（一九九三年）三六頁。なお、同・前掲〔注（2）〕（第二版）五三六頁注（16）。

(30)　石黒・前掲〔注（28）〕（下）貿易と関税一九九五年一月号七二頁。詳細は同前頁以下。

(31)　原田晃治「社債をめぐる法律関係とその準拠法（下）」商事一三五八号（一九九四年）一〇頁。なお、石黒・前掲〔注（28）〕（上）貿易と関税一九九四年一二月号六二頁以下。法務省サイドの、この問題についての立場の概要につき、石黒・前掲〔注（28）〕警鐘二一二頁〜二一三頁。

(32)　藤田・前掲〔注（7）〕一六頁注（3）参照。なお、商法二一一条ノ二をめぐる問題については、後述する。

(33)　石黒・前掲〔注（3）〕四六頁の図6を見よ。

(34)　同前・一七九頁。

(35)　同・前掲〔注（6）〕国際民訴法二一六頁の表1を、まずもって見よ。

(36)　同前・二三一頁、三一八頁注（863）、三一九頁注（867）、等。

2　企業の属人法（従属法）とその適用範囲

(1)　属人法（従属法）の決定をめぐって

商法学の側においても、企業（会社）の属人法（従属法）を設立準拠法とする立場が、一般に支持されている。[37] 私は、すでに一九八三年の著書において、法例三条、民法三六条、商法四七九条以下の外国会社に関する諸規定の、立法趣旨を詳細に辿り、[38] 法例の起草者（穂積陳重・梅謙次郎の両博士）[39] が「法人に関する抵触法（国際私法）的規定を……規定し忘れた」とする一般の認識が誤りであること、末弘厳太郎博士によって、まさに〝法人の国籍〟[40] について展開された〝概念の相対性〟論が、当面する問題との関係では的外れであったこと、商法四八二条の（〝擬似外国会社〟規定としての）性格、[41] 等について論じていた。詳細は略するが、明治期における民法・商法、そして法例の制定は連続的なものであり、穂積・梅・富井の「民法の三起草者は……揃って内・外国法人の区別」を「国際私法の原則」によって行なうとする（外人法・抵触法の）一元論に立ち、かつ、設立準拠法主義をとることで、一致していた。[42]

だが、他方において私は、そこで、「外国ニ於テ認許シタル法人ハ当然我邦ニ於テモ其人格ヲ保有スル」[43] か否かという、「外国法人格の承認（認許）を……外国国家行為承認に近寄せた形で……処理しようとする当時の感覚……からは、設立準拠法説はむしろ当然の前提に近いものではなかったか」[44]

とし、さらに、「法人の成立……が国家行為……の存在を要件……とする場合には、外国での法人設立行為の承認は、民訴〔新一一八〕条的な外国国家行為の承認問題の一環として処理さるべきである」[45]、とも論じておいた。

この見方（前出・注（42）に続く本文に示したそれ）は、藤田助教授によっても紹介されているが[46]、そこにおいて共に引用された右の私見と道垣内正人教授の立場は、微妙ながら決定的に異なる。即ち、「明治の立法者の考えに回帰すること」[47]の重要性は同じであり、前出・注（38）の本文以下とほぼ同様の検討を経つつも、道垣内教授は、「立法者は、法人の問題が準拠法云々の問題ではなく、承認するかしないかの問題であることを前提として〔民法三六条を〕起草している」と、断言される[48]。だが、理論的には前出・注（45）の本文のごとく考えるべきだ、とは思われるが、明治期の立法者が、そこまで明確な認識を有していた、とまで断言することは出来ない、というのが私の見方である。だから私は、前出・注（44）の本文における引用の中で示したように、「当時の感覚」からして云々、と述べるにとどまっていたのである[49]。

法人格否認（後述）や商法四八二条の問題は別として、私は、「なぜ……例えばタックス・ヘイブン……にことさらに設立された実体なき現地法人の属人法についても設立準拠法の支配をそのまま認めようとするのか」を自ら問い、「一つには企業活動の継続性と内部組織の問題についての安定的規律〔ないし「統一的規律」[50]〕の必要とが、一般の契約の場合との扱いの差の理由ともなろうが、次の観点も重視すべきであろう」[51]として、外国国家行為承認のアプローチに言及した。

道垣内教授は、このアプローチにおける承認要件を、完全に民法三六条（及び商法四八二条）に拠らしめるが、[52]問題は「手続保障の要件」であり、「この点を日本から見てチェックすることはしない」立場が日本ではとられているとし、「民法四九条・商法四七九条」による「第三者保護」で十分とする。[53]そのことが、「会社の代表者等が第三者とした契約の会社への帰属」について、「私見によれば……専ら設立準拠法によればよい」[54]との、極めてドラスティック（ただし、結論としてはある意味で古典的）な道垣内教授の立論と、結びつくこととなる。[55]この最後の問題については、次の項目で論ずることとする。

(2) 企業の内部関係と外部関係

a 概観——大杉助教授の分析を軸として

「会社の（自称）代表者が……会社を代表して取引を行なったとき、その効果が会社に帰属するか否かを決定する準拠法」をダイレクトに問い、「法人……代表の準拠法を……代理の準拠法……と連続的に扱う」べきだと、その限りにおいて（後述）正当に論ずるのは、大杉助教授である。[56]ただし、大杉助教授の右の問題設定は、企業の〝外部関係〟の問題の一環、のはずである。[57]

龍田教授は、「外国会社の代表機関が権限を越える取引を日本でした、あるいは全く権限のない者が取引したときは、その取引に適用される法に基づいて表見代理・代表の成否が決まる」と、私見と同じ立場を、明快に示しておられる。[58]龍田教授は、「外国会社の代表機関や従業員」の「行為」について、「その……外国会社が責任を負うかどうか」も、従属法（属人法）ではなく、「法例一一条」、つまりは〝外部関係〟での、当該行為の準拠法による、としておられる[59]。企業（会社）の従属法（属人法）の射程を「会社の内部事項、あるいは組織法上の問題」に限定すべき点において、商法学上、私見に近い立場を最も明快に示しておられるのは、龍田教授である[60]。

さて、大杉助教授の所説に戻って、以下、論じてゆこう。大杉助教授の所説の基本は、「会社の従属法によって代表行為の効力」（外部関係でのそれ――既述）が決定され、「取引保護」の限度で「行為地法」によるとする「国際私法」上の「通説的見解」を、私見と同様、「疑問」視する点にある[61]。右の「通説的見解」の前半部分は、最判昭和五〇年七月一五日民集二九巻六号一〇六一頁が、「会社の行為能力問題」との性質決定の下に、「法例三条一項」の「類推」により、設立発起人と契約した第三者と設立後の会社との（外部）関係を処理した点と、共通する[62]。大杉助教授の批判は、まさにそこに向けられている、かの如くである（ただし、同判決への言及はない）。

だが、大杉助教授は、「行為者が会社を代表する権限の有無・範囲」は「会社の従属法によって決するしかない」とし、「取引の相手方」も「従属法を調べ」るべきだ、とする[63]。この点は道垣内教授の所説[64]と軌を一にする。そうでありながら、大杉助教授は、前出・注（56）の前半に示したように、この点での道垣内説を批判する。このあたりから、ある種の〝混線〟が始まる。

前出・注（56）の本文に示した問題設定の下に、かかる行為の「法人への帰属」についての「準拠法は、行為地法（ないし営業所の所在地法）」だとするのが大杉助教授だが、その結論は、各国「実質法」の内容がこれこれであり、「そうであれば……とすることが……適切である」、という形で導かれている。(65) これは、論理としておかしい。藤田助教授が「実質法としての……議論」と「抵触法上の性質決定とは次元が異なる」(66) としておられる点を、想起すべきである。(67) 大杉助教授が、「ウルトラ・ヴァイレス」につき、「先進諸国の……実質法」上の「法律構成」に従って「従属法……のみによる」(68) としている点も、国際私法上の性質決定の基本からして、疑問であるし、(69) 前出・注(65)の本文で示した所説と、一体どうつながるのか、理解に苦しむ。

大杉助教授は、「代理に関して内部関係と外部関係を区別してそれぞれにつき準拠法選択を行うわが国の多数学説や〔代理の準拠法に関する一九七八年の〕ハーグ条約の方法は、そのまま〔法人〕(71) 代表についても及ぼされるべきである」(70)、とされる。だが、代理に関する従来の日本の一般の学説(72) の論理は混乱に満ちており、それを右のハーグ条約を契機として再整理する必要あり、とするのが私見であり、右の指摘自体、抵触法的には納得がゆかない。

他方そこでは、私が「代理・代表権限の有無・範囲については授権行為の法によ」る立場だと紹介されているが、これは明確な誤りである。(73) しかも、大杉助教授は、私が「代表権限の有無・範囲」と「効果の帰属」とで「二つの段階を分けて異なる準拠法に送致する」大杉説と「同様」の立場だとしておられるが、(74) 私は何ら、そんなことは書いていない。

そもそも、内部関係・外部関係の区分をする基本的な意味ないし意義が、大杉説においては、十分理解されていないようにも思われる。私の立場において、この区分は、「段階」の問題ではなく、〝紛争の実際の起こり方〟を直視して、なされているのである。(75)

かくて、「代理」と「法人……代表」とをパラレルに扱う点以外の大杉説には、問題が多い。そうでありながら、右の双方につき、〝外部関係〟を取引等の準拠法によらしめる私見を、大杉説は批判する(76)。契約準拠法につき客観的連結を重んずる私見は踏まえた上での批判だが、ならば問う。〝行為地法〟なるものについての抵触法的評価は、一般にいかなるものなのか、と(77)。そもそも前記ハーグ条約の示す連結点は中途半端な妥協の産物としてのものである。そこから再考すべきところであろう。

ちなみに、私見は、「『代理とは何か？』という問題設定自体が、かなり怪しく、例えば「国際金融取引の実際」においても、「どこに外観作出による内部関係があるか」は、「見る方向によって」、すなわち、〝紛争の実際の起こり方〟によって「違って来得る」ことから、「いわゆる代理の問題〔その概念〕は、国際私法においては、契約当事者の確定」、すなわち「そもそも誰と誰との間で契約が締結されたか」の点と、「それをめぐる外観保護」の問題へと「発展的に解消される(78)」とし、それを後述の法人格否認や、法人代表等にも及ぼしてゆく、というものである(79)。

したがって、内部関係・外部関係は、〝実際の紛争の起こり方〟との関係で、具体的に〝設定〟されることになる。ちなみに、ここで二つの最高裁判決の〝構造〟を、略述しておこう。

b　二つの最高裁判決――その〝構造〟の比較

ここでの問題とは若干ニュアンスは異なるにせよ、法人格否認の準拠法を論ずるに際して、江頭教授の論文(80)においては、国際家族法上の「嫡出保護」の取扱との対比が、ドイツの学説をベースに行なわれている。同様に、ここでは法人・相続それぞれの〝外部関係〟のとらえ方につき、前出・注

(61)に続く本文で言及した①最判昭和五〇年七月一五日民集二九巻六号一〇六一頁と、相続に関する②最判平成六年三月八日民集四八巻三号八三五頁（およびその原判決たる③東京高判平成二年六月二八日金融法務事情一二七四号三二頁）とを、構造的に比較する。[81]

①判決は、ニューヨーク州法を設立準拠法とする会社の設立発起人が第三者と締結した契約の効力が、設立後の会社に及ぶか否かが争われたケースである。判旨は、右の設立準拠法、したがって〃発起人・会社〃間の内部関係の準拠法で、問題を処理した。

だが、前記②の判決は、そうではない。事案は、中華民国人の相続に関するものであり、共同相続人の一部が遺産分割前に行なった相続持分の第三者への移転が、争われた。この場合、共同相続人間の〃内部関係〃の準拠法は相続準拠法となる。彼らと当該第三者との関係が〃外部関係〃として設定される。[82]前記①判決の法人関係の場合と同様に考えれば、この第三者との関係も相続準拠法で規律されてしまいそうである。だが、②判決の原判決たる③判決の論理は、明快であった。すなわち、「取引の安全すなわち第三者の利益の保護」を「考慮」し、相続準拠法によるのは「相続関係者の内部問題であ」って、「本件」では、「前提となる相続人の処分権の有無も含めて全体が物権問題に該当する」として、法例一〇条によった。そして、法例一〇条によったのは誤りである、等の上告理由に対し、②判決は、右の「前提」部分は「相続の効果」として相続準拠法によるとしつつも、本件事案のコアをなす前記の点については、物権問題として法例一〇条によるとする原判決と同一の論理に立った。すなわち、遺産分割前の、共同相続人全員の同意なき持分処分は、相続準拠法（中華民国法）上「できない」が、「持分の処分」に「権利移転」の「効果が生ずるかどうか」は「日本法によって判断される」、としたのである。若干屈折した論理だが、②判決においては、「結果として、持分処分可否の点について、一旦認めた相続準拠法の適用は排除され、代わりに所在地法が適用されたのと実質的には異ならない[83]」ことになる。その点に、注意すべきである。

私は、③の原判決と同様の論理を、一九八一年以来、主張してきた[84]。②の最高裁判決も、実質的には③判決と同様、相続の〝外部関係〟での紛争を、第三者との関係での、つまり外部関係の準拠法（この場合は物権準拠法）によらしめたことになる。

それでは、この②③判決の〝外部関係〟での問題処理の〝構造〟を、藤田助教授の多面的で示唆に富む分析に即しつつ、極力あてはめて考えてみよう。

c　藤田助教授の分析――企業の〝内部関係〟を中心として!?

藤田助教授は、「法人の内部組織……あるいは法人格そのものに関わる問題」を「対外関係」（〝外部関係〟）と区別し、むしろ、「法人の従属法による」ことが、「ほとんど異論なく認められてきた」前者の点に「検討を加える[85]」、としておられる。ただ、私の見るところ、そこには企業の〝外部関係〟、あるいは一層一般的な、本稿2(2)bで示した〝外部関係〟論上の問題が、多々含まれているように見受けられる。それはともかく、「法人の内部関係について従属法によ」るのは、「統一的な利害調整が必要な範囲」だとする藤田説[86]は、正当である[87]。だが、〝内部関係〟重視のその分析の冒頭には法人格否認の問題が扱われている[88]。

ともかく、そこに示された〔例〕[89]の(1)を見てみよう。紙幅の関係で、一々藤田論文と対比してお考え頂くことを前提として、以下、若干ラフな設例紹介をしつつ、論ずる。日本のA社の株主Xが、同社取締役YのB社設立（外国）によるA社との競業取引につき、Yの責任追及の訴を日本で提起した場合、準拠法はA社の従属法となる、とするのが藤田説である。私の〝外部関係〟論からは、株主Xは、〝A・B・Yの漠然たる内部関係〟の外にいる。そして、Xと〝A・B・Y〟をつなぐ準拠法は、A社と株主Xを結びつける準拠法、すなわち、A社の従属法となる。その限りで結論は同じだが（ただし、個別事案の諸事情を度外視した上での暫定的な結論。以下同じ）、一層クールに事案を見ると、そうなる。同じ頁の〔例〕(2)は、日本のA社がアメリカの子会社B社を不当に使い、倒産させたので、日本在住のB社債権者XがA社を（日本で）訴えた場合であり、B社の従属法によるべきだ、とするのが藤田説である。私見からは、〝AB間の内部関係〟対〝外部のX〟の構図となる。右の内部関係の準拠法（それが何であれ）をもって外部のXに（準拠法上）対抗できるか、と言い換えてもよい。XはB社の債権者であり、一応XB間の債権準拠法によるべきことになる。右と同様の設例は、龍田教授も示しておられ、藤田説同様、子会社B社の従属法によるとされているが、そこにはカッコ書きで「不法行為地法も同じ」とある。[90]このカッコ書きの趣旨は、（その限りにおいて）若干不明確だが、ともかく、右の〔例〕(2)でXが、A社を不法行為で訴え、その争点の中に法人格否認も含まれていたとせよ。準拠法選択上、法人格否認の点を、一般の不法行為準拠法と〝分断[91]〟して決めることの当否も、問題となる（後述）。XB間の取引関係の重点（center of gravity）をアメリカ等にシフトさせた場合に、一層顕在化する点である。それから先は、本稿**3**で論ずる。[92]

続く論点としての、「機関の責任」の場合の藤田説については、すでに一部、前出・注（7）〜（12）の本文でも言及した。だが、「特定の株主に対する責任」の項に[93]、二つの〔例〕がある。第一の〔例〕は、アメリカのA社の日本での株式公募に際して〝虚偽記載〟があったために、同社株式を購入したXがA社取締役Yを、商法二六六条ノ三第二項に基づき（日本で）訴えた場合である。これは〝外部関係〟論の枠外の問題だが、藤田助教授は私見を引用しつつ、従属法以外の準拠法として法例一一条による処理をも示唆しておられる[94]。私としては、もとより異論はない。より重要なのは、右の〔例〕との関係で、商法二六六条ノ三第二項に即し、さらに同法二一一条ノ二等を含め、外国会社に日本の会社法を適用しないとする、不当な見解が、明確に（実質論から）否定されていることである[95]。正当なる批判である[96]。（さらに後述する）。

第二の〔例〕は、株主の相当数が日本に居るアメリカのA社が日本企業Bに新株の有利発行を行い、日本在住のA社株主XらがA社取締役Yらに対し、商法二六六条ノ三に基づく損害賠償請求の訴を（日本で）起こした場合である[97]。私は、「新株発行の効果」それ自体を争う訴訟ならば、「画一的」処理の必要性からして[98]「発行会社の従属法による」とする限度で、藤田説に賛成する[99]。だが、〝外部関係〟論で考えると、藤田助教授の説かれる程に前記の第一の〔例〕と異なると言えるのか、疑問がある。藤田助教授は、「争いの本質は、問題の新株発行が既存株主全体の利益を最大化させていなかったという主張の是非」だから、「画一的な判断になじむ類型」であり、「あくまで会社の従属法によるべき」で、「この種の問題が不法行為と構成され訴えられてきても、〔法例一一条ではなく〕やはり会社従属法によって処理すべきであろう」、とされる[100]。

たしかに、この第二の〔例〕では、X・Y・Aを結ぶのはA社の従属法である。A社・B社間でYも巻き込んで一定の〝内部関係〟の作出があり、それに対してXは、その〝外部〟に居るが、XとABYとを結ぶ準拠法は、XがA社の株主ゆえ、通常はA社の従属法である。だが、損害賠償の問題ゆえ、前記の第一の例について藤田助教授が正当に説かれる点、すなわち、「特定の株主……」との関係で……は、必ずしも会社の従属法による必要は強くなく、より牽連性の強い法があればそれによ(101)」る、との論理で対処すべきではないか。あとは当該紛争事実関係の重点の所在地次第である。一般の不法行為請求であっても一律にA社従属法による、とする点も、若干硬直的過ぎないか。私は、そう考える。

「債権者に対する責任」の項(102)でも、二つの〔例〕が示されている。第一の〔例〕はとくに問題がないので略すが、第二の〔例〕は、次の如きケースである。すなわち、日本在住のYの全額出資によるアメリカのA社（Yは社外にあってA社を実質コントロール）が倒産状態に至り、A社の債権者XらがYを（日本で）訴えたケースである。藤田説は、これが「実質的に有限責任を否定する型の法人格否認の法理……の代替的機能を果た」すものゆえ、「あくまで当該会社の従属法……によ(103)」る、とする。だが、実質法（わが商法）上の類型論を、抵触法上の問題にそのまま投影すること（他の〔例〕についても、私はこの点を感じつつ、これまで書いて来た）は、そもそも疑問である（後述）。また、〝外部関係〟論からは、まさにYA間の曖昧な〝外観作出〟による〝内部関係〟の外に、債権者Xが居る。Xと右の〝内部関係〟をつなぐ糸たる当該債権の準拠法、ないしは不法行為の準拠法（私は後者に傾く）、つまりは〝外部関係〟の準拠法に、よるべきところであろう。

次は、「倒産法上の取締役の責任」の項であり、そこにも〔例〕が一つある。法廷地（等）が不明(104)確な〔例〕だが、イギリスのA社が日本で会社更生手続に入り、日本の管財人Xが、A社取締役Yに対して、「イギリス倒産法二一四条に基づく出資を請求……できるか」の問題(105)、とされる。日本でこの請求を行う場合を論ずる趣旨のようだが、ともかく、イギリスの当該規定が「会社法的な規定」ゆえ、従属法としてそれを「適用」し、「責任は追及し得る」、とされている(106)。もっとシチュエイションを明確化しないと回答困難だが、前出・注（17）の本文に示した問題がこれと関係する、とだけ言っておく。

次は「企業結合法」であり、「コンツェルンに関する特別の規制」があれば「絶対的強行法規」としてダイレクトにそれが適用される余地も、一応認めた上で、議論が進められている(107)。そこにも四つの〔例〕がある。

第一の〔例〕(108)は、日本のB社の子会社たるドイツのA社があり、B社のA社に対する不利益指図による損害の塡補をA社株主CがB社に（日本で!?）請求するケースである。「コンツェルン規制の多くは子会社株主保護を主たる目的とすること」から「子会社の従属法」による、とするのが藤田説である(109)。だが、AB間の〝内部関係〟と（A社の株主ではあれ）その外部のCとの関係、すなわち〝外部関係〟論からすれば、〝外部関係〟の準拠法によることになる。特定の（とくに法廷地国の）実質法上の議論の流入を防ぐべき抵触法上の議論としては、その方がベターであろう。そして、具体的な準拠法については、前出・注（101）の本文で示した藤田説同様に、より柔軟に考えるべきであろう。この設例からは、当該紛争事実関係の重点は、いまだ定まらぬからである。具体的事案を見ずにカテゴリカルな論断をすべきではない、と私は考える。

第二の〔例〕[110]の(1)は、「日本国内での破産申立」に絡む。デラウェアのB社の子会社たる、日本のA社についてのそれ、である。この手続におけるB社債権の「劣後的取扱い」の可否の準拠法が問題とされている（〔例〕の(2)は逆の場合）。藤田説は、（(1)(2)とも）子会社（倒産会社）の従属法による、とする。だが、この点に関する「法廷地手続法（絶対的強行法規としてのそれ）」の射程をまず考え、法廷地手続法が全面的に実体準拠法に委ねている問題か否かを、前出・注（21）〜（25）の本文で示した手法（〝規範構造の分析〟）に基づき、行なうのが先であろう。[111]

次は、商法二一一条ノ二に関する問題である。[112]藤田説が、「日本法が海外子会社に適用されないことは当然」とする法務省見解を、「特異な見解」として一刀両断している点は、正当である。[113]だが、同時に藤田説は、商法二一一条ノ二を（法廷地の）絶対的強行法規とする私見を批判する。最近の規制緩和等が、その理由である。[114]けれども、江頭教授は、二〇〇二年の商法改正を踏まえた上で、なお「親会社に対する弊害」の「防止」が右条文の「目的」だ、としておられる。[115]ただ、〝弊害防止〟、言い換えれば〝規制の趣旨〟からの立論[116]ではあるが、江頭教授は、「日本の会社の海外子会社がなす取得は、日本の親会社に弊害を発生させるけれども、設立準拠法が外国法である子会社の行為に商法二一一条ノ二……を適用できるか否か、疑問がないではない（同条にいう「子会社」に外国会社が含まれるか否かという問題である）[117]」、としておられる。この個所で、江頭教授は、私と同じく龍田教授の所説[118]（しかも同じ頁）を引用しておられるが、「日本企業の海外子会社が親会社の株式を取得するのは違法である[119]」と明言される龍田教授の所説より、トーンダウンしている。ただし、それは、規制緩和[120]

のゆえではない。このあたりを、商法学サイドで明確に整理して頂きたいものである。[121]

さて、藤田助教授は、次に、「親会社株主の権利の縮減」についての〔例〕を示す。[122] ドイツのB社の子会社たる日本のA社が、株主総会での決議を経てA社資産の殆どすべてをCに譲渡し、B社株主Xが、この点につきB社株主総会の決定も必要だとして、営業譲渡の差止めを求めたケース（フォーラムは日本!?）、である。損害賠償ならともかく、〝差止め〟である。画一的決定の必要は大きい。〝外部関係〟論からは、AB間の〝内部関係〟と、その外部に居るXとの関係（外部関係）の問題となる。正確にはAB間の内部関係がCにまで及んだことになる。〝ABC〟対X、の関係となる。B社株主Xとの外部関係を結ぶ糸は、B社の従属法となる。画一的決定の必要からも、（事案の諸事情を度外視すれば、一応は）それによることとなろう。[123] 藤田説も結論は同旨だが、「親会社株主の利益保護が問題」ゆえ、というのが、その理由である。この場合には、〝準拠法選択上の弱者保護〟[124] の要請とも、なじみやすい理由づけである。

ただし、多少事実関係を明確化させた上で、さらに動かしてみると、どうなるか。ドイツ在住のXがドイツで当該の訴提起をし、日本のA社に少数株主が居て、その株主Zが日本で、Xの意向とは逆の何らかの訴を提起し得たとせよ。両国の判決が矛盾するものだったら、どうなるか。次に、Cがアメリカに居り、Bのドイツまたは日本での、前記の〔例〕の如き訴につき、anti-suit injunction 的な訴をアメリカで提起したら、その先の展開はどうなるか。私は、レイカー航空事件[125] などからの連想で、こう書いているのだが、静態的な準拠法論のみですべてを処理し切れぬところに、抵触法学の真の面白さがあることを、多少ここで示しておきたかった次第である。[126]

藤田助教授の示す最後の〔例〕は「二段階代表訴訟[127]」であり、その(1)としてカリフォルニアのB社の完全子会社たる日本のA社の取締役Yに対し、A社が総会屋に献金していたことを理由に、B社株主Xが「日本で」代表訴訟を起こしたケースが示されている。「アメリカ法では認められ」、日本では否定的とされる訴訟類型、とされる[128]。そうであればXはアメリカで勝訴判決を得て日本での承認・執行を求めようとし、日本では、Yにより、事実誤認等を理由として債務不存在請求がなされる、といった展開の方がリアルだが、それは措く。藤田説は、右の〔例〕につき、「親会社株主の利益」が問題だから「親会社従属法」による、とする[129]。

だが、B社株主Xが日本のA社取締役Yに対して「日本で」起こすこの訴訟につき、国際私法上の性質決定は、どうなるのか。前出・注(66)の本文で示した藤田説の正しい理解からして、この点が問題となる。〝外部関係〟論からは、XBAの〝内部関係〟と、一応A社の従属法でそれと結ばれるところの、Yとの関係、となる。だが、そもそも従属法（設立準拠法）を持ち出すべき場合なのか。藤田助教授の〔例〕では、B社株主Xがどこに居住していたかが示されていないが、当該紛争事実関係の重点、すなわち最も密接な関係を有する地はどこなのかを問わずして、直ちに前記の結論を導くのは、硬直的に過ぎないか、等々の疑問が生ずる[130]。この〔例〕の(2)は、もはやここでは省略する。

(37)　落合・前掲〔注(1)〕三八頁、江頭・前掲〔注(2)〕(第二版)七四三頁、龍田・前掲〔注(2)〕(第九版)四六〇頁、等。なお、石黒・前掲〔注(3)〕二九八頁以下。
(38)　石黒・前掲〔注(6)〕金融取引二五六頁〜二六四頁。

(39) 同前・二五九頁。
(40) 同前・二五六頁、二六一頁。
(41) 同前・二六三頁以下。商法四八二条について〝設立に関する規定を除いて〟適用する、とする説に対する道垣内正人・ポイント国際私法各論（二〇〇〇年・有斐閣）一九九頁は、私見と同旨である。
(42) 石黒・同前二五七頁～二五八頁。以上につき、同・前掲〔注（3）〕二九八頁～二九九頁。なお、野村・後掲〔注（46）〕二二頁、二八頁注（9）を見よ。
(43) 石黒・前掲〔注（6）〕金融取引二五九頁に引用した『民法第一議案』七六、である。
(44) 石黒・同前二五八頁。
(45) 同前・二六五頁。
(46) 藤田・前掲〔注（7）〕一七頁注（11）。ただし、河野俊行「会社の従属法の決定基準」前掲ジュリ一一七五号六頁、八頁注（56）（57）、および野村美明「外国会社の規律」ジュリ同前・二三頁、二九頁注（20）には、かかる私見への言及はない。ちなみに、河野・同前五頁以下は、石黒・前掲〔注（6）〕金融取引と同様に明治期の立法趣旨を辿りつつも、私見に関する言及は、一切ない。また、河野・同前六頁以下は、『認許』も『承認』もドイツ語でいえば Anerkennung であるから民法三六条と民訴法一一八条を連続的に理解すべきであるとの〔本文で後述する道垣内教授の〕主張」に対し、「単なる用語の比較のみから結論を導き出すのは危険であり、むしろ立法者が用語を使い分けた可能性についても思いをいたすべきであろう」、などと論ずる。だが、この道垣内教授への批判は、不当である。道垣内・前掲〔注（41）〕一九一頁は、石黒・前掲〔注（6）〕二五八頁をもそこで引用しつつ、多面的に（相当程度、私見に近い）論じ方をし、「外国法人格の承認は民訴法一一八条の規定する外国判決の承認と連続する問題なのだとの認識を持つべきである」、としているのである。

(47) 道垣内・同前一七九頁。

(48) 同前・一八九頁。

(49) 同前・一九一頁には、私が一方において前出・注(45)の本文のように述べているにもかかわらず、「石黒説は……設立準拠法主義を当事者自治として説明しており、その間の関連は明らかではない」との、道垣内教授からの批判がある。同前・一八六頁で、石黒・前掲〔注(3)〕二九九頁〜三〇〇頁が引用されていることを前提としての、批判である（道垣内・同前一九八頁をも参照せよ）。たしかに、後者において、私は前出・注(45)の本文における指摘を、省いている。実のところ、そこまで書くべきか迷った上で省いたのだが、その裏には、本文で示した以外にも、次の理由がある。道垣内・同前二〇二頁以下にあるように、①「準拠法は何かという〔通常の〕捉え方をしても結論において差異が生ずるわけではなく、いずれにしても設立準拠法によることに変わりはない」。だが、②「設立準拠法主義をとる限りは、外国国家行為承認論で説明するほかない」とするのが、道垣内教授の立場である。石黒・前掲〔注(6)〕金融取引二六七頁に示したように、右の①については私も同旨であり、「このあたりにも実は設立準拠法主義というものの一つの本質が既に示されているとも言える」旨、そこで述べておいた。だが、②については、私は疑問である。いずれにしても、そこが道垣内説と私見との、重大な分岐点となる。

(50) 石黒・同前（金融取引）二六七頁。なお、藤田・前掲〔注(7)〕一〇頁も、「法人の内部関係について従属法によ」るのは「統一的な利害調整が必要な範囲である」、としておられる。

(51) 石黒・同前二六五頁。

(52) 道垣内・同前一九八頁以下。

(53) 同前・二〇〇頁。

(54)　同前・二〇三頁。

(55)　本稿**2**(2)で後述する点だが、石黒・同前（金融取引）二六六頁以下は、〝承認〟アプローチをとる場合の手続的保障の要件につき、承認の「効果論」とも絡ませ、法人（企業）の外部関係（後述）での第三者の抵触法上の保護をも考慮しつつ、「この場合の承認の効果……は法人格の存否……と法人の基本的組織に関する内部関係の問題……に及ぶがそれに限られるべき」だ、としている。なお、同・前掲〔注（6）〕国際民訴法二三二頁以下参照。

(56)　大杉謙一「会社の代理・代表の実質法・準拠法」ジュリ一一七五号（二〇〇〇年）四二頁、四三頁。同前・四三頁注（4）の、前出・注(54)(55)の本文に示した道垣内教授の所説に対する、詳細な批判に注意せよ。ただし、大杉・同前四三頁が「代表と法定代理とは」抵触法上「明確に区別できる」とする点は、疑問である。「法定」か否かは、準拠法が決まった後にしか決し得ないことに注意せよ。石黒・前掲〔注（3）〕一七九頁以下。

(57)　なお、藤田・前掲〔注（7）〕九頁、及び、龍田節教授の所説に基づきつつ論ずる石黒・前掲〔注（3）〕三〇〇頁。

(58)　龍田・前掲〔注（2）〕（第九版）四六四頁。

(59)　同前頁。

(60)　龍田・前掲〔注（2）〕講座二八〇頁以下（ただし、同教授の所説について、石黒・同前三〇〇頁と同・三三二頁注(805)とを対比せよ）。なお、江頭・前掲〔注（2）〕（第二版）は、四つの立場を列記するにとどめているが、同教授の立場については、法人格否認の準拠法に即して後述する。

(61)　大杉・前掲〔注(56)〕四二頁。石黒・前掲〔注（3）〕三〇二頁。

(62)　石黒・同前頁。同判決への批判という点では、道垣内・前掲〔注(41)〕二〇二頁も同旨だが、その先が違う。前出・注（54）（55）の本文、および、前出・注（56）を見よ。

（63）大杉・同前四四頁〜四五頁。

（64）道垣内・同前二〇三頁。

（65）大杉・同前四六頁。

（66）藤田・前掲〔注（7）〕一九頁注（29）。

（67）石黒・前掲〔注（3）〕一六三頁以下。

（68）大杉・同前四六頁。なお、龍田教授が〝ultra vires〟の問題を含めて、外部関係では「取引に適用される〔準拠〕法」による、としておられる点（石黒・同前三〇〇頁）と対比せよ。

（69）前出・注（67）参照。

（70）大杉・同前頁。

（71）石黒・同前二八一頁の図27に、すべて整理して示してある。

（72）同前・二八〇頁〜二八三頁。

（73）大杉・同前四二頁。同前・四九頁と対比せよ。同前・四二頁で私が「法人への帰属については代理行為地法によ」る立場だとされている点も、同様に誤り。前注引用のもの参照。

（74）大杉・同前四九頁。

（75）藤田・前掲〔注（7）〕九頁の三段目を見よ。

（76）大杉・同前四九頁。

（77）石黒・同前二八二頁以下。なお、大杉・同前頁は、契約準拠法によることの不当性につき、「海上保険契約」において「常にイギリス法が準拠法に指定される」ことを例に出して説く。この点については、石黒・同前二六六頁以下、及び、中西正和「英文船舶保険証券の問題点」落合誠一＝江頭憲治郎編

集代表・日本海法会創立百周年祝賀『海法大系』（二〇〇三年・商事法務）五七七頁注（25）を見よ。
(78) 石黒・前掲〔注（3）〕二八三頁。
(79) 同前・二八二頁の図28、及び、同前・三〇〇頁。
(80) 江頭憲治郎「法人格否認の法理の準拠法」田村諄之輔先生古稀記念・企業結合法の現代的課題と展開（二〇〇二年・商事法務）一五頁、一七頁を見よ。
(81) この原判決（③）に即した論述につき、石黒・同前一七六頁以下。
(82) 同前・二八二頁の図28のＡＢを、共同相続人として考えよ。
(83) 炑場準一・本件解説ジュリ平成六年度重判（一九九五年）二六〇頁。
(84) 石黒・国際家族法入門（一九八一年・有斐閣）三九頁〜四三頁（夫婦と第三者との外部関係についての論述）。
(85) 藤田・前掲〔注（7）〕九頁。
(86) 同前・一〇頁。
(87) 石黒・前掲〔注（6）〕金融取引二六七頁以下。
(88) この点につき石黒・前掲〔注（3）〕三〇〇頁と対比せよ。
(89) 藤田・同前一〇頁。
(90) 龍田・前掲〔注（2）〕（第九版）四六七頁。なお、石黒・同前三〇〇頁と藤田・同前一七頁注（14）、および、同・一一頁注（17）の本文とを対比せよ。
(91) 前出・注（16）とその本文を見よ。
(92) 藤田・同前一〇頁の注（14）に続く本文の理由づけの当否の問題も、別にある。
(93) 同前・一一頁〜一二頁。

(94)　同前・一二頁。
(95)　同前・一二頁、一八頁注(21)。
(96)　石黒・前掲〔注(3)〕五頁以下。
(97)　藤田・同前一二頁。
(98)　但し、前出・注(7)〜(12)の本文に注意せよ。
(99)　藤田・同前一二頁。
(100)　同前頁。
(101)　同前頁。
(102)　同前・一二頁〜一三頁。
(103)　同前・一三頁。
(104)　前出・注(11)の本文参照。
(105)　なお、石黒・前掲〔注(6)〕国際民訴法三二三頁以下の注(887)、同・前掲〔注(28)〕警鐘二二六頁以下と、対比すべきか。それにしても、分かりにくい設例である。
(106)　藤田・同前一三頁。なお、同頁注(37)の本文の問題については、損害の金銭的評価に関する石黒・前掲〔注(6)〕金融取引一九三頁以下が関係し得る。
(107)　藤田・同前頁。なお、同前・一四頁注(44)の本文の指摘につき、総合研究開発機構編・多国籍企業の法と政策（一九八六年・三省堂）一四頁〜一五頁（石黒）と対比せよ。「〝共同決定子会社〟と外国親会社」についての、一応の論述である。また、石黒・前掲〔注(3)〕三三三頁注(816)をも見よ。
(108)　藤田・同前一四頁。
(109)　同前・一三頁。

(110) 同前・一四頁。
(111) 石黒・前掲〔注（6）〕国際民訴法二九九頁を見よ。
(112) 藤田・同前一四頁以下。
(113) 同前・二〇頁注（49）、一四頁。石黒「法務省サイドの誠に屈折した見解（商二一一条ノ二と海外子会社との関係）の詳細については、石黒「円建て外債とわが商法（会社法）規定の適用関係（下）」貿易と関税一九九三年五月号五四頁以下を見よ。なお、同論文を通して私が訴えた点については、江頭・前掲〔注（2）〕（第二版）五九五頁注（2）の断乎たる支持を頂いた。
(114) 藤田・同前一五頁。ただし、この点での規制緩和の根拠の危うさにつき、江頭・前掲〔注（2）〕（第二版）一九〇頁注（2）を見よ。
(115) 江頭・同前二〇七頁。
(116) 石黒・前掲〔注（3）〕三〇〇頁。
(117) 江頭・同前二〇七頁。同前・七四六頁からして、藤田説の言う「特異な見解」（前出・注（113）の本文）は排除しつつ、「規定ごと」の「個々」的な「判断」をするのが江頭説のようだが、若干釈然としないものが残る。
(118) 石黒・前掲〔注（3）〕三〇〇頁以下、三三二頁注（811）。
(119) 龍田・前掲〔注（2）〕講座三一三頁。
(120) 前注、および前出・注（118）を見よ。
(121) 龍田・落合両教授のアプローチの差に言及する石黒・同前三〇〇頁〜三〇一頁を見よ。
(122) 藤田・同前一五頁。
(123) 同前頁。

(124) 石黒・同前八五頁以下。
(125) 同・前掲〔注（6）〕国際民訴法二三頁以下。
(126) 前出・注（12）に続く本文を見よ。
(127) 藤田・同前一五頁。
(128) 同前頁。
(129) 同前頁。
(130) 同前・一六頁、二〇頁注（59）の、藤田説における留保には注意すべきだが、訴訟の現場が好きな私にとっては、以上延々とそれに対する回答をして来た藤田助教授の論じ方には、やはり若干釈然としないものが残る。

3　法人格否認・国境を越えた合併等

(1)　法人格否認の準拠法――落合・江頭両教授の分析を軸として

以下、紙幅を気にしつつ、論じ進める。法人格否認の法理については、「抵触法的な問題についてはまったく触れないまま[131]」否認を認めた東京地判昭和六三年三月一六日金商八一四号三一頁、問題の契約の準拠法をフランス法としつつ、この法理は「フランス私法下においても当然認められる」との曖昧な処理をした東京地判平成一〇年三月三〇日判時一六五八号一一七頁[132]、そして落合教授の解説[133]のある東京高判平成一四年一月三〇日判時一七九七号二七頁がある。この最後のケースでは、日本法人

A会社の一〇〇%出資子会社たるオランダのX会社と、日本法人Y_1会社の一〇〇%出資子会社たるバハマ法人Y_2会社が登場し、契約はXY_2間で結ばれた。X会社が、Y_2会社に対するのと共に、法人格否認の法理によりY_1会社にも損害賠償請求をし、一・二審ともX側勝訴となった。ただし、前記控訴審判決では、XY_2間の契約準拠法は日本法とされたが、XY_1間の法人格否認の法理を介した問題処理については、当然の如く日本法によるとし(134)、信義則を持ち出すのみで、やはり準拠法問題は、不明確なままであった。なお、本件事案は、Y_1会社側の行動に極めて問題のあるケースであった(135)。

本件に関する落合教授の解説には、実は、極めて注目すべき点がある。すなわち、後述の江頭教授の類型論を支持し、本件でY_1会社に責任を負わせるか否かは、「私法上の個別具体的な利益保護の問題」であって「会社法上の利益保護」の問題ではないから、「法人格否認の法理の可否も当該債権債務の……準拠法によ」るべき事案であった、とされる。だが、その先が重要であり、落合教授は、「もっともさらにいえば、本件……は、契約の当事者は誰かという契約の客観的解釈の問題であると把握することが可能であ」り、「もしそう解すれば、本件は、純粋な契約問題であり、法人格否認の法理を持ち出すことなく、契約の準拠法の問題としてのみ解決することも可能であった」、と指摘しておられる(136)。これはまさに、わが意を得たりの指摘である。つまり私は、既述の如く、法人格否認を含めたいわゆる代理法理につき、「国際私法においては、契約当事者の確定とそれをめぐる外観保護の問題へと発展的に解消されるべき」もの、との主張をしていたからである(137)。あとは、落合教授も支持する類型論的分析の、当否の問題である。

江頭教授は、ドイツ学説に基づきつつ、前記の落合教授の解説もそれを支持するところの、三類型を示す。その第一類型は、『過小資本』、『財産の混同』等が法人格否認の実質的理由であり、したがって、株主、社員は会社債権者全体に対し有限責任の利益等を対抗できない類型（会社法的利益保護[138]」であり、落合教授は、これを「株主・会社債権者の全体的な利益が問題となる場合」と整理しておられる[139]。この類型につき江頭教授は、「否認の要件がもっぱら会社内部組織に関わり……準拠法として会社の従属法以外は考え難い」、とされる[140]。だが、その具体例は、意外にも（!!）、次のような場合である。すなわち、日本法人Yのパナマ子会社たるA会社（「いわゆるペーパー・カンパニー」とまで明示されている）の所有する船舶がアメリカ領海内で事故を起こし、被害者たるアメリカ人Xが、日本でY会社に対し、損害賠償請求をし、その際に法人格否認の法理の適用を主張した場合、である[141]。この点について、まずもって紛争事実関係を直視し、〝外部関係〟論からアプローチする本稿の立場からは、YA間の作出した〝内部関係〟の外に、第三者たる被害者Xが立つ関係となる。〝外部関係〟の準拠法は、不法行為の準拠法である。しかも、これは単発の事故に基づく請求である。江頭教授は、この例でパナマ法を従属法として適用するのだが[142]、私には、それが必然とは、到底考えられない。

落合教授の解説のある前記判例でも、日本のY_1会社のペーパー・カンパニーたる、バハマ法人Y_2会社とXとが、契約を結んでいた。そのXがY_1（及びY_2）を相手に賠償請求をしたのである。契約を、事故に基づく賠償（不法行為）請求と書き換えて見よ。江頭教授の示す前記の具体例と、一体どこが違うのか。私には分からない。

なお、江頭教授は、別の二つの類型については、共に「『個別的利益』の調整のための法人格否認」

の問題であり、「その実質は外観信頼保護法理等の様々な取引法の解釈問題」ゆえ、「会社の従属法ではなく、事案に応じ取引法である効果法（契約・不法行為等の準拠法）が準拠法となるべきである」、としておられる(143)。その限りで、実際の結論における私見との衝突はない(144)。この残り二つの類型の結論が同じであることもあってか、その著書において江頭教授は、前記論文を引用しつつも、いわゆる法人格否認の準拠法につき、二つの類型を示すのみとなっている。すなわち、実質法上の「①『個別的利益調整』型と②『制度的利益擁護』型」との区別を、そのまま「準拠法」問題に持ち込み、「①については、効果法……、②については、子会社の従属法（設立地法）が準拠法になる」、としておられる(145)。

ここで、本来、この項のはじめに再度言及すべき問題ではあるが、あえて控えていた〝基本的問題〟を、示しておく。まず、実質法上の概念区分を抵触法レベルに直ちに導入することは、そもそも問題である。一層踏み込んで言えば、国際私法上の（いわゆる法律関係の）性質決定につき、江頭教授が主として参照されたドイツ抵触法学においては、「実質法にいまだ拘泥する」傾向が強く、日本の抵触法学に比し、「この場面での『実質法からの解放』が十分ではない」のである(146)。その点が、ダイレクトに江頭教授の立論に反映してしまっているように、私には思われる(147)。

次に、実際の裁判手続の流れの中で、右の①②の「類型の区別を国際私法上どのように行うのか」も、「疑問」である(148)。別な角度からさらに言えば、賠償請求の理由の一つとして、法人格否認という言葉が用いられていたからといって、直ちに他の争点との〝準拠法選択上の事案の分断〟をする必要が、どこまで抵触法上あるのか(149)。複数の準拠法の接合面での困難は、抵触法（国際私法）の宿命ではあるが[150]、商法学サイドでの議論を、今一度、以上の視点から点検して頂きたいものである。

(2)　国境を越えた合併等と牴触法

落合教授は、企業の「国際的合併」について、「わが国の学説……のほとんどはこの問題に全く触れていない[151]」、としておられる。私も、「日本法人と外国法人がクロス・ボーダーでダイレクトに合併できないか、との点は、ミネベア社に対する国際的な株式公開買付事件でも問題となったところだが、会社法の体系書等では、日本法人と外国法人とは合併できない旨、理由らしきことがあまり示されぬままの処理が示されている[153]」ことを嘆くにとどまっていた[154]。したがって、この点を正面から論ずる落合教授の論文の登場は、それ自体、私にとって大きな喜びである。

落合教授は、まず、「外国会社が商法上の会社でない」ことから[155]「日本の会社と外国の会社との合併は認められない」「できない」との結論を導くのは、論理の「飛躍」であり、その「根拠は、相当に薄弱」だ、とされる[156]。「商法の解釈」としては、「国際的合併の利害関係者の正当な利益が守られるかどうかの観点からそれを決すべきである」というのが、落合教授の、「先進諸外国」で「国際的合併を肯定するのがむしろ一般ないし有力」であることをも踏まえた立場、である[157]。

「国際私法上の問題[158]」としては、ここでも「会社従属法」をベースとする立論がなされている。「国際的合併の法律関係」を「存続会社または消滅会社のいずれかの準拠法によって統一的に解決されるべきであるとすると……不都合が生ずる[159]」、としておられるのである。そこでの立論は、ドイツの牴触法学説を踏まえたものであるが[160]、「国際的合併は存続会社の拡大目的によるから」との理由[161]により「存続会社の従属法によるとの立場」は、「消滅会社の株主、債権者等」の「消滅会社の利害関係者の保護に欠ける可能性が大である」、とされる。他方、「消滅会社の従属法による」とすると、今度は「存続会社の利害関係者の保護が不充分となる」、とされる。以上は、「ドイツ」における「かつての判例・通説」の、「国際的合併」の「否定」論についての論述である[162]。

かかる「不都合」の「除去」のために、国際的合併に関するすべての当事会社の従属法が適切に考慮される処理」が志向され、「国際的合併のすべての当事会社の従属法を結合的ないし配分的に連結することにより国際的合併は可能とする立場が今やドイツでは支配的」たることが考慮され、同様の立場が「わが国においてもとられるべきである」、とされている[163]。

落合教授[164]は、①「国際的合併の許容性」、②「国際的合併の手続」、③「合併の効果」に分けた論述をしておられる。右の①につき、「一定の種類の会社間の合併しか認められていない場合は、その要件を満たされなければならない[165]」とされている点については、一方の従属法から見て、他方の従属法上の会社の性格をどう把握するかが問題となる。これは、「他国で成立した物権の、自国物権法上のそれへの引き直し作業」と同様の、「等価性（equivalence; Gleichwertigkeit）のチェック[166]」を意味する。

落合教授は「日本法が準拠法となる場合」を例として右の点を示しておられるが[167]、日本会社と外国会社との合併であれば、外国会社の従属法から見た同様のチェック（日本会社についてのそれ）も、同様に必要となるのが、落合教授の所説である。「それぞれの会社従属法において……許容される合併であることが確認されねばならない[168]」と、されているからである。だとすると、少なくともこの点は、

「配分的適用[169]」における〝双方要件[170]〟となり、〝累積（重畳）適用〟と同じことになる[171]。

これに対し、前記②の「国際的合併の手続」について、落合教授は、やはり配分的適用主義を原則としつつ、「両当事会社の共通事項は、関係準拠法のなかでもっとも厳格な規制に従わねばならない」、とされる。具体的には、「合併契約の形式・内容は、両当事会社で一致させる必要があるから、これは例外の場合に当たり関係従属法の重畳適用となる。すなわちそれぞれの準拠法のうちでもっとも厳格な規制となる」、とされる[172]。だが、その「重畳適用」については、前出・注（170）（171）の本文で示した説明の仕方の方が、抵触法（最狭義の国際私法）上は、自然であろう。その場合、「もっとも厳格な規制」と言うより、双方の従属法上の要件がダブルで適用されると言った方が、誤解が少ない。

ただし、準拠法の論理で割り切るとしても（後述するが、最もややこしい局面での問題については、前出・注（171）を見よ）、合併「契約」という一つの契約の準拠法が双方の会社の従属法の重畳適用とされる点は、どう評価さるべきか。この点はすでに議論が別になされてもいるが[173]、落合教授は、「合併契約は通常の私法契約ではなく、組織法的ないし合同行為的性格があるから、会社従属法に委ねるのが適当」であるとし、かつ、「合併の法律関係は極力一体的に解決するのが妥当であるから、会社従属法によらしめるべき」だ、とされる[174]。この点につき落合教授は、「合併契約の中で決めた事柄が、いわば法律上の効果として一挙に、消滅会社は清算を要せずして消滅し、消滅会社の財産は当然に存続会社に移るという効果は、やはり一般の契約の場合とは異なる」とされ、「日本の会社とデラウェア州の会社とが合併する場合に、イングランド法を準拠法にして、それぞれの株主、債権者の保護が確保されるかは問題があ」ろう、ともしておられる[175]。

けれども、この落合教授の懸念は、前出・注(17)の本文に示したところの、「選択された準拠法への具体的な送致範囲の問題」と絡む。落合教授の具体的な懸念の中核には、合併の要件・効果の問題が共に含まれている。ちなみに合併の効果、すなわち前記の③の問題について、落合教授は、「各当事会社の利害関係人のすべてに影響を及ぼすから、すべての当事者の従属法の重畳適用によらねばなら」ず、「合併の効力が発生した後の法律関係は、存続会社の従属法によ」る、とされる。[176]だが、それらの合併の要件・効果までが、合併契約の準拠法への送致範囲に、果たして含まれるのか否か。そこが問題である。私は、否と考えるし、それが自然な理解ではないか。[177]例えば、落合教授の挙げる別な例を下に一言すれば、会社従属法が「ある事項を合併契約の法定記載事項として」おり、これに対して合併契約の準拠法がそれを不要としていた場合、両準拠法の接合のさせ方が問題となる。この点は、前出・注(150)の本文でも一言した問題だが、二つの事項につき別々の準拠法が選択された場合、送致範囲(それぞれの準拠法によって実際に規律される事項)の「相互浸透」[178]は回避すべきであり、落合教授の前記の例を下に示した右の場合について、この点は、合併契約の準拠法への送致範囲外だと考えるべきであろう。そうなれば、落合教授の懸念は、払拭されるはずである。

以上、落合教授の所説に基づき、ここまで論じて来た。だが、以下においては、別な視点からの問題提起を行っておきたい。

第一に、以上の議論は、日本のみを法廷地と設定し、例えばそこで外国会社を消滅会社とする国際的合併手続をすべて済ませる、との前提でのもののように、少なくとも読める。だが、そうなると、当該外国会社の外国(第三国を含む)の利害関係者の、遠い異国たる日本での合併手続的保護が、大きな問題となる。逆に、日本会社を消滅会社とする合併手続が、ある外国のみで行われた場合、例えば日本在住の利害関係者の手続的保護（手続的保障）も、同様に問題となる（理論構成については後述）。この点で注意すべきは、「海外で国境を越えた会社の統合」の実例とされる「ダイムラーとクライスラー」等のケースも、「実際には、株式買収の形態をとって」おり、対外的発表として「二社の対等合併だというういい方をして、実態面で統合をしている」に過ぎないとする、実務サイドからの声である。(178a)

だが、正式の（正面切った）国際的合併が、ここでの問題である。そうなると、あり得べき関係国の各種規制との関係でも、また前記の利害関係者の手続的保護との関係でも、安全を期するためには、日本と当該外国との双方で手続をとっておく必要が、ありそうである。一方の国のみで進めた手続を、相手国がそのまま認める（法律構成については後述）のが一〇〇％確実とは、言い切れないであろうからである。訴訟が起き得ることを念頭に置けば、なおさらである。実際には、合併契約に基づき、双方の会社がそれぞれ自己の属する国で手続をとり、最後の段階で双方の国の、何らかの法的〝お墨つき〟（後述）を得るということが、〝行為規範〟的な意味あいを含めて前提とされ、その上で〝準拠法〟が論じられているのでもあろうが、〝二国モデル〟で考えても、その双方の国が準拠法について同じ立場である保証はどこにもない。かくて、少なくとも実質上、フォーラム（法廷地――ただし、当該問題についての法的処理がなされる地、という程度の意味に、ここでは捉えることで、十分である）が単数ではないことを前提とした議論が必要なように、私には思われる。以下では、このことを前提とし、第二・第三の問題提起を、一応行なっておく。

第二に、（以上の前提の下に）前出・注（9）に続く本文で示したのと同様の場面設定を、行ってみよう。日本企業（事実としての〝本拠〟も日本に所在）と設立準拠法をA国法とする企業Zとの合併の場合、Z会社の従属法として日本側は、A国法を適用する。ところがZ会社は別のB国に事実としての業務統轄地を有しており、B国は本拠地法主義を、そしてA国は（幸いにも）設立準拠法主義をとっていたとする。実際のZ会社についての合併手続は、少なくともSchulbeispiel的には、A国・B国のいずれかで行なわれ得る。A国・B国とも従属法の（決め方はともかく）適用関係につき、落合説に立っていたと、さらに仮定する。B国でZ会社の合併手続が行なわれれば、Z会社の従属法はB国法とされてしまう。A国でその手続が行なわれれば、そこではZ会社の従属法はA国法となるが、かかる日本・A国での手続につき、B国で、Z会社の合併手続は本来B国で行なわれるべきだとして、何らかの訴が提起される、あるいは、B国に規制色の強い絶対的強行法規があって、B国当局が、A国での手続はその潜脱だとして一定の措置を発動したら、どうなるのか。更に、B国同様に本拠地法主義をとるC国が別にあって、C国から見ればZ会社の本拠はC国にあるとして、さらなる紛争が起きたら、どうなるか。――このあたりが、抵触法（conflict of laws）の真の醍醐味を肌で感じさせてくれる世界の、入口であることに、やはり一言しておくべきであろう[179]。

第三に、一層本質的な問題について。日本法上、すでにして、合併の効力の発生には、合併の登記が必要であり（商四一六条一項、一〇二条）、しかも、この登記は「創設的効力[181]」を有する[180]。したがって、この場合の登記は、権利形成的国家行為（行政行為）だということになる。内外会社間の合併に際して、当該外国会社の従属法上、同様の、あるいは一層強度の国家行為介在型合併手続が必要だったとして、ここで次の問題が生ずる。〝国境を越えた企業合併という法規象〟の全体を、準拠法の論理で説明するのみで十分か、という問題である。この点は、ともに外国たるA国・B国で、それぞれの会社につき、いずれも国家行為介在型の国際的合併手続がとられたが、それを不服とする者が、例えば存続会社の在日資産に対して執行をかけて来た場合（フォーラムは日本）を考えれば、かえってわかりやすいであろう。その場合、日本として、そもそも準拠法の論理で問題を処理すべきなのか[182]。国際的企業合併につき、道垣内教授が、「配分的適用といった……準拠法決定の問題ではな」いのではないか、と発言しておられるのも、この点と深く関係する[183]。

さて、以上の三つの問題を指摘した上で、それらをここではひとまず措き、落合教授の所説に戻る。落合教授は、「国際的合併における困難は、むしろ国際私法の領域にあるのではなく、各国の合併に関する実質法に相違があること」にある、とされる。すなわち、「複数の会社従属法……相互間に矛盾や不調和がある場合[184]」に、「規定の欠缺あるいは規定の重複が生じ、いわゆる適応問題〔Anpassungen〕が生ずる」、とされる。そして具体的には、かかる場合に「国際的合併にふさわしい実質規範を解釈により形成しなければならない」、としておられる[185]。

「適応問題」は牴触法（国際私法）上の問題であるが、とくにドイツでは、この問題枠組の不当な拡張による、理論上の大きな混乱がある[186]。落合教授は、日本の会社が消滅会社となる際、「存続会社の従属法が消滅会社の従属法〔日本法〕よりも株主の権利保護を低下させている場合」も「適応問題」とされ、種々の実質法的対応を示唆される。だが、そこにも「例えば……」とあるように、その処理方法は、必ずしもピシッと一つに定まるものではない。これは、適応（調整）問題の処理における、抵触法的適応（調整）と対比されるところの、実質法的適応（調整）に相当するが、その後者、すなわち実質法的適応（調整）に、ドイツにおける既述の混乱に至る、方法論的問題が集中している。[187]「適応問題」（真のそれ）の前提たる〝規定の欠缺・重複〟が、果たして落合教授の示しておられる前記の場合に、あると言えるのかも、問題である。そもそも消滅会社の株主保護は、落合教授の所論においては、「合併の効果」として「重畳適用によらねばならない[188]」ことに、なりはしないか。その上で、前出・注(178)の本文に続く、次の次のパラグラフで示した、前記の第一の問題をも含む形での「適切な実務的対応[189]」が期待される、とした方が自然な論じ方ではないか。[190]私には、そのように思われる。

(131)　藤田・同前一一頁。
(132)　神前禎・判批・ジュリ一二三三号（二〇〇二年）一三八頁以下、江頭・前掲〔注（2）〕（第二版）三四頁。
(133)　落合誠一・ジュリ平成一四年度重判（二〇〇三年）二七二頁以下。
(134)　同前・二七四頁は、「裸の実質論」としてこれを批判する。
(135)　同前・二七二頁の「事実の概要」の行間にも、それが滲み出ている。
(136)　以上、同前・二七二頁。なお、実質法上の問題に関する龍田・前掲〔注（2）〕（第九版）五三頁と対比せよ。
(137)　石黒・前掲〔注（3）〕二八三頁。
(138)　江頭・前掲〔注（80）〕八頁。

(139) 落合・同前二七三頁。
(140) 江頭・同前一〇頁。
(141) 同前・一〇頁、二頁。
(142) 同前・一〇頁を見よ。
(143) 同前頁。
(144) ちなみに、同・前掲〔注(2)〕(第二版)三三頁以下の注(2)は、前記パナマの事例を、その冒頭にそのまま示して、法人格否認の準拠法を論じている。
(145) 同前・三四頁。
(146) 石黒・前掲〔注(3)〕一七〇頁、二四七頁注(450)。
(147) 神前・前掲一四〇頁をも見よ。
(148) 同前頁。この観点から、前出・注(140)の本文引用部分を見よ。
(149) 前出・注(16)～(18)の本文参照。
(150) いわゆる「準拠法のモザイク」。石黒・前掲〔注(3)〕三一頁、一八五頁以下、そして二一三頁以下〔「適応〔調整〕問題」〕を見よ。
(151) 落合・前掲〔注(1)〕三六頁。
(152) 石黒「国際財務の法的諸問題」貿易と関税一九九三年一一月号四五頁以下。
(153) 同「企業の多国籍化と国家」総合研究開発機構編・経済のグローバル化と法(一九九四年・三省堂)一四頁以下。
(154) なお、同・前掲〔注(3)〕三三三頁注(827)、をも見よ。
(155) 前出・注(95)(113)(117)とその本文を見よ。

(156)　落合・前掲〔注（1）〕三七頁。なお、この点に関する法務省サイドの議論の〝揺らぎ〟については、石黒・前掲〔注（28）〕（下）貿易と関税一九九五年一月号七四頁以下、とくに七七頁と、江頭憲治郎他「〔座談会〕株式交換・株式移転」ジュリ一一六八号（一九九九年）一二一頁（原田晃治）とを対比せよ。早川吉尚「外国会社との合併・株式交換をめぐる法的規律〔I〕」商事一六二二号（二〇〇二年）三三頁、三五頁注六、等をも参照。

(157)　落合・同前頁。

(158)　同前頁以下。

(159)　石黒・前掲〔注（3）〕三〇一頁と対比せよ。なお、前出・注（25）（114）の本文と対比せよ。

(160)　なお、前出・注（146）の本文と、次注に相当する本文とを対比せよ。

(161)　前注参照。

(162)　落合・同前三八頁。

(163)　同前頁。

(164)　同前・三八頁〜三九頁。

(165)　同前・三九頁。

(166)　石黒・前掲〔注（3）〕三〇六頁。

(167)　落合・同前三八頁〜三九頁。

(168)　同前・三八頁。

(169)　落合他・前掲〔注（5）〕（下）商事三三頁における落合教授の発言。

(170)　石黒・前掲〔注（3）〕一四七頁注（216）。

(171)　ちなみに、この国際的合併（ないし企業買収）の〝許容性〟をめぐって、相手国に、アメリカのエクソン・フロリオ条項（経済産業省通商政策局編・二〇〇三年版不公正貿易報告書〔二〇〇三年・経済産業調査会〕三七頁）的な規制が、絶対的強行法規として存在したとする。アメリカが法廷地（フォーラム――この場合は、実際に当該問題が処理される地、という程度で法廷地の語を把握すればよい）であれば、本文に示した①②③の区分のうち、一応①②が合体してそこで問題となる形になる。だが、日本において、「国際的合併の許容性」につき、相手国にこの種の規制があった場合、牴触法上のその取扱が、理論上は問題となる。エクソン・フロリオ条項の場合にはアメリカで外国投資委員会による審査の形がとられる（前掲・二〇〇三年版不公正貿易報告書三七頁）。実務的にはその結果を待ってから手続を先に進める形にはなろうが、日本で外国企業の従属法所属国上のこの種の規制を、いかに扱うべきかは、理論上極めて厄介な問題である。まず、それが「単なる法律〔法規〕」の「制定」による「一般的なルール」の設定にとどまるものか、「個別特定的な国家行為」か（以上、引用は道垣内・前掲〔注(41)〕一七八頁）が問題となる（石黒・前掲〔注(6)〕国際民訴法五二頁以下の、「『分水嶺』はどこか？」の問題）。それによって右の後者とされた場合、当該手続の民事性が問題となる。仮りに〝非民事〟とされた場合には、石黒・同前五四頁以下の、かのアングロ・イラニアン石油事件の牴触法的評価（イランの国有化措置後の私権変動の、国境を越えた取扱）と同様の処理となる。当該外国国内で、当該措置が実施ないし執行（Vollzug）済みとなり、それが私人（この場合は企業）の私法上の法的地位（Recht――同前・一〇九頁）――合併できるか否か――を決定するものであれば、その〝民事的部分〟（私人の私法上の法的地位の変動）についての、国境を越えた日本での取扱い（承認の可否）が問題となる。詳細は略すが、合併（ないし買収）を不可とする措置が当該外国でとられ、その措置（その民事的部分）につき日本で「不承認」（ただし、これは〝国家の執行管轄権とその限界〟から派生する、一番困難な場面での問題であり、そこに十分注意すべきである）となると、準拠法選択の地平での問題に移行する。ところが、この場面では、合併（ないし買収）につき当該外国企業の問題はその従属法（＝当該措置国法）による旨、落合説においてはすでに決せられている（ただし、「企業買収」は、落合・同前三七頁で、検討の「対象から除外」されている）。以上のプロセスを経て当該外国法に送致した場合、私法上の法的地位に関しては、前記の〝処理済み〟の部分「を除く」部分への送致がなされる、というのが私見である（石黒・同前五四頁～五五頁、八九頁注(209)、九〇頁注(213)と同・二七九頁注(781)を見よ）。そうなると、少なくとも日本では、当該外国法（従属法）上、合併の「許容性」につき、この点に関して問題なし、との前提で、理論上は処理される。例えば日本会社が存続会社となる場合を考えれば、理論上は、以上の如く筋を通すべきことになるが、実際には合併（ないし買収）は、そこで頓挫することになろう。当該外国国内では、合併（ないし買収）は不可、とされているため、幸か不幸か、あとの手続が進まないであろうから、である。

これに対して、前記の〝分水嶺〟論からして準拠法的アプローチがとられることになれば、当該外国法（従属法）上の法規の絶対的強行法規性の有無が問題となり、それが肯定された場合の、そのあとの処理は、石黒・前掲〔注(3)〕四一頁以下と同様のものとなる（同前・四六頁図6の四段重ねの箱の、上の二つに注意せよ）。

(172)　落合・前掲〔注(1)〕三九頁。
(173)　落合他・前掲〔注(5)〕(下)商事三四頁～三六頁。
(174)　落合・前掲〔注(1)〕四一頁注(20)。
(175)　落合他・前掲〔注(5)〕(下)商事三五頁の落合教授の発言。
(176)　落合・前掲〔注(1)〕三九頁。
(177)　落合他・同前(下)三五頁～三六頁の早川吉尚・藤田友敬両助教授の発言も、その趣旨と思われる。

(178)　石黒・前掲〔注(3)〕一八七頁、および、一八三頁の図17を見よ。
(178a)　落合他・前掲〔注(5)〕(下)商事三二頁の服部暢達氏の発言。
(179)　その先に、前出・注(171)の難問がある。
(180)　江頭・前掲(第二版)六六〇頁。
(181)　石黒・前掲〔注(6)〕国際民訴法一二七頁以下の注(374)、二一五頁以下、三二六頁注(858)、一〇二、一一三頁、等。
(182)　〝法現象〟として視角的にこの点を捉えるためには、同前・二九一頁の図14が便利であろう(その後の日本の国際倒産法制の改正については、別な機会に論ずる)。
(183)　落合他・前掲〔注(5)〕(下)商事三七頁における道垣内正人教授の発言。ただし、前出・注(45)〜(55)およびその本文を見よ。なお、株式交換に関する早川・前掲〔注(156)〕三一頁注九の本文に引用された江頭教授の見解をも見よ。江頭他・前掲〔注(156)〕一二一頁の江頭教授の発言である。そこにおいて江頭教授は、株式交換について、「外国会社が日本の会社を……完全子会社にできるかについては……完全子会社になる会社においては日本の……手続が履行される必要がある」とし、他方、「完全親会社となる外国親会社となる外国会社については……当該外国会社の従属法に基づく必要な手続が〔当該外国で!?〕履行される必要はあるでしょう」、とされた上で、「配分的適用」による、としておられる。江頭・前掲〔注(2)〕(第二版)六七二頁をも参照。
(184)　本稿では、専ら紙数の関係から、牴触法上の外国文献の引用は一切出来なかったが、この点については、Sonnenberger / Kindler, MünchKomm. Bd. 11 (3. Aufl. 1999 Beck), S. 220 を見よ。
(185)　落合・前掲〔注(1)〕三九頁。
(186)　石黒・前掲〔注(3)〕二一三頁以下、二二〇頁以下を見よ。

（187）同前・二一四頁。
（188）落合・前掲〔注（1）〕三九頁。
（189）同前・四〇頁。
（190）ちなみに、単なる複数準拠法間の「実質法の相違」（同前頁）は、いまだ理論上は適応（調整）問題とは言えない。前出・注（186）参照。

4 小括

以上、本稿では、主として商法学の側から抵触法学に対して投げられた球を投げ返し、〝更なる対話〟への下地を作ることに専念した。その中で、私なりに、自らの〝外部関係〟論の、さらなる展開もなし得たし、外国国家行為承認問題についての自己点検、等も行ない得た。

商法学の側では、〝経済学との対話〟の実績[191]もある。紙幅の関係で、考えていたすべての論点について言及することは出来なかった[192]が、元来、組織（したがってまた組織法）というものに対する抵抗感の強い私に対し、貴重な機会をお与え下さった落合誠一教授に、心からの感謝と御祝いを、実は同期の助手であった私として、申し上げたい[193]。

（191）三輪芳朗＝神田秀樹＝柳川範之編・会社法の経済学（一九九八年・東京大学出版会）。ただし、新古典派ばかりが近代経済学ではない。石黒・法と経済（一九九八年・岩波書店）、同・電子社会の法と経済（二〇〇三年・岩波書店）は、新古典派経済学批判に貫かれている。なお、この点で、三輪＝神田＝柳川・同前四八七頁以下において、「効率性基準の効率性が具体的に何を意味するかは、論者によって相当に異なる」との、落合誠一教授の極めて重要な指摘のあることに、注意すべきである。この点につき、石黒「商取引のボーダーレス化とグローバル・スタンダード」ジュリ一一五五号（一九九九年）二三一頁注（28）。

(192) 例えば道垣内正人「担保附社債信託法の国際的適用範囲」ジュリ一一七五号（二〇〇〇年）五〇頁以下については、石黒・前掲〔注（28）〕警鐘二一七―二一九頁の、注（39）の②と対比せよ。また、同・二一七頁の注（39）の①のベースをなす問題については、同「世界銀行グローバル円貨建債券の法的構造と問題点」忽那海事法研究会編集・国際取引法および海商法の諸問題（一九九八年・発行者 忽那隆治）三―二七頁。

(193) 石黒・前掲〔注（3）〕七〇頁の、私の助手論文（同・国際私法の解釈論的構造〔一九八〇年・東京大学出版会〕一頁～二四〇頁）以来の、「言語的結晶化」というキイ・ワードは、落合教授の、当時公表されていた修士論文中の言葉を、借用させて頂いたものである。

＊ 本論文の基準時点との関係で、文中には藤田友敬「助教授」となっているが、その後、「教授」に昇任されたことを、学部の同僚として、祝福と共に付言する。

seines Lebens war, und nicht durch die bloße alternative Anknüpfung, sondern erst durch eine sehr flexible Auslegung des japanischen Rechts für gültig erklärt.[132] Noch bemerkenswerter ist das Auftreten der Ausnahmeklausel im Rechtswahlprozeß. Man könnte die Aussage von Richter *Jenner* in *Collier v. Rivaz* als einen ganz unvollkommenen Ausdruck der Ausnahmeklausel ansehen. Dies wäre der Ausgangspunkt für die totale Aufhebung der Theorie des renvoi[133].

In der Mitte der oben erwähnten zwei Richtungen steht die sogenannte versteckte Rückverweisung, die auch bei uns in der Gerichtspraxis sehr verbreitet ist. In diesem Zusammenhang bemerkenswert sind die kürzlich in der BR Deutschland geäußerten kritischen Bemerkungen gegen die versteckte Rückverweisung von *E.D. Graue, M. Schwimann, E. Lorenz*, und *H.J. Sonnenberger*[134]. Aber die versteckte Rückverweisung ist noch besser durch die Einführung der allgemeinen Ausnahmeklausel aufzuheben. Jedenfalls wird bei uns Art. 32 n.F. ein Wendepunkt der Theorie des renvoi sein.

Art. 30 a.F. (ordre public) wird mit einer geringen Veränderung des Wortlautes zu Art. 33 n.F.

132 Dazu *Ishiguro*, Modern Conflict of Laws, a.a.O., S. 114 f.
133 Dazu *Ishiguro*, Auslegungsstruktur, a.a.O., SS. 224 ff.
134 Dazu *Ishiguro*, Modern Conflict of Laws, a.a.O., SS. 145 ff.

durch ein „selective use of renvoi"[124] bei uns zum ersten Mal ausdrücklich im Gesetz festgesetzt worden. Schon in *Collier v. Rivaz,*[125] was die erste Gerichtsentscheidung war, die das Problem des renvoi behandelte, gab es eine entscheidende Diskrepanz zwischen dem Zweck und der Begründung des renvoi[126]. Der Richter, *Sir H. Jenner,* äußerte: „The court sitting here to determine it, must consider itself sitting in Belgium under the peculiar circumstances of the case." Aber in diesem Fall wurde nur auf die vier ‚codicils' englisches Recht durch Rückverweisung angewandt. Wie *Morris* schreibt „The will and two of the codicils were made in local Belgian form and were admitted to probate in England without argument."[127]. Der Zusammenbruch der logischen Begründung des renvoi war schon dort klar vorhergesagt worden.

Daraus ergab sich ein Streben in zwei verschiedene Richtungen: Einerseits ‚the purification' der oben erwähnten Aussage von Richter Jenner wie sie in der BR Deutschland noch heute im Prinzip ganz herrschend ist[128]; andererseits die Aufhebung des renvoi. In dieser Hinsicht ist das Haager Abkommen über das IPR der Form testamentarischer Verfügungen von 1960 bemerkenswert, das eigentlich von England vorgeschlagen wurde. Im englischen IPR war der renvoi am stärksten in diesem Bereich in Frage gestellt worden, aber der Zusammenbruch der Theorie des renvoi ist ohnehin unvermeidlich[129]. Darum wurde damit von englischer Seite die Aufhebung des renvoi bezweckt[130]. Aber die Zweckmäßigkeit der durch dieses Abkommen herbeigeführten alternativen Anknüpfung ist ein wenig fraglich. Das zeigt uns gut *die Entscheidung (Shinpan) des Familiengerichts Tokyo vom 20.4.1973*[131], wo ein Engländer, der mehr als 20 Jahre lang in Japan wohnte, ein Testament hinterließ, auf dessen Form nach dem Abkommen englisches oder japanisches Recht anwendbar war. Aber das betreffende Testament wurde in einer Mischform der beiden Rechtsordnungen verfaßt, was an sich eine naturgemäße Widerspiegelung

124 Dafür *Ishiguro,* Auslegungsstruktur, a.a.O., SS. 169 ff., 186 ff., besonders S. 216 f.

125 (1841) 2 Curt. 855.

126 Dazu *Ishiguro,* a.a.O., SS. 208 ff.

127 Siehe *J.H.C. Morris,* The Conflict of Laws, 471 (3rd ed. 1984).

128 Aber nach Art. 4 Abs. 1 Satz 1 n.F. EGBGB ist der renvoi ausgeschlossen, „sofern dies... dem Sinn der Verweisung widerspricht". Daraus könnte man eine weitere Entwicklung der Theorie des renvoi erwarten.

129 Gegen den Vorschlag von *Kegel,* IPR, S. 245 (6. Aufl.) betreffend die foreign court-Theorie, siehe *Ishiguro,* a.a.O., SS. 193 ff.

130 Dazu *Ishiguro,* a.a.O., S. 224 f.

131 Katei Saiban Geppo Bd. 25 Nr. 10 SS. 113 ff.

Form in erster Linie dem Recht, das die ‚Wirkung' des Rechtsgeschäftes regelt. Nach der bisherigen verbreiteten Meinung ist dabei nach dem Wortlaut von Art. 8 Abs. 1 jede Bestimmung, die die Wirkung des Rechtsgeschäftes (nämlich z.B. Art. 18 Abs. 2 a.F., Art. 19 Abs. 2 a.F.), nicht aber eine solche, die die Entstehung regelt (z.B. Art. 18 Abs. 1 a.F., Art. 19 Abs. 1 a.F.), für die Anknüpfung der Formwirksamkeit anwendbar. Aber das Wort ‚Wirkung' in Art. 8 Abs. 1 Horei wurde eigentlich von *Nobushige Hozumi* in der Meiji-Zeit unter dem großen Einfluß der damaligen deutschen Lehre in Art. 8 Abs. 1 eingeführt. Der Ausdruck „Wirkungsstatut", der zuerst von E. Zitelmann als das Synonym von „lex causae" geprägt worden war[120], wurde sofort von Hozumi nach Japan importiert und in Art. 8 Abs. 1 Horei festgelegt[121]. Die bisherige verbreitete Meinung ist in diesem Sinne sehr problematisch, aber nach Art. 22 Satz 1 n.F. unterliegt die Form der familienrechtlichen, in Art. 14-21 geregelten Rechtsgeschäfte nun dem Recht des Staates, das dessen ‚Entstehung' regelt[122]. Natürlich bleibt die Regel ‚locus regit actum' unberührt (Art. 8 Abs. 2 Satz 1 und Art. 22 Satz 2 n.F.).

Die Art. 22-26 a.F. werden ohne inhaltliche Veränderung zu Art. 23-27 n.F.

Die Art. 27 f. a.F. regelten Mehrstaater, Staatenlose u.s.w. An die Stelle dieser Vorschriften treten nunmehr mit gewissen Veränderungen und neuen Regelungen die noch ausführlicheren Art. 28-31 n.F.

Der Wortlaut von Art. 29 a.F. (Rückverweisung) bleibt im wesentlichen unberührt (Art. 32 Satz 1 n.F.), gilt aber nun mit gewissen Einschränkungen (Art. 32 Satz 2 n.F.): Art. 32 Satz 1 n.F. ist nicht anwendbar, wenn nach Art. 14 n.F. (einschließlich der Fälle, wo Art. 14 n.F. eine entsprechende Anwendung nach Art. 15 Abs. 2 n.F. und nach Art. 16 n.F. findet) oder nach Art. 21 n.F. das Heimatrecht der betreffenden Person anwendbar ist. Nach *Minami*[123] liegt der Grund für diese Einschränkung u.a. darin, daß in diesen Fällen der gemeinsame Anknüpfungspunkt unter den in Betracht kommenden ‚besonders ausgewählt' wird, und die Ausschließung der Rückverweisung darum zutreffend ist. Jedenfalls ist da-

120 *Georg Melchior*, Die Grundlagen des deutschen IPRs (1932) 2; *Arthur Nussbaum*, Deutsches IPR (1932) 40.

121 Dazu ausführlich *Ishiguro*, Antagonismus zwischen IPR und IZPR, a.a.O., SS. 37 ff., besonders SS. 42 ff.

122 Siehe auch *Minami*, a.a.O., S. 118.

123 A.a.O., S. 120 f.

alternativen Möglichkeiten. Warum ist diese Ungleichheit verfassungsmäßig? Im übrigen ist Grundlage der alternativen Anknüpfung ein unberechtigtes Heimwärtsstreben[118].

Die Adoption unterliegt dem Recht des Staates, dem der Annehmende bei der Annahme angehört (Art. 20 Abs. 1 Satz 1 n.F.). Die Zustimmung des Kindes, Dritter oder irgendeines Amtes unterliegt zusätzlich dem Recht des Staates, dem das betreffende Kind angehört (Art. 20 Abs. 1 Satz 2 n.F.). Auf die Beendigung des Eltern-Kind Verhältnisses zu den leiblichen Eltern und die Auflösung der Adoption ist Art. 20 Abs. 1 Satz 1 n.F. anwendbar (Art. 20 Abs. 2 n.F.). Übrigens wurde bei uns neben der bisherigen schwachen Adoption auch die Voll-Adoption nach dem Gesetz Nr. 101 (1987) eingeführt (Art. 817-2 ff. BGB), aber ohne genügende Regulierung der Adoptionsvermittlung, insbesondere der internationalen, was sehr zweifelhaft ist[119].

Art. 21 n.F. regelt im allgemeinen das Rechtsverhältnis zwischen den Eltern und einem Kind. Nach diesem Artikel gilt für das Verhältnis das Recht des Staates, dem das Kind angehört, wenn einer der Eltern diesem Staat auch angehört, sonst dem Recht des Staates, in dem das Kind seinen gewöhnlichen Aufenthalt hat. Warum im Kindschaftsrecht nur hier der gewöhnliche Aufenthalt als Anknüpfungspunkt hervortreten soll, und warum sonst das Staatsangehörigkeitsprinzip herrschen soll, ist mir leider unverständlich.

Art. 22 n.F. ist an sich selbstverständlich, aber bei uns bemerkenswert. Art. 8 Horei, der bei der jetzigen Reform unberührt bleibt, regelt die Form des Rechtsgeschäftes. Nach Abs. 1 dieses Artikels unterliegt die

118 Siehe *Kurt Siehr*, Internationales Kindschaftsrecht, in: Max-Planck-Institut für ausländisches und internationales Privatrecht (Hrsg.), Reform des deutschen IPRs, SS. 54, 58 (1980). *Siehr* (a.a.O., S. 54) schreibt ausdrücklich: „Außerdem soll die Lösung von Fällen mit Auslandsberührung (durch die alternative Anknüpfung) erleichtert werden; denn in praxi wird eine der berufenen Rechtsordnungen meistens die inländische sein; dann aber erübrigt sich eine Prüfung ausländischen Rechts." Dazu kritisch *Ishiguro*, Modern Conflict of Laws, a.a.O., SS. 106 ff., besonders S. 108. Noch ausführlicher siehe *ders.*, Gerndai Kokusaishiho no Rekishi-teki Isou wo megutte – Youroppa Kokusaishiho no Kiki-teki Sho-Joukyou – (Über die historische Phase des modernen IPRs – Die Krisen des europäischen IPRs –), in: *Hogaku Kyoukai* (ed.), Hogaku Kyoukai Hyaku-shu-nen Kinen Ronbunshuu (Essays in Celebration of the 100th Anniversary of the Founding of Hogaku Kyoukai (Jurisprudence Association of the University of Tokyo)), Bd. 3, SS. 589 ff. (1983). Betreffend die Parteiautonomie vgl. a.a.O., SS. 576 ff.

119 Dazu *Ishiguro*, Hito no Kokusai-ka to Jinken (Internationalisierung der Personen und Grundrechte), Horitsu Jiho, Bd. 60 Nr. 12, SS. 45 ff. (1988).

notarielle Beurkundung ist nicht nötig. Art. 15 Abs. 2 und 3 n.F. regelt den Schutz Dritter[115]. Die nur hier zugelassene Parteiautonomie ist systemwidrig, nutzlos und sehr problematisch[116].

Art. 14 n.F. findet entsprechend Anwendung auch in Bezug auf die Ehescheidung (Art. 16 Satz 1 n.F.). Die Sondervorbehaltsklausel in Art. 16 Satz 2 a.F. ist gestrichen worden, aber nun ist das japanische Recht anwendbar trotz Art. 16 Satz 1 n.F., wenn einer der Ehegatten die japanische Staatsangehörigkeit und in Japan seinen gewöhnlichen Aufenthalt hat (Art. 16 Satz 2 n.F.). Diese Bevorzugung des japanischen Rechts ist meiner Ansicht nach problematisch[117].

Die alternative Anknüpfung herrscht in Bezug auf die eheliche und nichteheliche Kindschaft (Art. 17 und 18 n.F.) und die Legitimation (Art. 19 n.F.): Die eheliche Abstammung eines Kindes unterliegt dem Recht des Staates, dem einer der Ehegatten bei der Geburt des Kindes angehört (Art. 17 Abs. 1 n.F.). Die nichteheliche Abstammung unterliegt dem Recht des Staates, dem der betreffende Elternteil bei der Geburt des Kindes angehört (Art. 18 Abs. 1 Satz 1 n.F.), aber – nur hinsichtlich der Anerkennung – alternativ auch dem Recht des Staates, dem der Anerkennende oder das Kind bei der Anerkennung angehört. Art. 18 Abs. 2 Satz 1 n.F. – Abs. 1 Satz 2 und Abs. 2 Satz 2 n.F. regelt die Zustimmung des Kindes oder Dritter, die zusätzlich dem Recht des Staates, dem das Kind bei der Anerkennung angehört, unterliegt. Die Legitimation ist nun ausdrücklich geregelt. Sie unterliegt nach Art. 19 Abs. 1 n.F. dem Recht des Staates, dem der Vater, die Mutter oder das Kind bei der Vollendung der Voraussetzungen angehört. Man könnte meinen, es wäre neuerdings Mode, in diesem Bereich die alternative Anknüpfung einzuführen. Aber man darf fragen, warum ein Kind, das in internationalen Familienverhältnissen geboren ist, vor einem Kind, das in rein innerstaatlichen Familienverhältnissen geboren ist, bevorzugt werden soll. Das letztere hat keine

115 Art. 757 BGB ist gestrichen worden.

116 Siehe im allgemeinen *Ishiguro*, Modern Conflict of Laws, a.a.O., SS. 97 ff. Vgl. in diesem Zusammenhang *Hans Stoll/P. Fischer*, Entwicklung des IPRs in der BR Deutschland in den Jahren 1982-84 (Übersetzung: *K. Ishiguro*), Nichi-Doku Hogaku (Jahrbuch der Japanisch-Deutschen Gesellschaft für Rechtswissenschaft) Nr. 10 (1986) 106 f. Siehe auch *Dieter Henrich*, Die Rechtswahl im deutschen internationalen Familienrecht, in: The Institute of Comparative Law in Japan Of Chuo University (ed.), Conflict and Integration: Comparative Law in the World Today, S. 574 f. (1988).

117 Nach *Minami*, a.a.O., S. 113 f. liegt der Grund für die Bevorzugung darin, daß die Anknüpfungsleiter nach Art. 14 n.F. einige Schwierigkeiten in bezug auf die standesamtliche Behandlung erbringen werde. Dies überzeugt aber nicht.

che Praxis des Justizministeriums ist zweifellos verfassungswidrig[113]. Von der Regierung der BR Deutschland wurde zweimal eine offizielle Anfrage an die japanische Regierung über die Behandlung des Familiennamens einer deutschen Partei bei der Eheschließung mit einer japanischen nach japanischem Recht gerichtet, aber leider wurde der deutschen Regierung nur die oben erwähnte sehr fragwürdige Praxis des Justizministeriums von Japan mitgeteilt[114].

3. Umrisse der Reform

Art. 13 Abs. 1 Satz 1 (sachliche Voraussetzungen der Eheschließung) bleibt von der Reform unberüht, aber anstelle von Art. 13 Abs. 1 Satz 2 a.F. regelt Art. 13 Abs. 2 und 3 n.F. die Form der Eheschließung, wonach das Ortsrecht (Abs. 2) oder alternativ das Recht des Staates, dem einer der Verlobten angehört (Abs. 3 Satz 1), maßgebend ist. Wenn aber einer der Verlobten die japanische Staatsangehörigkeit hat, gilt für die inländische Eheschließung nur das Ortsrecht (Abs. 3 Satz 2).

Die allgemeinen Ehewirkungen unterliegen nicht mehr dem Heimatrecht des Mannes (Art. 14 a.F.), sondern es gilt die folgende Anknüpfungsleiter: erstens das Recht des Staates, dem beide Ehegatten angehören, zweitens das Recht des Staates, in dem beide Ehegatten ihren gewöhnlichen Aufenthalt haben, und drittens das Recht des Staates, mit dem die Ehegatten am engsten verbunden sind (Art. 14 n.F.). Eine Rechtswahl ist zu Recht ausgeschlossen.

Auch auf den Güterstand ist nicht das Mannesrecht (Art. 15 a.F.), sondern Art. 14 n.F. entsprechend anzuwenden (Art. 15 Abs. 1 Satz 1 n.F.). Eine beschränkte Parteiautonomie ist jedoch zulässig (Art. 15 Abs. 1 Satz 2 n.F. – Umwandelbarkeit des Güterrechtsstatuts ist nun aufgehoben): Die Ehegatten können zwischen dem Recht des Staates, dem einer von ihnen angehört und dem Recht des Staates, in dem einer von ihnen seinen gewöhnlichen Aufenthalt hat, wählen, und für unbewegliches Vermögen die Anwendbarkeit des Rechts des Lageorts bestimmen. Eine schriftliche Rechtswahl mit Unterschriften und Datum ist dabei erforderlich. Eine

113 Dazu ausführlich *Ishiguro*, Hito no Simei to Kokusai Kazoku Ho (Der Name im internationalen Familienrecht), Katei Saiban Geppo Bd. 37 Nr. 9 SS. 1 ff. (1985)

114 Houmuschou Minji Kyokuchou Kaitou (die offizielle Antwort des Chefs der Zivil-Abteilung des Justizministeriums) Minji Kou Nr. 838 vom 12.4.1965, und ders., Nr. 365 vom 27.3.1967. Dazu *Ishiguro*, a.a.O., SS. 31 ff.

IPR-immanenten Auslegungsmittel in ausreichendem Maße heranzuziehen, zeigen uns gut die Erfahrungen des deutschen IPRs[109].

Die *Entscheidung (Shinpan) des Familiengerichts Shizuoka (Zweiganstalt Atami) vom 29.5.1974*[110] bleibt bis jetzt die einzige Gerichtsentscheidung in Japan, in der geäußert wurde, daß die Bevorzugung des Mannesrechts dem Grundsatz der Gleichberechtigung nach Art. 24 des Verfasssungsgesetzes widerspreche. Darum sei die Reichweite des Art. 14 a.F. von Horei auf die wesentlichen Ehewirkungen, die für beide Ehegatten gemeinsam zu bestimmen seien, zu beschränken. Also sei auf den Familiennamen der Ehefrau nicht Art. 14 Horei a.F., sondern das Personalstatut der Ehefrau selbst anwendbar. Aber eine derartige Auslegung des Art. 14 Horei a.F. ist schon möglich, ohne die Verfassung zu erwähnen[111]. Übrigens ist in diesem Zusammenhang die bisherige und durch die Reform des Personenstandsrechts im Jahre 1984 in einer versteckten Weise noch stärker festgeschriebene Praxis des Justizministeriums sehr problematisch. Danach bleibt der Familienname eines Japaners oder einer Japanerin durch die Eheschließung mit einer Ausländerin oder einem Ausländer immer (!) unverändert, gleichgültig, was das anzuwendende Recht bestimmt. Dabei setzt das Justizministerium voraus, daß bei internationalen Ehen einer Person mit japanischer Staatsangehörigkeit japanisches IPR und auch japanisches BGB immer *un*anwendbar seien, und daß dabei der Familienname des Japaners oder der Japanerin direkt nach dem japanischen Personenstandsrecht zu bestimmen sei. Seit dem Anfang der Meiji-Zeit bleibt die personenstandsrechtliche Praxis ganz konsequent und der japanische Familienname kann nur von den Personen, die die japanische Staatsangehörigkeit haben, geführt werden. Diese ständige und fremdenfeindliche Praxis des Justizministeriums beruht auf dem System von ‚Ie', das bis zum Ende des zweiten Weltkriegs über das gesamte Familiensystem von Japan herrschte. Die Gerichtspraxis hat unter dem heutigen Verfassungsgesetz von Japan diese Haltung des Justizministeriums wiederholt zu Recht verworfen[112], und die obengenannte *Entscheidung des Familiengerichts Shizuoka (Zweiganstalt Atami) vom 29.5.1974* ist Glied einer Kette solcher Gerichtsentscheidungen. Diese fremdenfeindliche und IPR-feindli-

109 Kurz dazu, *Firsching* (oben N. 104) 3. Aufl., 196. Von japanischer Seite siehe *Ishiguro*, Modern Conflict of Laws, a.a.O., SS. 162 ff.

110 Katei Saiban Geppo Bd. 27 Nr. 5 SS. 155.

111 Dazu *Ishiguro*, Modern Conflict of Laws, a.a.O., SS. 171 ff.

112 Siehe u.a. die Entscheidung (Shinpan) des Familiengerichts Kyoto vom 28.2.1980 (Katei Saiban Geppo Bd. 33 Nr. 5 SS. 90 ff.

ihrem Mann, der die Staatsangehörigkeit der Republik Korea hatte, die Bezahlung von drei Millionen Jen als Schmerzensgeld, und siebzehn Millionen Jen im Wege der Vermögensauseinandersetzung. Nach Art. 16 Horei a.F. ist das Recht der Republik Korea als Mannesrecht anwendbar. Das *Urteil des LG Osaka (Kishiwada Zweigabteilung) vom 25.9.1980* erlaubte nur die Bezahlung von drei Millionen Jen als Schmerzensgeld nach dem Mannesrecht. Das Ehepaar wohnte sehr lange in Japan, aber die Anwendung des Art. 30 Horei a.F. (ordre public) wurde abgelehnt. Die Klägerin legte dagegen Berufung ein und behauptete, japanisches Recht solle als das Recht der engsten Beziehung in diesem Fall anwendbar sein, und Art. 16 Horei a.F. sei verfassungswidrig. Jedenfalls sei nach Art. 30 Horei a.F. die Anwendung des Rechts der Republik Korea zu beseitigen. Das *Urteil des OLG Osaka vom 14.10.1981*[106] bestätigte das Urteil des LG Osaka und äußerte u.a., es sei selbstverständlich (!), daß Art. 16 Horei a.F. nicht gegen Art. 14 des Verfassungsgesetzes (Gleichheitsgrundsatz) verstoße. Dabei wurde vom OLG Osaka auch geäußert, Art. 16 (a.F.) verletze Art. 24 des Verfassungsgesetzes (Gleichberechtigung) nicht, und Art. 30 Horei a.F. sei nicht anwendbar. In der Revision legte die Klägerin noch eingehender dar, sie und ihr Mann wohnten in Japan, wie andere koreanische Leute, in einer fast gleichen Lebenslage wie Japaner. Trotzdem plötzlich in ihrem Fall die Nicht-Anwendung des japanischen Rechts zu erklären, sei zu problematisch. Sie wiederholte ihre Ausführungen hinsichtlich der Anwendung des Art. 30 a.F. und der Verfassungswidrigkeit des Art. 16 a.F.[107]. Das *Urteil des Obersten Gerichts vom 20.7.1984*[108] wies die Revision zurück. Der Betrag von drei Millionen Jen, der nach dem Recht der Republik Korea zu bezahlen sei, sei nicht so niedrig, als daß er die Anwendung des ordre public erfordere, darum entbehre die Behauptung der Verfassungswidrigkeit jeder Grundlage.

Diese klare Stellungnahme des Obersten Gerichts betreffend die Gleichberechtigung ist festzuhalten. Welche Folgen es mit sich bringt, sofort die Verfassungswidrigkeit der IPR-Normen zu erklären, ohne die

106 Hanrei Jiho Nr. 1945 SS. 95 ff.

107 Meiner Ansicht nach sollte direkt durch den ungeschriebenen Grundsatz der engsten Beziehung als Ausnahmeregel der Anwendung des Art. 16 a.F. ausgewichen werden. Siehe meine Rezension für das unten erwähnte Urteil des Obersten Gerichts: *Ishiguro*, Hogaku Kyokai Zassi Bd. 105 Nr. 6 S. 897 (1988).

108 Minshu Bd. 38 Nr. 8 SS. 1051 ff.

kannt werden. Aber das gilt nicht, wenn der betreffende Gläubiger ein japanischer lokaler Gläubiger ist[99].

III. Gleichberechtigung und die Reform des Horei im Jahre 1989

1. Vorbemerkung

Durch das Gesetz Nr. 27 vom 28.6.1989 hat das Horei eine große Reform erfahren. Die Artikel 13-20 a.F. (Ehe- und Kindesrecht) sind fast vollständig geändert worden, und u.a. ist auch in bezug auf Art. 29 a.F. (renvoi) eine wichtige Beschränkung hinzugefügt worden. Am 1.1.1990 trat die neue Fassung des Horei in Kraft[100]. Der Gesichtspunkt der Gleichberechtigung steht im Vordergrund, aber so meinen viele, etwas unbestimmt[101]. Die deutsche Lehre betreffend die Gleichberechtigung im IPR ist von *Yoshito Tameike*[102] zuerst in Japan vorgestellt worden. Aber anders als in der BR Deutschland fehlt bei uns die heftige Diskussion darüber. Ob die Artikel 14 ff. Horei a.F. wirklich verfassungswidrig sind oder nicht, ist bis jetzt (!) unklar[103]. Ich persönlich folge der Ansicht des verstorbenen Prof. Firsching: „Eine rein in den Wolken schwebende Gleichberechtigung!“[104].

2. Die Gleichberechtigung in der Praxis

Die Auseinandersetzung des Ehevermögens bei der Ehescheidung (Artt. 768 und 771 des japan. BGB) ist nach dem Recht der Republik Korea unzulässig, wo man nur die Zahlung von Schmerzensgeld beanspruchen darf[105]. In einer Scheidungsklage verlangte die koreanische Ehefrau von

99 Siehe die Rezension für den obengenannten Fall: *Ishiguro*, Jurist Nr. 748 SS. 290 ff. (1981).

100 *Toshibumi Minami*, Horei no Kaisei ni tsuite (Über die Reform des Horei), Katei Saiban Geppo (Monthly Bulletin on Family Courts) Bd. 41 Nr. 4 S. 105 f. (1989).

101 Siehe *Minami*, a.a.O., 105.

102 Kokuasaishiho to Ryousei Byoudou (IPR und Gleichberechtigung), Minshouho Zassi Bd. 37 Nr. 2 SS. 145 ff. (1958).

103 Siehe *Ishiguro*, Modern Conflict of Laws, a.a.O., SS. 159 ff.

104 *Karl Firsching*, Einführung in das IPR[2] (1981) 177; ders., 3. Aufl. (1987) 196. Siehe *Ishiguro*, a.a.O., S. 160. Auch das Justizministerium verneint die Verfassungswidrigkeit der Art. 14 ff. Horei a.F. Siehe *Minami*, a.a.O., S. 106.

105 Beides ist nach dem japanischen Recht zulässig.

weite der obengenannten Bestimmungen, also gilt das Verbot der Einzelzwangsvollstreckung nach der Eröffnung des Abwicklungsverfahrens auch gegenüber der Tätigkeit des Gläubigers in Kanada im *Issei Kisen* Fall[95]. In diesem Zusammenhang behauptet *Yoshimitsu Aoyama*[96], die obengenannten Bestimmungen seien nur anwendbar, wenn der betreffende Verfahrensort von japanischer Seite nur eine Ausnahme-Zuständigkeit habe, sonst habe das japanische Verfahren universale Wirkungen und werde das ausländische Verfahren entsprechend Art. 200 ZPO in Japan anerkannt. Dann würden sich aber daraus hinsichtlich des Schutzes der (in- und ausländischen) Gläubiger Schwierigkeiten ergeben.

Der *Beschluß des OLG Tokyo vom 30.1.1981*[97], wo die Anerkennung des schweizerischen Konkursverfahrens in Rede stand, ist in diesem Sinne sehr bemerkenswert. Der Gemeinschuldner war ein schweizerisches Unternehmen und hatte ein Warenzeichenrecht in Japan. Ein japanischer Gläubiger belegte dieses mit einem Arrest, und der schweizerische Konkursverwalter erhob dagegen Einwände *in eigenem Namen*. Nach der bisherigen Lehre sollten diese Einwände im Namen des Gemeinschuldners erhoben werden, aber das OLG Tokyo meinte, Art. 3 Abs. 2 KO erkläre nur, daß ein ausländisches Konkursverfahren gegen Vermögen, das in Japan belegen sei, seine Wirkungen, besonders die der Untersagung der übrigen Zwangsvollstreckungsmaßnahmen, nicht selbstverständlich entfalte. Der ausländische Konkursverwalter könne in Japan freilich nicht behaupten, das japanische Vermögen gehöre automatisch in seine alleinige Befugnis, die vom ausländischen Verfahren hergeleitet wird. Aber das sei hier nicht der Fall. Damit erkannte das OLG Tokyo zu Recht die Einwände des schweizerischen Konkursverwalters an[98]. In Bezug auf diesen Fall ist der Schwerpunkt des Geschäftsverhältnisses zwischen dem Gemeinschuldner und dem betreffenden Gläubiger unklar. Liegt er in der Schweiz, so können die Befugnisse im Verhältnis *zwischen ihnen*, meiner Ansicht nach, in Japan entsprechend Art. 200 ZPO als Ganzes aner-

95 Einschließlich der Übernahme der „Hotchpot rule" des englischen IKR, siehe *Ishiguro*, Bankgeschäft, a.a.O., SS. 293 ff.; ders, Antagonismus zwischen IPR und IZPR, a.a.O., SS. 216 ff. So auch *Koboyashi*, a.a.O., SS. 221 ff. und nun auch *Yasuhei Taniguchi*, International Bankruptcy and Japanese Law, 13 Stanford J. of Int. L., SS. 449 ff. (1987).

96 Tousan Ho ni okeru Zokuchi Shugi no Sai-Kentou (Eine Nachprüfung des Territorialitätsprinzips in KO und Kaisha Kosei Ho), Minji Soshou Zassi Nr. 25 SS. 125 ff. (1979).

97 Hanrei Jiho Nr. 994 SS. 53 ff.

98 Vgl. *Ishiguro*, Antagonismus, a.a.O., SS. 216 ff.

ders als im *Kansai Tekkou*-Fall hat Hitachi in den USA eigenes Vermögen, und, wenn die sich widersprechenden Urteile im In- und Ausland rechtskräftig werden, könnten sich daraus „international enforcement games" zwischen den Parteien ergeben[92]!

5. *Internationales Konkursrecht*

„Ein reines konsequentes Territorialitätsprinzip im IKR sieht meines Wissens nur Japan vor." – so schreibt *Werner Nussbaum*[93]. In der Tat statuiert Art. 3 KO nach herrschender Lehre eine sehr strikte Territorialität: Danach hat das inländische Konkursverfahren keine internationale Wirkung (Abs. 1), und ein ausländisches Konkursverfahren keine inländische Wirkung (Abs. 2). Kaisha Kosei Ho (Corporate Reorganization Law) ist nach dem Zweiten Weltkrieg unter dem Einfluß des amerikanischen Rechts ausgearbeitet worden, aber Art. 4 dieses Gesetzes ist mit Art. 3 KO identisch.

Bei uns fehlten bis vor kurzem konkrete Fälle, die die problematischen Aspekte einer zu strikten Territorialität klar erkennen ließen. Als Wendepunkt wichtig ist der *Issei Kisen* Fall[94], wo die internationale Wirkung des inländischen Abwicklungsverfahrens nach Kaisha Kosei Ho gegenüber einer japanischen Reederei (Issei Kisen) zu beurteilen war. Ein dinglich gesicherter japanischer Gläubiger, der schon am Verfahren vor dem LG Kobe teilgenommen hatte, ließ ein Schiff des Gemeinschuldners in Kanada arretieren. Nach der bisherigen Lehre war dies ohne weiteres zulässig. Der japanische Verwalter hätte keine Befugnis, vor dem kanadischen Gericht gegen den Arrest Einwände zu erheben, trotzdem versuchte er es, blieb jedoch erfolglos. Das Vorgehen des Gläubigers in diesem Fall ist fragwürdig, und man sollte mit Rücksicht auf Treu und Glauben eine richtige Lösung finden. Eigentlich wird in Art. 3 KO und Art. 4 Kaisha Kosei Ho dem Wortlaut nach eine Territorialität nur hinsichtlich des Vermögens, nicht aber in Bezug auf die Befugnisse des Verwalters, Gemeinschuldners und der Gläubiger, die am Abwicklungsverfahren teilgenommen haben, statuiert. Daraus ergibt sich, daß es schon möglich ist, diese Bestimmungen eng auszulegen. Die Befugnisse der jeweiligen Personen, die am Abwicklungsverfahren beteiligt sind, liegen außerhalb der Reich-

92 Dazu a.a.O., SS. 509 ff.

93 Das internationale Konkursrecht der Schweiz, S. 25 (1980).

94 Dazu kurz *Kobayashi*, a.a.O., S. 218 f.; *Ishiguro*, Bankgeschäft, a.a.O., S. 293.

relle Anerkennungsprognose zu stellen und dogmatisch ein ‚Regel-Ausnahme-Verhältnis zwischen Anerkennung und Nichtanerkennung' festzustellen[87], scheint mir nicht ausreichend als Grund für die Unzulässigkeit des inländischen Verfahrens. Jedenfalls muß man auch hier die gesamten Umstände des einzelnen Falls scharf analysieren und dadurch Schritt für Schritt eine geeignete Formulierung finden.

Was den *Kansai Tekkou*-Fall angeht, erschienen nach dem obengenannten Zwischenurteil die rechtskräftigen Urteile zunächst im Ausland (das Urteil, das am 17.9.1974 gefällt und am 17.10.1974 rechtskräftig wurde), und kurz danach im Inland[88]. Beides waren Versäumnisurteile, und Marubeni USA erhob im Jahre 1975 eine Klage auf Erlaß eines Vollstreckungsurteils in Japan, jedoch ohne Erfolg. Das *Urteil des LG Osaka vom 22.12.1977*[89] versagte die Anerkennung mit folgender Begründung: Bei dieser Klageerhebung gebe es schon in Japan das rechtskräftige Urteil für den gleichen Streitgegenstand zwischen den gleichen Parteien. Dabei sei die Anerkennung des dem inländischen Urteil widersprechenden Urteils auf Grund des ordre public (Art. 200 Nr. 3 ZPO) zu verweigern, unabhängig davon, ob der einzelne Zeitpunkt der Klageerhebung, des Erlasses und der Rechtskraftverleihung des Urteils im Inland dem im Ausland zeitlich nachfolgt oder nicht.

Der *Kansai Tekkou*-Fall ist ein sehr wichtiges Beispiel für diese Art von Fällen, wie auch der Fall *Hitachi vs. IBM*, der den „computer war" zwischen den USA und Japan treffend widerspiegelt[90]. Nach der Klageerhebung von IBM im September 1982 vor einem kalifornischen Gericht auf Schadenersatz, ‚injunctions' usw., erhob Hitachi am 1.7.1983 vor dem LG Tokyo eine negative Feststellungsklage. IBM antwortete vor dem kalifornischen Gericht mit einer „anti-suit injunction", und es herrschte eine ähnlich große Spannung wie im *Laker Airways Fall*[91]. Dieser Fall kam durch einen politischen Kompromiß zu einem gütlichen Ende. Aber an-

87 Siehe *W.J. Habscheid*, Bemerkungen zur Rechtshängigkeitsproblematik im Verhältnis der BRD und der Schweiz einerseits und den USA andererseits, in: FS Zweigert (1981) S. 113 f.

88 Das Urteil des LG Osaka vom 14.10.1974 (Hanrei Times Nr. 361 S. 132 f.).

89 Hanrei Times Nr. 361 SS. 128 ff.

90 Dazu *Ishiguro*, in: *Sawaki/Aoyama* (Hrsg.), a.a.O., S. 323 f.; *ders.* Chiteki Zaisanken no Kokusai Mondai (Internationale Probleme von ‚intellectual property rights'), Jurist Nr. 918 S. 45 f. (1988).

91 Dazu ausführlich *Ishiguro*, Modern Conflict of Laws, a.a.O., SS. 198 ff., 207 ff., 466, 510, 640.

der Regel für den Beklagten in Fällen der zuletzt geschilderten Art rechtspolitisch nutzlos und zu belastend ist, sich zweimal in der Beklagtenrolle zu finden. Dies gilt für die ersten Fälle jedoch nicht. Im *Kansai Tekkou* Fall ist die nachträgliche Klageerhebung in Japan als ein Streben der Partei, das Forum in einen noch geeigneteren Ort zurückzubringen, kollisionsrechtlich positiv zu beurteilen[80]. Dies Lösung ist bei uns in der Lehre immer herrschender geworden[81] und das *Urteil des LG Tokyo vom 15.2.1984*[82] verneinte dieser Auffassung folgend die internationale Zuständigkeit. In dem Urteil ist die Frage der Rechtshängigkeit zu Recht durch eine Abwägung der gesamten Umstände des betreffenden Falles entschieden worden.

Seit der Abhandlung von *Yoshihiro Ebisawa*[83] sprechen sich viele Autoren in der Lehre für die Anerkennungsprognosentheorie aus, die in der BR Deutschland ganz herrschend ist. Aber bemerkenswert ist nun, daß in dieser Lehre, die unter dem großen Einfluß von der in der BR Deutschland steht, eine gewisse Unsicherheit zu finden ist. Wolle man ohne Ausnahmen der Anerkennungsprognosentheorie folgen, so verursache dies einige Starrheiten, wie nun *Ebisawa* selbst[84] und andere Befürworter einräumen[85]. Und zwar ist die Schwäche dieser Theorie, nämlich die Schwierigkeit einer Anerkennungsprognose, unüberwindlich[86]. Nur eine gene-

80 Dazu *Ishiguro*, Modern Conflict of Laws, a.a.O., SS. 615 ff., 639 ff.

81 Siehe auch *ders.*, Gaioku ni okeru Soshou Keizoku no Kokunai-teki Kouka (Über die inländischen Wirkungen der ausländischen Rechtshängigkeit), in: *Sawaki/Aoyama* (Hrsg.), a.a.O., SS. 323 ff.; *Hideyuki Kobayashi*, Kokusai Torihiki Funso (International Transaction Dispute), SS. 78, 189 (1987). Als Entscheidungsrezensionen *Makoto Hiratsuka*, Jurist Nr. 838, SS. 289 ff (1985); *Tadashi Kanzaki*, Jurist Nr. 885, SS. 94 ff. (1989); *Hiroshi Matsuoka*, Hogaku Kyoshitsu Nr. 86, SS. 106 fff. (1987).

82 *Hanrei Jiho* Nr. 1135 SS. 70 ff.

83 Gaikoku Saibansho ni okeru Soshou Keizoku to Nijuu Kiso no Kinshi (Rechtshängigkeit vor dem ausländischen Gericht und das Verbot der doppelten Klageerhebung), *Aoyama Hogaku Ronshuu* Bd. 8 Nr. 4 SS. 1 ff. (1967).

84 *Ebisawa, Koukuuki* Jiko to Kokusai-teki Sohou Kyougou (Flugzeugunfall und internationale Rechtshängigkeit), Jurist Nr. 898 SS. 50 ff. (1987).

85 *Takao Sawaki*, Kokusai-teki Soshou Kyougou (Internationale Rechtshängigkeit), in: *Suzuki/Mikazuki* (Hrsg.), a.a.O., S. 111; Masato Dohgauchi, Kokusai-teki Soshou Kyougou (Internationale Rechtshängigkeit), Teil 5, Hogaku Kyoukai Zassi Bd. 100 Nr. 4 SS. 754 ff., 787 ff. (1983).

86 Von japanischer Seite ist in diesem Sinne interessant, daß in der DDR *M. Hofmann/H. Fincke*, Der internationale Zivilprozeß (1980) 95, sich gegen die Theorie ausspricht, weil diese Prognose unmöglich sei. Dazu *Ishiguro*, in: *Sawaki/Aoyama* (Hrsg.), a.a.O., S. 352.

hob endlich im Jahre 1970 die negative Feststellungsklage vor dem LG Osaka gegen Marubeni USA[77]. Das *Zwischenurteil des LG Osaka vom 9.10.1973*[78] beseitigte den Einwand der (internationalen) Rechtshängigkeit und bejahte die internationale Zuständigkeit. Die frühere Klageerhebung in den USA hindere die nachfolgende Klageerhebung im Inland nicht, weil nach Art. 231 ZPO (Einwand der Rechtshängigkeit) der Einwand nur gegen eine nachträgliche ‚inländische' Klageerhebung gültig sei[79]. Und zwar habe Kansai Tekkou ein Rechtsschutzbedürfnis für die inländische Klage, weil es durch die inländische Rechtskraft, wenn es den Prozeß gewonnen habe, die mögliche (Anerkennung und) Vollstreckung des amerikanischen Urteils aus der dortigen zweiten Klage verhindern könne.

Diese Begründung ist unbefriedigend, aber meiner Ansicht nach ist das Resultat richtig. Anders als bei der ersten Klage in den USA gilt bei der zweiten Regreßklage das Postulat des Schutzes der schwächeren Partei nicht. Der Schwerpunkt des Regreßverhältnisses zwischen Marubeni USA und Kansai Tekkou liegt in Japan, vor allem wenn man die enge Beziehung zwischen Marubeni Japan und Marubeni USA in die Betrachtung einbezieht. Das Interesse an einer einheitlichen Behandlung der Streitigkeiten durch ein Gericht ist in diesem Fall schwächer als das des Schutzes der Beklagten. Bei der internationalen Rechtshängigkeit sollte man in erster Linie danach suchen, wo „the proper forum" liegt, was eine ähnliche Lösung ist wie die Doktrin von der lis alibi pendens in England und den USA. Die Interessenlage bei der internationalen Rechtshängigkeit ist je nach Fallkonstellation und Fallgruppen ganz verschieden: In Fällen, wo sich die Rechtsstellung von Kläger und Beklagtem des ausländischen Verfahrens im inländischen Verfahren umkehrt (Gen-Hikoku Gyaketen Gata Kokusai Nijuu Kiso) wie im Kansai Tekkou Fall, soll man bei der Entscheidung über die Frage der Rechtshängigkeit noch vorsichtiger sein als in Fällen, wo der Kläger im Ausland und im Inland die gleiche Person ist (Gen-Hikoku Kyoutsuu Gata Kokusai Nijuu Kiso), weil es in

77 Der förmliche Kläger der zweiten Klage in USA war Marubeni USA, aber dahinter stand ein amerikanischer Versicherer; in der Tat war die Klage eine zukünftige Subrogationsklage, die dort zulässig ist. Dazu siehe *Ishiguro*, Modern Conflict of Laws, a.a.O., S. 621.

78 Hanrei Jiho Nr. 728 SS. 76 ff.

79 Mit der gleichen Begründung ignorierten die ausländische frühere Rechtshängigkeit die Urteile des LG Tokyo vom 23.12.1955 (Ka Minshu Bd. 6 Nr. 12 SS. 2679 ff.), des OLG Tokyo vom 18.7.1957 (Ka Minshu Bd. 8 Nr. 7 SS. 1282 ff.), des LG Tokyo vom 27.5.1965 (Ka Minshu Bd. 16 Nr. 5 SS. 923 ff.) und im Prinzip auch das Zwischenurteil des LG Tokyo vom 23.6.1987 (Hanrei Jiho Nr. 1240 SS. 27 ff.).

Formen in Erscheinung treten[75], aber im Regelfall kann man davon ausgehen, daß diese Bestimmungen wie die üblichen „foreign penal or revenue laws" im Inland nicht anwendungsfähig, und ausländische Entscheidungen für solche Teile nicht anerkennungsfähig sind. Das Gleiche gilt auch in bezug auf die „clawback" Bestimmungen[76].

4. Rechtshängigkeit

Bei uns gibt es einige wichtige Fälle zur internationalen Rechtshängigkeit. Es sind durchaus vermögensrechtliche Fälle; ein Urteil des Obersten Gerichts ist jedoch noch nicht ergangen. Japanische Unternehmen werden sehr oft als Beklagte in US-amerikanischen Gerichtsverfahren hineingezogen. Ein zu rasches „forum fixing" in den USA durch Klage eines amerikanischen Unternehmens, das Schadenersatz u.s.w. von einem japanischen Unternehmen beansprucht, wird oft von japanischer Seite für unvernünftig gehalten. Es ist von den japanischen potentiellen Beklagten allmählich anerkannt worden, daß es eine mögliche Schutzmaßnahme ist, in solchen Fällen eine negative Feststellungsklage in Japan zu erheben. Der *Kansai Tekkou*-Fall ist in diesem Sinne sehr typisch und bewirkte einen Wandel des Bewußtseins der japanischen Unternehmen. Kansai Tekkou, der Hersteller einer Maschine, hatte weder eine Zweigniederlassung noch Vermögen in den USA, und verkaufte die Pressemaschine einer großen japanischen „trading company", Marubeni Japan. Die betreffende Maschine wurde von Marubeni Japan an Marubeni USA (eine Tochtergesellschaft mit hundert % Beteiligung von Marubeni Japan) verkauft, und schließlich in einer Fabrik von Boeing Co. in Seattle aufgestellt. Dort wurde ein Arbeiter, als er die Maschine bediente, im Juni 1968 geschädigt. Der Geschädigte erhob im Mai 1969 vor dem Gericht in Washington State, King County, eine Schadenersatzklage gegen Kansai Tekkou, Marubeni Japan, Marubeni USA, und eine zwischengeschaltete amerikanische Gesellschaft (die Klageschrift wurde Kansai Tekkou nicht zugestellt). Diese erste Klage in den USA begründete jedoch die internationale Rechtshängigkeit in diesem Fall nicht. Marubeni USA erhob vor dem gleichen Gericht später eine Klage für den zukünftigen Regreß gegen Kansai Tekkou als „third party action". Diese zweite Klageerhebung in den USA intensivierte den Grad des Konfliktes, und Kansai Tekkou er-

75 A.a.O., SS. 503 ff.
76 A.a.O., SS. 506 ff.

der (damals zwölf und vier Jahre alt) mit und kehrte nach Japan zurück. Das Ehepaar wohnte in Italien, aber einige Tage vor der Anhörung über die Regelung verließ es Italien. Die Ehefrau erhob erst zwei Jahre später (!), also im Jahre 1984, vor dem japanischen Gericht eine Klage nach dem Habeas Corpus Gesetz[70], aber erfolglos. Meiner Ansicht nach ist die Anerkennung nach Art. 200 ZPO auch hier schon möglich, aber die soziologische, medizinische und kinderpsychologische Wertung des Lebensverhältnisses, das nach dem maßgebenden Zeitpunkt der italienischen Anordnung in Japan herausgebildet worden war, ist entscheidend für die Frage, welche Regelung dem Wohl der Kinder am besten entspricht. Eine derartige Wertungsweise ist schon lange bei uns in der Praxis von habeas corpus proceedings und ähnlichen Prozessen zu beobachten, und ist auch in kollisionsrechtlichen Fällen, meines Erachtens, nach Art. 13 der japanischen Verfassung im Prinzip direkt durchzusetzen, auch wenn das ausländische Recht lex causae ist[71].

Die kollisionsrechtliche Behandlung von „multiple or punitive damages“ im US-Amerikanischen Recht, und zugleich die von „clawback provisions“ in den sogenannten „blocking statutes“ in anderen Ländern[72] ist in den internationalen Geschäftsverhältnissen des Alltags immer wichtiger geworden[73]. Kann und soll man solche ausländischen Gesetzesbestimmungen im Inland anwenden? Sind ausländische Entscheidungen, in denen auf Grund solcher Bestimmungen zur Zahlung verurteilt worden ist, für solche Teile im Inland anerkennungsfähig? Diese zwei Fragen sind prinzipiell übereinstimmend zu behandeln. Bei uns gibt es bis jetzt keinen Fall, aber über das Wesen von „multiple or punitive damages“ an sich gibt es in Japan eine hervorragende Analyse: *Hideo Tanaka/Akio Takeuchi, Ho no Jitsugen ni okeru Shijin no Yakuwari (The Role of Private Persons in Enforcement of Law), SS. 133 ff. (1987).* Dabei ist das wichtigste für die kollisionsrechtliche Analyse, daß der Privatkläger dort die Rolle eines „private attorney-general“ spielt; also ein „enforcement of public law...... by private remedies“ stattfindet[74]. Natürlich muß man sehr vorsichtig sein, weil in der Tat „multiple or punitive damages“ in verschiedenen

70 Jinshin Hogo Ho: Gesetz Nr. 199 vom 30.7.1948.

71 Dazu *Ishiguro*, Einführung in das internationale Familien- und Erbrecht, a.a.O., SS. 133 ff.; über das obengenannte Urteil des Obersten Gerichts kurz, *ders*, Modern Conflict of Laws, a.a.O., S. 465 f.

72 Z.B. in Großbritannien: Art. 6 des Protection of Trading Interests Act von 1980.

73 Dazu ausführlich *Ishiguro*, Modern Conflict of Laws, a.a.O., SS. 497 ff.

74 Siehe *Ishiguro*, a.a.O., S. 503 und dort zitiertes Schrifttum.

Wahrscheinlich wegen des (negativen) Einflusses der zu idealistischen Lehre von *Kohtaro Tanaka* (siehe oben) ist bei uns bis vor kurzem über die Wirkungen der Anerkennung des ausländischen Urteils nicht viel diskutiert worden. Beispielhaft dafür ist die Abhandlung von *Takakuwa*, wo in der 35-seitigen Arbeit nur drei Zeilen (!) den Wirkungen der Anerkennung gewidmet wurden[63]. Es kann nur die Bedeutung der Anerkennung sein, im Inland alle Wirkungen eintreten zu lassen, die das anerkannte Urteil im betreffenden Ausland hat. Aber man muß die einzelnen Wirkungen behutsam betrachten. Diese Lehre ist diesbezüglich zuletzt verfeinert worden[64]. Aber in der Gerichtspraxis kann man hierfür noch keine interessanten Fälle finden. Darum wäre es besser, auf eine andere Chance zu warten, um darauf näher einzugehen.

Nach dem Wortlaut des Art. 200 ZPO ist nur das endgültige Urteil (Kakutei Hanketsu) eines ausländischen Gerichts anerkennungsfähig. Wegen des angeblichen Fehlens dieser Voraussetzung versagte das ehemalige oberste Gericht[65] einem „custody decree of the state court of Massachusetts" die Anerkennung, weil es nur die Anordnung einer einstweiligen Regelung sei[66]. Der Grund dafür lag aber darin, daß in dieser Entscheidung für „the custody of the child", die schon dort offiziell registriert worden war, erklärt wurde, sie sei bei Veränderung der Umstände „modifiable". In diesem Fall hatte die erste Instanz[67] sie zu Recht anerkannt. Die Abänderungsmöglichkeit einer ausländischen Entscheidung ist eine ganz andere Frage als die, ob ein Urteil ein Endurteil ist, und eine solche ausländische Entscheidung ist anerkennungsfähig[68]. Das *Urteil des Obersten Gerichts vom 26.2.1985*[69] versagte einer unaufschiebbaren und einstweiligen Sorgerechtsregelung eines italienischen Gerichts vom 16.3.1982 die Anerkennung, weil sie nicht das endgültige Urteil sei. In diesem Fall erhob eine Italienerin, die Ehefrau, in Italien die Trennungsklage, und das Sorgerecht wurde im Wege einer einstweiligen Verfügung zugewiesen. Aber der Beklagte, ein japanischer Ehemann, nahm die Kin-

63 *Takakuwa*, a.a.O., S. 128. Aber siehe auch *Aoyama*, a.a.O., S. 388 f.

64 *Hiroshige Takata*, Zaisan Kankei Jiken ni kansuru Gaikoku Hanketsu no Shounin (Anerkennung ausländischer Urteile in vermögensrechtlichen Fällen), in: *Sawaki/Aoyama* (Hrsg.), a.a.O., SS. 365 ff.; *Ishiguro*, Modern Conflict of Laws, a.a.O., SS. 405 ff., 584 ff.

65 Urteil des Daishinin vom 22.5.1917 (Horitsu Shinbun Nr. 1278 SS. 30 ff.).

66 Sich dafür aussprechend *Aoyama*, a.a.O., S. 393.

67 Das LG Tokyo mit Urteil vom 20.10.1915 (Horitsu Shinbun Nr. 1050 SS. 23 ff.).

68 Dazu *Ishiguro*, a.a.O., SS. 452 ff.

69 Katei Saiban Geppou Bd. 37 Nr. 6 SS. 25 ff.

Das letztere Urteil verneinte zu Unrecht die Gegenseitigkeit mit Hongkong. Eigentlich behauptet bei uns einzig *Akira Takakuwa*[56], daß die Gegenseitigkeit mit England fehle, weil man dort eine „action on the foreign judgment" erheben müsse. Diese Meinung ist schon im Ansatz verfehlt und unhaltbar[57]. Das gleiche gilt auch in Bezug auf das Urteil des LG Fukuoka.

In Deutschland hatte das *Reichsgericht*[58] die Anerkennung eines Zahlungsurteils eines kalifornischen Gerichts wegen der Regelung des fraud nach dortigem Recht versagt, weil die Gegenseitigkeit nicht verbürgt sei[59]. Aber bei uns erkannte schon das damalige oberste Gericht[60] ein kalifornisches Zahlungsurteil an. Die Formulierung dieses Urteils betreffend die Gegenseitigkeit ist vom *Urteil des Obersten Gerichts vom 7.6.1983* (siehe oben) noch großzügiger gestaltet worden. Danach ist eine wesentliche Übereinstimmung der Anerkennungsvoraussetzungen schon genügend, was schon im Wortlaut fast identisch mit der jetzigen Formulierung dieser Voraussetzung in der BR Deutschland ist[61]. Aber wahrscheinlich funktioniert eine solche Formulierung bei uns ganz anders als in der BR Deutschland, wie schon angemerkt wurde. Das gleiche wird (und soll) auch in Bezug auf den nun bei uns aufgekommenen Gedanken der partiellen Verbürgung der Gegenseitigkeit gelten. Dieser Gedanke wäre ein zweischneidiges Schwert, und die daraus resultierende zu differenzierende Betrachtungsweise könnte unter Umständen die Erschwerung der Anerkennung oder die Verspätung des Erlasses des Vollstreckungsurteils zur Folge haben[62]. Diese Folge wäre in offenem Widerspruch zur japanischen Tradition hinsichtlich der Gegenseitigkeit.

Mikazuki (Hrsg.), a.a.O., S. 389; *Ishiguro*, Modern Conflict of Laws, a.a.O., S. 389. Über die Unsicherheiten in der japanischen Lehre, die wahrscheinlich von der Lehre von Münzberg (*Stein/Jonas/Münzberg*, Kommentar zur Zivilprozeßordung[20], IV/1 (1978) 135) verursacht wurden, hinsichtlich der Möglichkeit einer erneuten Leistungsklage auch beim Bestehen des anerkennungsfähigen ausländischen Urteils, siehe *Ishiguro*, a.a.O., SS. 391 ff.). Das wäre unvermeidlich nach der verbreiteten Meinung (siehe *Aoyama*, a.a.O., SS. 405, 418 ff.)

56 Gaikoku Hanketsu no Shounin oyobi Shikkou (Anerkennung und Vollstreckung ausländischer Urteile) in: *Suzuki/Mikazuki* (Hrsg.), Shin-Zitsumu Minji Soshou Kouza, a.a.O., S. 145.

57 Siehe dazu *Ishiguro*, a.a.O., S. 564 f.

58 RG 26.3.1909, RGZ 70, 434, 436 f.

59 Dazu mit Recht kritisch *Martiny* (oben N. 55), 557.

60 Urteil des Daishinins vom 5.12.1933 (Horitsu Shinbun Nr. 3670 SS. 16 ff.). Dazu *Ishiguro*, a.a.O., S. 562.

61 Siehe *Martiny* (oben N. 55), 537 ff.

62 Dazu *Ishiguro*, a.a.O., SS. 565 ff.

ist in der Praxis erstmals die Anerkennung eines deutschen Urteils behandelt worden, und ein Versäumnisurteil des LG München durch ein *Urteil des LG Nagoya vom 6.2.1987*[50] anerkannt worden. In diesem Fall wurde in einem Vertrag zwischen einer japanischen und einer schweizerischen Gesellschaft die Zuständigkeit des LG München vereinbart. Aber auf die dort erhobene Klage hatte sich die japanische Beklagte nicht eingelassen. Die internationale Zuständigkeit des LG München (siehe Nr. 1 von Art. 200 ZPO) beurteilte das LG Nagoya nach dem Maßstab des schon benannten *Urteils des Obersten Gerichts vom 28.11.1975* und bejahte sie. Die anderen Anerkennungsvoraussetzungen, die in Art. 200 ZPO geregelt sind, lagen vor. Hinsichtlich der Gegenseitigkeit war das LG Nagoya mit Recht der Ansicht, es gebe keinen konkreten Fall der Anerkennung zwischen Japan und der BR Deutschland, und das sei der Grund dafür, daß die h.L. in der BR Deutschland die Gegenseitigkeit mit Japan verneine. Aus japanischer Sicht sei sie schon verbürgt worden, und zwar auch in Bezug auf das Versäumnisurteil[51].

Der Gedanke der partiellen Verbürgung der Gegenseitigkeit in der BR Deutschland ist schon durch das *Urteil des Obersten Gerichts vom 7.6.1983*[52] in Japan ausgesprochen worden, aber man muß darauf achten, daß es, wie in dieser Abhandlung schon bemerkt wurde, eine Tradition in Japan ist, die Verbürgung der Gegenseitigkeit als Anerkennungsvoraussetzung (Nr. 4 von Art. 200 ZPO) sehr großzügig auszulegen. Es gibt bis jetzt nur zwei japanische Urteile, die auf Grund des Fehlens dieser Voraussetzung ausländischen Urteilen die Anerkennung versagten: das *Urteil des LG Tokyo vom 20.7.1960*[53], und *das des LG Fukuoka vom 25.3.1982*[54]. Das erstere versagte die Anerkennung eines belgischen Urteils deswegen, weil dort ausländische (japanische) Urteile nur nach einer révison au fond anerkannt wurden[55].

50 Hanrei Jiho Nr. 1236 SS. 113 ff.

51 LG Nagoya zitierte dort als ein Beispiel *Stein/Jonas*, Kommentar zur Zivilprozeßordnung[19] II (1969) 1405.

52 Minshu Bd. 37 Nr. 5 SS. 611 ff.

53 Ka Minshu Bd. 11 Nr. 7 SS. 1522 ff.

54 Nicht offiziell berichtet, aber siehe JCA Journal, Dezember 1984, SS. 2 ff.

55 Aber der Kläger stellte dort einen Eventualantrag, um, bei Nicht-Anerkennung, erneut aus dem ursprünglichen Rechtsverhältnis zu klagen, was auch durch dieses Urteil abgewiesen wurde. Solch ein Eventualantrag ist wie in der BR Deutschland statthaft. Siehe *Martiny*, Anerkennung ausländischer Entscheidungen nach autonomem Recht, im Handbuch des Internationalen Zivilverfahrensrecht, III/1 (1984) 698 f.; *Aoyama*, in: *Suzuki/Mi-*

Falls finden. In diesem Fall wurde am Bestimmungsort, also in Japan, vorprozessual die Verhandlung über einen außergerichtlichen Vergleich zwischen dem Versicherer und dem Stellvertreter des Transporteurs, der zum sogenannten , P & I Club' gehörte, geführt, aber der Betrag des Schadenersatzes wurde dort nicht vereinbart. Normalerweise hat der Transporteur in solchen Fällen keine Schwierigkeit in bezug auf die Einlassung im Bestimmungsland, wenn der ,P & I Club' dort tätig ist. Dabei funktioniert die Derogationsvereinbarung als eine Waffe, mit der man den Betrag des Schadenersatzes niedrig halten kann. Und zwar war die Derogationsvereinbarung, inhaltlich die günstigste für den Transporteur, in dem Konossement, also im Gegensatz zum Sachverhalt in *Bremen v. Zapata* ohne individuelle Verhandlung, als eine der allgemeinen Geschäftsbedingungen inkorporiert. Solch eine Vereinbarung ohne Bedenken für wirksam zu erklären, ist meiner Ansicht nach ein wenig fragwürdig[44].

3. Anerkennung und Vollstreckung ausländischer Entscheidungen

Art. 200 ZPO regelt bei uns vier Voraussetzungen für die Anerkennung von ausländischen Urteilen. Art. 24 des Zivilvollstreckungsgesetzes[45] regelt das Vollstreckungsurteil, wo, in Abs. 1, das Verbot der révision au fond festgesetzt wird.

Für uns Japaner ist es erstaunlich, daß noch heute in der BR Deutschland behauptet wird, im deutsch-japanischen Verhältnis fehle aus deutscher Sicht die Gegenseitigkeit. Wie *D. Martiny*[46] dazu kritisch bemerkt, ist diese Auffassung abzulehnen[47]. Aus japanischer Sicht ist die Gegenseitigkeit mit der BR Deutschland in der Lehre niemals bezweifelt worden[48], die interessanterweise festgestellt hat, daß die BR Deutschland die Gegenseitigkeit mit Japan verneint, aber sie von japanischer Seite trotzdem zu bejahen sei. Das zeigt gut, daß in Japan diese Anerkennungsvoraussetzung sehr großzügig in der Lehre und Praxis ausgelegt worden ist[49]. Nun

44 Man soll einen Vergleich mit dem Fall ,The Atlantic Song' Fall (2 Lloyd's Law Report, 394 (1983) anstellen. Dazu siehe *Ishiguro*, a.a.O., SS. 368 ff.

45 Minji Shikkou Ho: Gesetz Nr. 4 vom 30.3.1979. Inkraftgetreten am 1.10.1980.

46 Handbuch des Internationalen Zivilverfahrensrechts, Bd. III/1, S. 614 f. (1984).

47 Dazu *Ishiguro*, Modern Conflict of Law, a.a.O., S. 565 f.

48 Siehe z.B. *Chuuichi Suzuki/Akira Mikazuki* (Hrsg.), Chuukai Minji Shikkou Ho (Kommentar zum Zivilvollstreckungsgesetz), Bd. 1, S. 418 (Yoshimitsu Aoyama).

49 Siehe *Ishiguro*, a.a.O., SS. 559 ff.

aber besonders die Voraussetzung der Verlassenheit funktionierte schon im obengenannte Fall nicht, und das gleiche gilt auch in anderen Fällen. Eine genaue Analyse der bisherigen Praxis zeigt uns, daß auch hier der Grad der Inlandsbeziehung des konkreten Falls und die Interessenlage jeder Partei entscheidend ist[40]. Ungewöhnlicherweise hatten die Lebensverhältnisse im obengenannte Fall mindestens bezüglich des Ehelebens an sich fast keine Inlandsbeziehung. Und zwar verließ die Klägerin (nicht der Beklagte!) den Wohnort des Ehepaars. Man könnte hier von einem Grenzfall sprechen. Aber nach der tatsächlichen Trennung in Korea bekam die Klägerin eine ausreichende Beziehung mit dem Inland, und es wäre ihr gegenüber hart zu erklären, sie soll im Ausland die Klage erheben. Ein solcher Vorgang der Interessenabwägung sollte auch ausdrücklich dargelegt werden.

Bezüglich der internationalen Gerichtsstandsvereinbarung[41] gibt es bei uns das grundlegende *Urteil des Obersten Gerichts vom 28.11.1975*[42], wo eine Derogationsvereinbarung in einem Konnossement als wirksam erklärt wurde, nach der das Gericht in Amsterdam ausschließlich zuständig war. Das Absendeland war Brasilien, das Bestimmungsland Japan, und der beklagte Transporteur war eine holländische Gesellschaft. Durch Subrogation erhob der japanische Versicherer Klage, aber die Zuständigkeit wurde verneint. Dem Urteil zufolge ist eine Derogationsvereinbarung wirksam, wenn für den betreffenden Fall die japanischen Gerichte keine ausschließliche Zuständigkeit haben, und wenn das betreffende ausländische Gericht für die Klage zuständig ist. Mit anderen Worten ist sie nur dann nicht wirksam, wenn sie außerordentlich unvernünftig ist und gegen den ordre public verstößt.

Dieses Urteil wurde stark beeinflußt von der allgemeinen Ansicht zu dieser Frage, wie sie in dem amerikanischen Urteil, *Bremen v. Zapata*[43], zum Ausdruck gebracht wurde. Aber im Gegensatz zu *Bremen v. Zaptata* kann man in dem obengenannten japanischen Urteil keine ‚konkrete' Interessenabwägung entsprechend den Besonderheiten des betreffenden

40 Dazu *Ishiguro*, Modern Conflict Laws, a.a.O., 330 ff.

41 Siehe dazu im allgemeinen *Yukio Kaise,* Kokusai teki Goui Kantatsu no Kiso Riron (Die grundlegende Theorie der internationalen Gerichtsstandsvereinbarung), Hogaku Kyokai Zassi Bd. 102 Nr. 5 SS. 978 ff., Nr. 7 SS. 1369 ff. (1985); *ders.*, Kokusai Saiban Kankatsu no Goui (Die internationale Gerichtsstandsvereinbarung), in *Sawaki/Aoyama* (Hrsg.), a.a.O., SS. 77 ff.; *Ishiguro*, Modern Conflict of Laws, a.a.O., SS. 360 ff.).

42 Minshu Bd. 29 Nr. 10 SS. 1554 ff.

43 407 U.S. 1(1972). Dazu *Ishiguro*, a.a.O.

der Zuständigkeit sei. Diese flexible Auslegungsweise wird in der BR Deutschland in Bezug auf Art. 23 ZPO als beispielhaft bezeichnet[37].

Betreffend die Ehescheidung gibt es bei uns eine ständige Gerichtspraxis seit dem *Urteil des Obersten Gerichts vom 25.3.1964*[38], durch das die allgemeine Regel der internationalen Zuständigkeit für Ehescheidungsfälle aufgestellt wurde. Die japanischen Gerichte seien international zuständig, wenn der Wohnsitz des Beklagten im Inland liegt, oder in Fällen, wo der Kläger verlassen wurde oder der Partner verschollen ist oder irgendein ähnlicher Umstand besteht, wenn der Wohnsitz des Klägers im Inland liegt. Also ist die Staatsangehörigkeit der Partei dabei nicht maßgebend[39].

In dem obengenannten Fall wurde die Zuständigkeit bejaht, aber der Beklagte (ein Koreaner) war niemals im Inland, und das Eheleben wurde außerhalb des heutigen Territoriums von Japan geführt. Die Klägerin, die eigentlich im Inland wohnte und im Jahre 1940 in Schanghai die Ehe einging, ging mit ihrem Mann im Jahre 1945 nach Korea, um dort zu wohnen. Aber sie hatte Schwierigkeiten, und im Jahre 1946 kehrte sie mit der Zustimmung ihres Mannes allein nach Japan zurück. Danach wohnte sie in Japan ununterbrochen für 15 Jahre lang und erhob Klage. Inzwischen verlor die Klägerin die japanische Staatsangehörigkeit automatisch, und der Beklagte war infolge der Unordnung in Korea nach dem zweiten Weltkrieg verschollen.

Also war die angebliche Voraussetzung für die Bejahung der Zuständigkeit, nämlich, daß die Ehefrau verlassen worden war, in diesem Urteil von Anfang an nur ein Obiter dictum. Diese Formulierung der Zuständigkeitsvoraussetzungen durch das Oberste Gericht, die das Nebenprodukt der Auseinandersetzung in der Lehre zu der Frage ist, ob die Staatsangehörigkeit in Bezug auf die internationale Zuständigkeit maßgebend ist oder nicht, hat ihre Wurzel im englischen IPR, wo einmal das Problem von ‚the deserted wife' lebhaft diskutiert wurde. Die damals in England aufgestellte, und nun dort schon aufgehobene Formulierung wurde mit einigen Abwandlungen in Japan vom Obersten Gericht übernommen,

37 Siehe *Kropholler* (oben N. 31), S. 333. Dazu *Ishiguro,* Modern Conflict of Laws, a.a.O., *SS. 273, 293.* Aber über das obengenannte Urteil des LG Tokyo, siehe auch *Ishiguro, a.a.O., S. 327.*

38 Minshu Bd. 18 Nr. 3 SS. 486 ff.

39 So auch die h.L. unter dem Einfluß von *Sueo Ikehara,* Kokusaishiho ni okeru Saiban Kankatuken to Tojisha no Kokuseki (Zuständigkeit im IPR und die Staatsangehörigkeit der Partei), Kokusaiho Gaiko Zassi Bd. 48 Nr. 4, SS. 541 ff. Nr. 6 SS.738 ff. (1949).

Urteil war recht ungewöhnlich, weil das Gericht, anders als die fast einhellige Praxis der niederen Instanzen, eine konkrete Interessenabwägung mit einer Berücksichtigung der Umstände des jeweiligen Falls unterließ. Bemerkenswert in diesem Sinne ist das *Zwischenurteil des LG Tokyo vom 24.7.1974*[32], wo auf Schadenersatz aus Produzentenhaftung gegen ‚the Boeing Company' geklagt wurde. Der Beklagte hatte keine Zweigniederlassung oder andere Anlaufstelle in Japan. Dennoch bejahte das Gericht die internationale Zuständigkeit mit genügender Interessenabwägung, auch unter Berücksichtigung des „stream of commerce". Dabei wurde betont, die Kläger, die in Japan wohnten, seien „nicht vermögende Einzelpersonen", aber der Beklagte gerade das Gegenteil: eine große Gesellschaft, die international tätig sei. Es sei unmöglich für die Kläger, im Ausland zu klagen[33].

Fast das gleiche gilt auch im obengenannten ‚Malaysian Airlines' Fall, und das Oberste Gericht sollte einen solchen Abwägungsvorgang ausdrücklich zeigen. Folgt man diesem Urteil aufs Wort, so würde sich daraus eine gewisse Starrheit ergeben. Solch zweifelhafter Einfluß ist glücklicherweise von den danach erlassenen LG-Entscheidungen dadurch vermieden worden, daß die Bestimmung des einzelnen Gerichtsstandes nicht entscheidend ist, wenn es irgendeinen Sonderumstand (Tokudan no Jijou) gibt[34].

Die bisherige Gerichtspraxis[35] zeigt uns, wie wichtig die gesamten Umstände des konkreten Falls sind, wenn man die internationale Zuständigkeit der japanischen Gerichte bejaht oder verneint. Die Gerichtsstandsregel der ZPO funktioniert tatsächlich nur als ein Indiz, so könnte man sagen. Ein gutes Beispiel ist das *Urteil des LG Tokyo vom 11.6.1959*[36]. Bemerkenswert ist die dort gezeigte Auslegung von Art. 8 ZPO, der Art. 23 der deutschen ZPO entspricht. In diesem Fall gab es in Japan Vermögen des Beklagten, aber die internationale Zuständigkeit wurde verneint, weil die zufällige Existenz des Vermögens nicht ausreichend für die Bejahung

32 Ka Minshu Bd. 25 Nr. 5-8 SS. 639 ff.).

33 Über den Schutz der schwächeren Partei im IZVR vor internationaler Rechtsverweigerung siehe *Ishiguro*, IPR, a.a.O., SS. 150 f.

34 Dazu *Ishiguro*, Modern Conflict of Laws, a.a.O., SS. 321 ff.

35 Siehe dazu auch Sueo Ikehara, Kokusai Saiban Kankatuken (Internationale Zuständigkeit), in: *Suzuki/Mikazuki* (Hrsg.), a.a.O., SS. 3 ff.; Hiroshi Takahashi, Kokusai Saiban Kankatu (Internationale Zuständigkeit), in: *Takao Sawaki/Yoshimitsu Aoyama* (Hrsg.), Kokusai Minji Soushouho no Riron, SS. 31 ff.

36 Ka Minshu Bd. 10 Nr. 6 S. 1204 ff.

Lehre bei Bestimmung der Anerkennungsvoraussetzungen ist durch eine internationalzivilverfahrensrechtliche Regelung aufzuheben, wie es in Art. 16a FGG in der BR Deutschland nun geschehen ist[28].

Aber das Gericht suchte eine Lösung nach Maßgabe der lex causae, nämlich über die lex rei sitae, und sagte, nach Völkerrecht sei noch nicht klar, ob das Gericht eines Staates die Wirkung des Gesetzes eines anderen Staates für (völker)rechtswidrig erklären dürfe. Daraus folge, daß der Kläger, Anglo-Iranian Oil Co., nach dem Recht des damaligen Lageorts der betreffenden Sache (siehe Art. 10 des Horei) das Recht auf die betreffende Sache (Erdöl) verloren habe. Die Klage sollte abgewiesen werden. Diese Begründung ist nicht befriedigend, aber danach kam ein Fall mit einer derartigen Problemstellung bei uns leider noch nicht wieder vor.

2. *Internationale Zuständigkeit*

Nach dem grundlegenden *Urteil des Obersten Gerichts vom 16.10.1981*[29] fehlt es in Japan an Gesetzesbestimmungen, die die internationale Zuständigkeit japanischer Gerichte ausdrücklich regeln[30]. Aber tatsächlich ist man bei der Reform der ZPO im Jahre 1926 davon ausgegangen, daß Art. 1 ff. der ZPO, die die einzelnen Gerichtsstände regeln, eine Doppelfunktion hatten, wie es für die Behandlung dieser Frage in der BR Deutschland *J. Kropholler*[31] darstellt.

Nach diesem Urteil sind die japanischen Gerichte zuständig, wenn irgendein Gerichtsstand, der in Art. 1 ff. von ZPO geregelt wird, im Inland besteht. Dieser Fall ist sehr berühmt als der ‚Malaysian Airlines' Fall, wo die Hinterbliebenen eines Japaners, der innerhalb des Malaischen Bundes eine Geschäftsreise machte (also war das Warschauer Abkommen nicht anwendbar) und durch den Flugzeugunfall ums Leben kam, auf Schadenersatz gegen die oben genannte Luftverkehrsgesellschaft klagten. Diese Gesellschaft hatte in Japan eine Zweigniederlassung, darum wurde die internationale Zuständigkeit nach Art. 4 Abs. 3 ZPO bejaht. Aber dieses

28 Dazu *K. Ishiguro*, ‚Schweizerhalle' Jiken to Rhein Gawa no Kokusai Osen – Ho Jijitu-teki, Teishokuhou-teki Kousatsu (Schweizerhalle und die internationale Verunreinigung des Rheins – Eine rechtstatsächliche und kollisionsrechtliche Analyse) Teil 2, Hogaku Kyokai Zassi, Bd. 106 (1989) erscheint demnächst.

29 Minshu Bd. 35 Nr. 7 SS. 1224 ff.

30 So auch die verbreitete Meinung.

31 *Kropholler*, Internationale Zuständigkeit, im Handbuch des Internationalen Zivilverfahrensrechts I (1982) 210. Dazu *Ishiguro*, Modern Conflict of Laws, a.a.O., SS. 259 ff.

währt wurde. Und zwar wurde dort auch gesagt, daß der Verzicht auf die Immunität stets von dem betreffenden Staat gegenüber der japanischen Regierung offiziell erklärt werden soll. Die herrschende Lehre spricht sich selbstverständlich dagegen aus[20], und erwartet seit langem die klare Übernahme der beschränkten Immunität durch eine Entscheidung des Obersten Gerichts.

Für die Frage der Exterritorialität der Gebäude diplomatischer Missionen wurde die Zustellung durch Niederlegung im *Urteil des LG Tokyo vom 9.6.1954*[21] als rechtmäßig zu Recht bestätigt[22].

Die Act of State Doctrine der USA verursacht Schwierigkeiten u.a. im internationalen Bankengeschäft wie im *Allied Bank Fall*[23], gilt aber bei uns natürlich nicht[24]. Aber ähnlich wie in der BR Deutschland[25] gibt es auch in Japan eine zweifelhafte Entscheidung, die sich wahrscheinlich von dieser Lehre blenden ließ: Das *Urteil vom OLG Tokyo vom 11.9.1953*[26] über den Anglo-Iranian Oil Co. Fall, wo die internationale Wirkung der Verstaatlichungsmaßnahme des Irans in Frage gestellt wurde. Von Anfang an sollte dieser Fall, meiner Ansicht nach, als Anerkennung des ausländischen privatrechtsgestaltenden Staatsakts direkt auf dem Boden des internationalen Zivilverfahrensrechts gelöst werden[27]. Die Unsicherheit der

19 Minshu Bd. 7 Nr. 12 SS. 1128 ff.

20 Siehe dazu *Kanae Taijudou*, Minji Saibanken no Menjo (Immunität gegen die Zivilgerichtsbarkeit), in: *Chuuichi Suzuki/Akira Mikazuki* (Hrsg.), Shin-Zitumu Minji Soshou Kouza Bd. 7, SS. 45 ff. (1982); *Ishiguro*, Modern Conflict of Laws, a.a.O., SS. 234 ff.

21 Ka Minshu Bd. 5. Nr. 6. SS. 836 ff.

22 Dazu *Ishiguro*, a.a.O., SS. 230 ff. Wie *Sigeru Oda*, der Richter am IGH und einer der führenden Professoren des Völkerrechts in Japan ist, vorschlägt, soll man die Zustellung in solchen Fällen nur als ein Mittel ansehen, um festzustellen, ob der fremde Staat sich auf die Klage einlassen will oder nicht. Siehe *S. Oda*, Saibanken Menjo – Gaikou Shisetsu (Immunität gegen Gerichtsbarkeit – in Fällen diplomatischer Missionen), in: *Sueo Ikehara/Yoshirou Hayata* (Hrsg.), Shougai Hanrei Hyakusen, S. 185 (2. Aufl. 1986).

23 566 F. Supp. 1440 (1983), 733 F. 2d 23 (1984).

24 Dazu *Ishiguro*, Modern Conflict of Laws, a.a.O., SS. 247 ff.

25 Siehe *I. Seidl-Hohenveldern*, Völkerrecht[6] (1987) 305.

26 Kou Minshu, Bd. 6 Nr. 11 SS. 702 ff.

27 Dazu ausführlich *Ishiguro*, Modern Conflict of Laws, a.a.O., SS. 244 ff., 471 ff. Die Frage der ‚Anerkennung' eines privatrechtsgestaltenden ausländischen Verwaltungsakts ist in der BR Deutschland auch in Bezug auf grenzüberschreitende Immissionen erörtert worden. Siehe *Siehr*, Grenzüberschreitender Umweltschutz, RabelsZ 45 (1981), S. 387; *Lummert*, Zivilrechtliche Schadenersatz- und Unterlassungsklagen-Anwendbares Recht (B. Rep. D.), in: *M. Bothe/M. Prieur/G. Ress* (Hrsg.), Rechtsfragen grenzüberschreitender Umweltbelastungen, S. 188 f. (1984); Münch Komm-Kreuzer VII (1983) 731.

wuchs dort auf. Eigentlich war nur der Personenstand seines Vaters, der seit Oktober 1945 verschollen war, in einem Personstandsbuch auf koreanischem Gebiet geführt. Aber auch der betreffende Minderjährige verlor wie seine Eltern die japanische Staatsangehörigkeit automatisch nach dem Krieg. Er hat (wahrscheinlich!) die Staatsangehörigkeit von Süd- und zugleich Nordkorea. Aber er selbst hatte, wie das Gericht feststellte, keine Kenntnisse oder Erfahrungen in koreanischen Traditionen, Sitten, Gebräuchen u.s.w. Der Richter selbst meinte, in diesem Fall wäre es viel gerechter, japanisches Recht auf ihn anzuwenden; trotzdem wurde das Recht der Republik Korea angewandt. Das war nach dem damaligen Stand der Lehre im japanischen IPR unvermeidlich, aber nun müßte man ernsthaft erwägen, wie die IPR-Gerechtigkeit im einzelnen Fall zu verwirklichen ist. Der obengenannte Fall ist ein typischer Pseudo-Kollisionsfall[16], und man kann solche Fälle auch heute überall finden.

Daraus ergibt sich einerseits die Notwendigkeit, durch Auslegung eine Art Ausnahmeklausel wie sie Art. 15 Abs. 1 des schweizerischen IPR-Gesetzes vorsieht, in das geltende japanische IPR einzuführen[17]. Diese eigenen Umstände des japanischen IPR sollte(!) man andererseits auch bei der jetzigen Reform des Horei als Ausgangspunkt hinreichend berücksichtigen[18].

II. Internationales Zivilverfahrensrecht

1. Immunität

Hinsichtlich der Immunität des fremden Staates gilt bei uns leider noch als die wichtigste Entscheidung des obersten Gerichts der *Beschluß vom Daishinin vom 28.12.1928*[19], in dem die sogenannte absolute Immunität ge-

16 Giji Shougai Jiken – Siehe dazu *K. Ishiguro*, Kokusaishiho (IPR), SS. 33 ff. (ergänzte Aufl. 1987).

17 Siehe auch Botschaft, a.a.O., S. 48 f. Dazu eingehend *Ishiguro*, Auslegungsstruktur, a.a.O., SS. 88 ff.,; *K. Ishiguro*, Gendai Kokusaishiho (Modern Conflict of Laws in Japan), Bd. 1, SS. 91 ff. (1986).

18 Dazu *Sawaki/Akiba/Tamura/Matuoka*, ‚Symposium': Waga Kokusaishiho Kaikaku heno Kihon-teki Shiza – Konin-Oyako wo Chuushin to site (Der fundamentale Blickwinkel für die Reform des japanischen IPRs – besonders in Bezug auf Ehe- und Kindschaftssachen), Kokusaiho Gaiko Zassi, Bd. 84 Nr. 2 SS. 182, 185 (Junichi Akiba) (1985). Siehe auch *K. Ishiguro*, Horei Kaisei ni tuite no Chuukan Houkoku (Shouwa 61 Nen 8 Gatsu) wo meguette – Jakkan no Hihan-teki Kousatsu (Über den Zwischenbericht (August 1986) zur Reform des Horei – Einige kritische Bemerkungen), Minji Kenshu Nr. 356, SS. 13 ff. (1986).

Auf diese Weise entstand infolge des Krieges die Hauptgruppe von Personen, bei denen sich in Japan Fragen des ‚internationalen' Familien- und Erbrechts stellten. Ob jene Lösung, also der automatische Verlust der japanischen Staatsangehörigkeit, gerecht war, wird auch heute vom Standpunkt des Völkerrechts aus bezweifelt (*Yasuaki Ohnuma, Zainichi Chousenjin no Houteki Chii ni kansuru Ichikousatu*[10]). Der Kernpunkt der kollisionsrechtlichen Problematik liegt aber darin, daß von den Koreanern, die in Japan wohnen, der größte Teil Japan als den wirklichen Lebensmittelpunkt ansieht[11]. Fast das gleiche gilt auch für die Chinesen, die in Japan wohnen. Natürlich muß man im Einzelfall eingehend prüfen, wo der wirkliche Sitz des betreffenden Lebensverhältnisses liegt, was in der heutigen Familiengerichtspraxis in Japan mit der freundlichen Mitwirkung von Spezialisten in Familienproblemen wie Soziologen, Psychologen u.s.w. schon möglich ist[12]. Jedenfalls zeigt sich, wie starr das Staatsangehörigkeitsprinzip des Horei ist, wenn man die IPR-Gerechtigkeit im einzelnen Fall konsequent verfolgen will. Das hätte an sich nach der japanischen Interessenabwägungslehre[13], die nach dem zweiten Weltkrieg nicht nur in Bezug auf das BGB, sondern auch in anderen Rechtsgebieten in Japan als Auslegungsmethode ganz herrschend geworden ist, bei Auslegung jeder Rechtsbestimmung zu geschehen[14].

Ein typischer Fall ist die *Entscheidung (Shinpan) des Kohchi Familiengerichts vom 8.1.1962*[15], wo das Adoptionsstatut für einen Minderjährigen in Rede stand. Nach Art. 19 (a.F.) des Horei unterliegen die Voraussetzungen der Adoption für den Betreffenden dem Recht des Staates, dem er angehört. Der Minderjährige war in Kohchi (also innerhalb des heutigen japanischen Territoriums) am 8.4.1944 als eheliches Kind geboren, und er

Obersten Gerichts vom 5.12.1962 (Keishu Bd. 16 Nr. 12 SS (1661 ff.) und vom 5.4.1963 (Shoumu Geppo Bd. 9, Nr. 6 SS. 728 ff.).

10 Über die Rechtsstellung der Koreaner, die in Japan wohnen, Teil 1, Hogaku Kyokai Zassi Bd. 96 Nr. 3 SS. 268 ff. (1979).

11 Dazu *Ohnuma*, a.a.O., S. 275 f.).

12 Dazu *K. Ishiguro*, Kokusai Kazokuho Nyuumon (Einführung in das internationale Familien- und Erbrecht), SS. 73 ff. (1981).

13 Rieki Kohryou Ron – dazu im allgemeinen *Ichiro Kato*, Minpo ni okeru Ronri to Rieki Kohryou (Logik und Interessenabwägung im Bürgerlichen Gesetz) (1976); *Eiichi Hoshino*, Minpo Ronshu (Beiträge zum Bürgerlichen Gesetz), Bd. 1, SS. 3 ff. (1970).

14 Dazu *Ishiguro*, Auslegungsstruktur, a.a.O., SS. 8 ff., 238 ff. Siehe aber *Yoshiaki Sakurada*, Zum Staatsanhörigkeitsprinzip im japanischen IPR, Recht in Japan, Heft 3, SS. 67 ff. (1980).

15 Katei Saiban Geppo Bd. 14 Nr. 4 SS. 221 ff.

3. *Einige Tendenzen der kollisionsrechtlichen Rechtsprechung in Japan, besonders in Bezug auf Familien- und Erbsachen*

Anders als in der BR Deutschland und anderen westeuropäischen Staaten gibt es in Japan wegen der genügenden innerstaatlichen Arbeitskraft bis jetzt nicht so viele Gastarbeiter. Dennoch wird bei uns lebhaft diskutiert, ob und wie Japan die Tür für ausländische Arbeitskräfte öffnen soll. Aber diese Diskussion ergibt sich eher aus der Sorge vor dem möglichen Vorwurf, daß der japanische Markt auch in diesem Bereich gegenüber ausländischen Staaten geschlossen ist. Diese Frage ist also als ein Aspekt der „service trade issues", und ist in Bezug auf die „GATT Uruguay Round"[8] bei uns diskutiert worden.

Welche Fragen haben nun die Hauptrolle im japanischen internationalen Familien- und Erbrecht gespielt? Der größte Teil der Fälle in diesen Bereichen betrifft die Rechtsstellung von Personen aus China und Korea, die sehr lang in Japan wohnen. Und zwar hatten diese Personen oder ihre Eltern u.s.w. vor dem zweiten Weltkrieg die japanische Staatsangehörigkeit erlangt. Damals entstanden in Japan interlokale Rechtskonflikte. Auf diese wurde in Familien- und Erbsachen das Horei analog angewandt. Anknüpfungspunkt war dabei die Eintragung im Personenstandsbuch statt der Staatsangehörigkeit. Nach dem Krieg verloren die Personen, die durch Eheschließung u.s.w. in das Personenstandsbuch eingetragen waren (oder werden sollten), das für Bezirke außerhalb des heutigen Territoriums von Japan geführt wurde, automatisch die japanische Staatsangehörigkeit. Genauer gesagt, erfolgte der Verlust am Tage des Inkrafttretens des Friedensvertrags von San Francisco, also am 28.4.1952, nach herrschender Lehre und Praxis.[9]

sungsbeschlusses an Zahlungs Statt als auch zum Teil der danach erfolgten Forderungsübertragung. Hierbei sollte man das Problem der Priorität gesondert behandeln. Über dieses Problem entscheidet meiner Meinung nach ebenfalls das Forderungsstatut. Dazu ausführlich *K. Ishiguro*, Kinyuu Torihiki to Kokusai Soshou (Die kollisionsrechtlichen Probleme des internationalen Bankgeschäfts), SS. 222 ff., 238 ff. (1983). Übrigens wird eine solche Lösung im Art. 106 Abs. 3 des schweizerischen IPR-Gesetzes vom 18.12.1987 für den Fall, wo verschiedene Parteien dingliche Rechte an der Ware geltend machen, vorgesehen. Siehe auch Art. 106 Abs. 2 des schweizerischen Entwurfs vom 10.11.1982 und Botschaft zum Bundesgesetz über das IPR, S. 140 (1983). Das gleiche sollte auch bei Prioritätsproblemen im internationalen Schuldrecht gelten.

8 Siehe im allgemeinen *K. Ishiguro*, Kenkyuu Tenbou ‚GATT Uruguay Round' (Die Aussicht auf ‚GATT Uruguay Round'), SS. 68 ff. (1989).

9 Siehe die Urteile des Obersten Gerichts vom 5.4.1961 (Minshu Bd. 15 Nr. 4 SS. 657 ff.), vom 4.6.1965 (Minshu Bd. 19 Nr. 4 SS. 898 ff.), für Formosa siehe aber die Urteile des

Tomii Inhaber eines Lehrstuhls für bürgerliches Recht in dieser Fakultät), und übte Einfluß auf die Beratung aus[5].

2. *Der Einfluß der Lehre von Kohtaro Tanaka*

Kohtaro Tanaka war eigentlich ein Spezialist im Handelsrecht und der Rechtsphilosphie. Nach dem zweiten Weltkrieg wurde er als erster Japaner zum Richter am Internationalen Gerichtshof gewählt. Er veröffentlichte *Sekaiho no Riron (Die Theorie des Weltrechts) in 3 Bänden (1932-34)*, und erörterte sehr idealistisch die Möglichkeit der totalen Rechtsvereinheitlichung aller Staaten. Im Band 2, der im Jahre 1933, also zufälligerweise im gleichen Jahr wie die Abhandlung von *D. F. Cavers, A Critique of the Choice-of-Law Problem, 47 Harv.L.Rev., 137 ff. (1933)*, veröffentlicht wurde, behandelte er die Probleme des IPRs im engeren Sinne, nämlich die Fragen der Rechtswahl und des Rechtsanwendungsprozesses. Seither ist die japanische Kollisionsrechtslehre in ihren wesentlichen Zügen, auch hinsichtlich des internationalen Zivilverfahrensrechts, bis vor kurzem sehr tief von seinem idealistischen Universalismus geprägt worden. Die Emanzipation des kollisionsrechtlichen Gedankens vom materiellrechtlichen ist konsequent durchgeführt worden. So folgt seit langem die herrschende Lehre in Bezug auf die Qualifikation ganz einhellig der internationälprivatrechtlichen Lösung sicherlich zu Recht. Im *Urteil des Obersten Gerichts vom 20.4.1978*[6] wo das anwendbare Recht für das Forderungspfandrecht bestimmt werden mußte, sagte das Gericht, das Forderungspfandrecht gehöre eigentlich zum Sachenrecht, aber man könne dafür keinen situs finden. Deshalb sei zu berücksichtigen, daß dieses Recht direkt auf das Schicksal der Forderung, die Gegenstand des Pfandrechts ist, Einfluß habe. Aus diesem Grund sei das Forderungsstatut auch auf das Pfandrecht anwendbar. Bei der Entscheidung, ob das Forderungspfandrecht zum Sachenrecht gehört oder nicht, ließ sich das Gericht fälschlicherweise vom japanischen BGB (Art. 362 und folgende) leiten, fand aber dennoch sofort auf den richtigen Lösungsweg zurück. Man kann jedenfalls sagen, daß das Vorgehen des Gerichts gut den heutigen Stand des japanischen IPRs widerspiegelt[7].

5 Dazu *Ishiguro*, Antagonismus, a.a.O., S. 69.
6 Minshu Bd. 32 Nr. 3 SS. 616 ff.
7 Es war in diesem Fall die betreffende Forderung sowohl Gegenstand eines Überwei-

Hilfe von *Saburo Yamada*. *Hozumi*, *Ume* und *Masaaki Tomii* erstellten den Entwurf des japanischen BGB und waren die damals führenden Juristen in Japan. Besonders *Hozumi* hatte ein großes Interesse an der deutschen Rechtswissenschaft, einschließlich der Methode der Rechtsvergleichung in Deutschland[1].

Deshalb stand *Hozumi* bei Ausarbeitung des Entwurfs des Horei unter dem entscheidenden großen Einfluß der Gebhardschen Entwürfe von 1881 und 1887. Wie eifrig er bei der Berücksichtigung der neuesten Entwicklung in Deutschland war, könnte man z.B. dadurch zeigen, daß er vor den einzelnen Bestimmungen des Entwurfs des Horei die ausländischen Gesetzgebungen und Vorschläge, die fast ebenso wie in *T. Niemeyer, Vorschläge und Materialien zur Kodifikation des IPR (1895)* zusammengestellt wurden, als Beispiele zitierte und geordnet anführte. Dabei ließ er u.a. wahrscheinlich auch das Werk von *E. Zitelmann, IPR, Band 1 (1897!)* sofort nach der Veröffentlichung nach Japan kommen und zog es zu Rate für die Herstellung und Ausrichtung des Entwurfs des Horei[2]. Natürlich zitierte *Hozumi* auch das EGBGB an sich, aber wahrscheinlich meinte er, daß die allseitigen Kollisionsnormen besser als unvollkommen allseitig waren. *Hoten Chosa Kai, Horei Giji Sokkiroku (Das offizielle Stenogramm der Verhandlung zum Horei, veröffentlicht im Jahre 1937)* zeigt uns ziemlich gut, daß *Hozumi* und andere Mitglieder im Prinzip der Sitz-Theorie von Savigny sehr treu waren[3]. Ohne politischen Druck, also anders als bei der Entstehung des deutschen EGBGB[4], wurde der Entwurf von *Hozumi* Gesetz: das Horei trat in Kraft.

Aber man darf nicht vergessen, daß *Tohru Terao*, der Mitglied des Beratungsausschusses war, schon am 10. Juli *1897*, also kurz vor dem Beginn der Beratung, ein großes Lehrbuch: *Kokusaishiho (IPR)* (mit 864 Seiten!) veröffentlicht hatte. *Terao* war der erste Inhaber des IPR-Lehrstuhls an der Universität Tokyo, Juristische Fakultät (*Hozumi* war wie *Ume* und

1 Dazu *Eiichi Hoshino*, Nihon Minpogaku no Shuppatsuten – Minpoten no Kisosha-tachi – (Der Ausgangspunkt der japanischen BGB-Lehre – Hersteller des BGB-Entwurfs –), in: Tokyo Daigaku Kokai Koza, Meiji Taisho no Gakusha-tachi, SS. 187, 195, 196 (1978).

2 Dazu: *K. Ishiguro*, Kokusaishihi to Kokusaiminjisoshoho tono Kousaku (Antagonismus zwischen IPR und IZPR), SS. 45 ff., 83 f. (1988).

3 Dazu *K. Ishiguro*, Kokusaishiho no Kaishakuron-teki Kozo (Auslegungsstruktur des IPRs), SS. 144 ff. (1980).

4 *Hartwieg*, Der Gesetzgeber des EGBGB zwischen den Fronten heutiger Kollisionsrechts-Theorien, RabelsZ 42 (1978) 431 ff. Dazu kurz auch *G. Kegel*, IPR, S. 135 (6. Aufl. 1987).

Einige Kernprobleme des japanischen Kollisionsrechts von heute

Gliederung

I. Einführung

1. Entstehungsgeschichte des Horei

Horei, das den Kern des japanischen IPRs bildet wie das EGBGB in der BR Deutschland, wurde am 16. Juli 1898 in Kraft gesetzt. Damals mußte Japan so schnell wie möglich die modernen Gesetze wie in den europäischen Staaten verabschieden, um die sogenannten ungleichen Abkommen, die Japan mit den westeuropäischen Staaten notgedrungen abgeschlossen hatte, reformieren zu können. Dabei war die Verbesserung der Rechtsstellung der Ausländer natürlich sehr wichtig, die durch das IPR und zugleich durch das Fremdenrecht verwirklicht werden sollte. *Nobusige Hozumi* und *Kenjiro Ume* bestimmten maßgeblich den Gesetzgebungsprozeß des Horei. *Hozumi* verfaßte den Entwurf des Horei mit

第四部

Einige Kernprobleme des japanischen Kollisionsrechts von heute (1991)

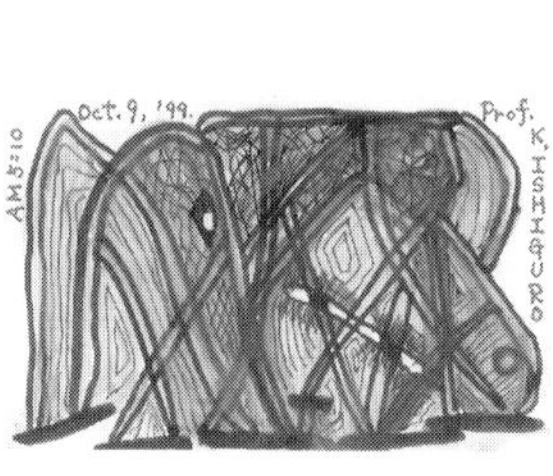
AM 5:10
Oct. 9, '99.
Prof. K. ISHIGURO

あとがきにかえて

「砂漠の花」

石黒一憲

砂漠にか細く、
咲く花ひとつ。
ひとつ又、
いくばくかの種子を、
風に揺れ、
散らさむとするがゆゑに。

そは幾千萬の無念の上に立ち、
されどそは、

無限の未来の、
今が今咲きたるがゆゑの、
痛恨を身に纏ひ、
無限の砂粒に紛れたる、
光る未来を知らずして。

風紋の崩れわが身に、
至る刻まで、
かくて砂漠に、
咲く花ひとつ。

（平成九年一月三十一日深夜）

Prof. K. ISHIGURO

国際私法の危機

2004年 9 月30日　　初版第1刷

著　者

石黒一憲

発行者

袖 山 貴＝村岡侖衛

発行所

信山社出版株式会社

〒113-0033　東京都文京区本郷6-2-9-102

TEL　03-3818-1019　FAX　03-3818-0344

印刷・製本　松澤印刷株式会社

PRINTED IN JAPAN

ISBN 4-7972-5279-0　C3032